DEUTSCHES INSTITUT FÜR WIRTSCHAFTSFORSCHUNG

BEITRÄGE ZUR STRUKTURFORSCHUNG   **HEFT 114 · 1990**

Alexander Eickelpasch und Peter Ring

Wirkungsanalyse der Novellierung der Herstellerpräferenz (§§ 1 ff BerlinFG) von 1982

DUNCKER & HUMBLOT · BERLIN

Herausgeber: Deutsches Institut für Wirtschaftsforschung, Königin-Luise-Str. 5, D-1000 Berlin 33
Telefon (0 30) 82 99 10 — Telefax (0 30) 82 99 12 00
BTX-Systemnummer * 2 99 11 #
Schriftleitung: Dr. Oskar de la Chevallerie
Verlag Duncker & Humblot GmbH, Dietrich-Schäfer-Weg 9, D-1000 Berlin 41. Alle Rechte vorbehalten.
Druck: 1990 bei ZIPPEL-Druck, Oranienburger Str. 170, D-1000 Berlin 26.
Printed in Germany.
ISBN 3 428 06874 2

Die Arbeiten an der vorliegenden Untersuchung wurden Anfang 1988 abgeschlossen. Auf der Basis der empirischen Befunde über die Wirksamkeit der neuen Herstellerpräferenz wurde eine Reihe von Maßnahmen für eine effizientere Gestaltung der Herstellerpräferenz entwickelt. Einer dieser Vorschläge wurde vom Bundesminister der Finanzen aufgegriffen, in das Steuerreformgesetz 1990 eingebaut und ist seit Beginn dieses Jahres wirksam. Dabei handelt es sich um die Neugestaltung der Fernabsatzförderung für Unternehmen, die in Berlin lediglich eine geringe Wertschöpfungsquote aufweisen.

Verzeichnis der Mitarbeiter

Verfasser

Alexander Eickelpasch

Peter Ring

Statistik

Vera Harnack

Thomas Asperger

Detlef Hüttemann

EDV

Jacqueline Sawallisch

Textverarbeitung

Roswitha Richter

Gisela Rudat

Inhalt

Verzeichnis der Tabellen im Text

Verzeichnis der Schaubilder im Text

Seite

Verzeichnis der Tabellen im Anhang

1 Grundlagen

1.1 Kernpunkte der Novellierung der Herstellerpräferenz von 1982

In Berlin hergestellte Waren, Werklieferungen sowie Werk- und Dienstleistungen für Unternehmer im übrigen Bundesgebiet werden nach §§ 1 ff Berlinförderungsgesetz (BerlinFG) sowohl beim Berliner Hersteller als auch beim westdeutschen Abnehmer umsatzsteuerlich begünstigt.

Die Präferenz des Berliner Unternehmers, die sogenannte Herstellerpräferenz, deren Höhe sich seit 1970 an der Berliner Wertschöpfungsquote, d. h. dem Verhältnis von Berliner Wertschöpfung und Umsatz, orientiert, ist im Dezember 1982 neu gefaßt worden[1]. Kernpunkte dieser Novellierung waren

- die Umstellung der Wertschöpfungsberechnung vom subtraktiven auf das additive Verfahren,

- die stärkere Bindung des Präferenzsatzes an die Berliner Wertschöpfung der begünstigten Unternehmen,

- die an die Wertschöpfung der liefernden Firmen anknüpfende Anrechnung aus der Stadt bezogener Vorleistungen,

- die Einführung einkommensabhängiger Zuschläge auf die betriebliche Wertschöpfung.

Nach § 6a BerlinFG alter Fassung galt als **Berliner Wertschöpfung** die Differenz zwischen dem wirtschaftlichen Umsatz und dem wirtschaftlichen Materialeinsatz der Berliner Betriebstätte. Aus Berlin bezogene Waren konnten pauschal mit 60 vH ihres Lieferwertes, Berliner Werkleistungen mit 100 vH ihres Wertes vom wirtschaftlichen Materialeinsatz abgesetzt werden.

Nach neuem Recht setzt sich die Berliner Wertschöpfung zusammen

- aus der **betrieblichen Wertschöpfung** des begünstigten Unternehmens selbst, bestehend aus Arbeitslöhnen und Aufwendungen für die Zukunftssicherung der Arbeitnehmer, Absetzungen und Abschreibungen auf Wirtschaftsgüter des Anlagevermögens, Gewinnen bzw. Verlusten, Zinsen und zinsähnlichen Aufwendungen, Erhaltungs- und Instandsetzungsaufwendungen sowie Mieten und Pachten,

- aus einem Hinzurechnungsbetrag für aus Berlin bezogene Vorleistungen. Dabei werden Werkleistungen und bestimmte Dienste mit dem vollen Rechnungsbetrag, Waren entsprechend der Wertschöpfungsquote der jeweiligen Vorleister berücksichtigt; diese wird allerdings aus Vereinfachungsgründen nicht additiv aus den einzelnen Wertschöpfungskomponenten, sondern nach der Formel "Löhne und Gehälter x 1,5 in vH des wirtschaftlichen Umsatzes" ermittelt,

- aus einem Hinzurechnungsbetrag für Arbeitnehmer, deren Arbeitslohn im Wirtschaftsjahr die jeweilige Beitragsbemessungsgrenze in der Rentenversicherung überschreitet. Der Zuschlag beträgt das Dreifache des Betrages, der 80 vH der Beitragsbemessungsgrenze übersteigt,

- aus einem Hinzurechnungsbetrag für Einzelunternehmer und Personengesellschaften in Höhe von 210 vH der Beitragsbemessungsgrenze,

- aus einem Hinzurechnungsbetrag für Auszubildende in Höhe des dreifachen Betrages ihrer Vergütung.

Der **wirtschaftliche Umsatz** - die Bezugsgröße für die Wertschöpfung - enthält seit der Novellierung nicht nur die dem unmittelbaren Fertigungsbereich zuzuordnenden Umsätze, sondern die gesamte wirtschaftliche Leistung des begünstigten Unternehmens in Berlin. Handelsumsätze dürfen nur begrenzt ausgeschieden werden, und zwar zu nicht mehr als 25 vH der Gesamtleistung.

Gemäß der bis 1982 gültigen Regelung wurden Lieferungen nach § 1 BerlinFG je nach Höhe der Wertschöpfungsquote mit einem **Präferenzsatz** von 4,5 vH, 5 vH oder 6 vH des Lieferwerts begünstigt. Für Lieferungen nach § 1a BerlinFG (Innenumsätze) betrug der Präferenzsatz unabhängig von der Wertschöpfung 6 vH des Verrechnungsentgelts.

Nach dem neuen Verfahren sind beide Präferenzsätze stärker an die Wertschöpfungsquote der begünstigten Unternehmen gebunden. Für Umsätze nach § 1 BerlinFG beträgt der Präferenzsatz:

- im Wertschöpfungsintervall von 10 vH bis 15 vH einheitlich 3 vH (Sockelpräferenz),

- bei einer Wertschöpfungsquote von

    15 vH bis 18 vH   3,1 vH,

    18 vH bis 21 vH   3,2 vH,

    21 vH bis 24 vH   3,3 vH,

    24 vH bis 27 vH   3,4 vH,

    27 vH bis 30 vH   3,5 vH,

    30 vH bis 33 vH   3,6 vH,

- bei höheren Wertschöpfungsquoten beträgt der Kürzungssatz 11 vH der jeweiligen Quote, maximal jedoch 10 vH des Umsatzes.

Unternehmensinterne Lieferungen nach § 1a BerlinFG, für die es keine Abnehmerpräferenz gibt, werden mit einem Satz präferenziert, der um 1 vH-Punkt höher ist als bei Lieferungen nach § 1 BerlinFG. Die Höchstpräferenz beträgt ebenfalls 10 vH des Entgelts bzw. Verrechnungsentgelts.

Das neue System der Absatzförderung wurde erstmals im Kalenderjahr 1985 wirksam, und zwar auf der Basis der Wertschöpfungsquoten des Jahres 1983. Für Unternehmen, die durch die Novellierung Präferenzeinbußen hinnehmen mußten, wurde eine Übergangsregelung eingerichtet. Danach wurden die durch die Präferenzreform hervorgerufenen Präferenzverluste 1985 mit einem Drittel, 1986 mit zwei Dritteln und 1987 voll wirksam[2].

1.2   Problemstellung und Untersuchungsziel

Die Reform der Herstellerpräferenz ist unter zwei Aspekten zu sehen:

Einmal sollte das gegebene Präferenzvolumen effizienter eingesetzt werden. Die Anziehungskraft Berlins auf extrem flache Produktionen mit geringen Beschäftigungswirkungen sollte eingedämmt, die Standortgunst für Unternehmen mit hoher Fertigungstiefe und Leitungsfunktionen in der Stadt dagegen verbessert werden.

Zum anderen schlagen sich Veränderungen im Berlin-Engagement der Unternehmen jetzt weit stärker in Präferenzsatz und Präferenzvolumen nieder als vorher. Erwartet wurde vor allem, daß die Unternehmen die neugeschaffenen finanziellen Anreize nutzen, indem sie

- ihr Produktionsvolumen ausweiten,

- die Wertschöpfung in ihren Berliner Produktionsstätten erhöhen,

- mehr hochqualifizierte Arbeitskräfte in der Stadt beschäftigen und

- in stärkerem Maße Vorleistungen - Waren wie Dienste - aus Berlin
  beziehen.

Im Mittelpunkt der vorliegenden Untersuchung steht die Frage, ob und in welchem Maße die novellierte Herstellerpräferenz bereits in den ersten Jahren nach der Umgestaltung zur Stärkung der Berliner Wirtschaft beigetragen hat. Vordergründig betrachtet könnte eine Antwort auf diese Frage aus der aktuellen Entwicklung des präferenzierten Umsatzes oder der darauf zu beziehenden Beschäftigtenzahl abgeleitet werden. Stärkung der Wirtschaft bedeutet jedoch über kurzfristig sichtbare Effekte hinaus eine Änderung im Unternehmerverhalten, und zwar in dem Sinne, daß die Präferenz nicht als Mittel zur Erhaltung überkommener Produktionsstrukturen, sondern als unterstützende Maßnahme zur Anpassung an neue Marktgegebenheiten aufgefaßt und genutzt wird. Neben diesem Gesichtspunkt ist schließlich bei einer Würdigung der Präferenzänderung in Betracht zu ziehen, daß durch die Novellierung nicht allein eine Ausweitung zukunftsträchtiger Aktivitäten, sondern zugleich eine Vertiefung der Produktion und ein verstärktes Engagement in den übrigen Unternehmensbereichen erreicht werden soll. Insofern kommt der Frage nach dem Wirkungsgrad der steuerlichen Begünstigung, das heißt nach dem Verhältnis zwischen Berliner Wertschöpfung und Subventionsvolumen, erhebliche Bedeutung zu.

Aus der mehrschichtigen Problemstellung folgt zwangsläufig eine differenzierende Analyse:

In einem mikroökonomisch angelegten Teil soll in Erfahrung gebracht werden, wie einzelne Unternehmen bzw. Unternehmensgruppen (Branchen, große und kleine Firmen, Vorleister, begünstigte Lieferanten) auf die neue Präferenz reagieren und welche Förderungseffekte sich daraus ergeben.

Dabei ist im Detail zu untersuchen,

- welche Unternehmen aufgrund der Novellierung Präferenzverluste hinnehmen mußten bzw. Präferenzgewinne realisieren konnten,

- ob die "Verlierer", aber auch die "Gewinner" Maßnahmen im Zusammenhang mit der Novellierung ergriffen haben oder planen,

- welche Maßnahmen (Ausweitung bzw. Einschränkung der Produktion, Anpassungen des Sortiments, Erhöhung der vertikalen Integration, räumliche Verlagerung von dispositiven Unternehmensfunktionen oder Fertigungslinien) die Unternehmen eingeleitet oder vorgesehen haben,

- welche Einzelvorschriften der novellierten Präferenz (Wertschöpfungsstaffel, Kürzungssätze, Anrechenbarkeit Berliner Vorleistungen, Mehrfachgewichtung hoher Einkommen) Entscheidungen der Unternehmen beeinflußt haben,

- wie sich förderungsinduzierte Maßnahmen auf die betriebliche Wertschöpfung und die strukturpolitisch motivierten Komponenten der Berliner Wertschöpfung nach § 6a BerlinFG (Höhe und Struktur der Personalausgaben, Berliner Vorleistungen) ausgewirkt haben.

Im Zusammenhang mit diesen Fragen ist auch zu klären, ob es Hemmnisse gibt, die eine präferenzwirksame Umsetzung unternehmerischer Pläne beeinträchtigen oder gar verhindern. Derartige Hemmnisse können in der gesetzlichen Regelung selbst begründet sein; sie können jedoch zumindest auf kürzere Frist auch auf die realen wirtschaftlichen Strukturen - beispielsweise auf dem Berliner Vorleistungs- oder Arbeitsmarkt - zurückzuführen sein. Schließlich soll der Frage nachgegangen werden, ob das Verfahren praktikabel ist und wo Schwierigkeiten auftreten.

Im makroökonomisch orientierten Teil der Erfolgskontrolle ist zu untersuchen,

- ob und in welcher Weise die neue Regelung Höhe und Struktur von Wertschöpfung und Beschäftigung in der Berliner Wirtschaft insgesamt beeinflußt,

- inwieweit die Attraktivität des Wirtschaftsstandorts Berlin für zukunftsträchtige Branchen durch die neugestaltete Präferenz direkt oder indirekt - zum Beispiel über eine verbesserte Vorleistungsinfrastruktur - erhöht wird,

- welche finanzwirtschaftlichen Wirkungen die Novellierung der Herstellerpräferenz hat.

Generell werden in der vorliegenden Untersuchung ausschließlich Wirkungen untersucht, die auf die **Änderung** der Herstellerpräferenzen nach §§ 1, 1a BerlinFG im Jahre 1982 zurückzuführen sind. Die Bedeutung der steuerlichen Absatzförderung als solcher wird im Rahmen der laufenden, breit angelegten Erfolgskontrolle des Berlinförderungsgesetzes analysiert.

1.3   Untersuchungsansatz

Der Erfolg regionalpolitischer Förderungsmaßnahmen wird häufig an der Intensität ihrer Nutzung, oder anders ausgedrückt, an der Entwicklung der zu fördernden Inputgrößen (Beschäftigung, Investitionen) bzw. Outputgrößen (Umsatz) gemessen. Ein derartiger Ansatz ist insofern problematisch, als er einen monokausalen Zusammenhang zwischen Maßnahme und zu beeinflussender Größe - zum Beispiel zwischen Investitionszulage und Investition - herstellt, andere Bestimmungsfaktoren also praktisch ausschließt. Diese Annahme ist bei der vorliegenden Analyse von Wirkungen und Wirksamkeit der novellierten Herstellerpräferenz besonders unrealistisch, und zwar aus mehreren Gründen:

In verschiedenen größeren Branchen der Berliner Industrie sinkt die Fertigungstiefe und damit die Wertschöpfungsquote gegenwärtig als Folge der Einführung neuer Produkt- und Prozeßtechnologien. Dies gilt in besonderem Maße für die informations- und kommunikationstechnische Industrie[3]. Dort hat sich der technische Aufbau wichtiger Erzeugnisgruppen - zum Beispiel der Vermittlungstechnik - im Zuge des Übergangs von der Elektromechanik zur Elektronik grundlegend gewandelt. Daraus resultieren gravierende Veränderungen in den Produktionsprogrammen der Unternehmen; vor allem wird ein zunehmender Teil der Produktkomponenten nicht mehr selbst gefertigt, sondern von anderen Betrieben bezogen, die auf einzelne Bauelemente spezialisiert sind.

Auch steigende Wertschöpfungsquoten haben in verschiedenen Wirtschaftszweigen externe Ursachen und können nicht bzw. nicht ausschließlich als Ergebnis der neugefaßten Präferenzregelung interpretiert werden. So hat der Preisverfall für Kakaobohnen und Rohkaffee seit 1985 zu rückläufigen Preisen der veredelten Produkte und Umsatzminderungen der Verarbeiter geführt. Fertigungskosten und Gewinne dieser Unternehmen sind jedoch bei weitgehend unverändertem mengenmäßigem Output konstant geblieben oder sogar noch gestiegen; auf diese Weise haben sich die Wertschöpfungsquoten automatisch erhöht.

Die Untersuchung bezieht sich auf einen Zeitraum, in dem sich die deutsche Volkswirtschaft - und damit zugleich die Wirtschaft Berlins - in einem konjunkturellen Aufschwung befand: Ausgehend von der lebhaften Investitionsneigung und steigenden Exporten hat die Nachfrage nach Waren aus Berlin in den Jahren 1983 bis 1985 stark expandiert. Im Zuge dieser Entwicklung ist die Zahl der Beschäftigten in der Berliner Industrie deutlich gestiegen; dabei wurde - wie in Aufschwungsphasen üblich - insbesondere die Zahl der Arbeitskräfte im Produktionsbereich ausgeweitet. Mit dieser Entwicklung verbunden waren Verschiebungen in der Beschäftigungsstruktur, die mögliche entgegengesetzte Effekte, die von der Novellierung der Herstellerpräferenz ausgegangen sind, durchaus verdecken können.

Diese Überlegungen machen deutlich, daß es wenig erfolgsversprechend ist, allein aus der Entwicklung einzelner Zielgrößen der Novellierung - Wertschöpfungsquote, Zahl der Beschäftigten oder Arbeitskräftestruktur - die Wirksamkeit der neuen Präferenzregelung ablesen zu wollen. Nach den Einsichten, die das DIW bereits vor Beginn der Untersuchung aus einer Reihe von Gesprächen mit Betroffenen gewonnen hat[4], kann allerdings erwartet werden, daß ein großer Teil der Berliner Unternehmen aufgrund aktueller und detaillierter Kalkulationen einen guten Überblick über die Wertschöpfungswirkungen geplanter oder realisierter Maßnahmen hat und außerdem darüber Auskunft geben kann, inwieweit entsprechende Veränderungen der Präferenzposition betriebliche Entscheidungen beeinflussen. Die Erforschung dieser konkreten einzelwirtschaftlichen Zusammenhänge mit Hilfe von Befragungen ist daher von wesentlicher Bedeutung für die Untersuchung.

1.4 Befragung
1.4.1 Konzeption

Die empirische Untersuchung besteht aus einer breit angelegten schriftlichen Befragung und aus persönlichen Gesprächen mit Vertretern ausgewählter Unternehmen.

Die **schriftliche Befragung** richtete sich einmal an die Unternehmen bzw. Betriebe des verarbeitenden Gewerbes, die zur monatlichen Berichterstattung an das Statistische Landesamt Berlin melden, also regelmäßig mehr als 20 Beschäftigte haben, ferner an industrielle Kleinunternehmen mit mindestens 10 Beschäftigten, die vor der Umstellung des amtlichen Meldewesens zur Industrieberichterstattung (IB) gemeldet haben. Dabei wurden Unternehmen einbezogen, die in der Stadt noch nicht produzieren, jedoch bereits investieren oder dies in absehbarer Zeit beabsichtigen. Korrespondierend dazu wurden diejenigen Firmen befragt, die seit der Novellierung der Herstellerpräferenz - teilweise unter ausdrücklicher Bezugnahme auf die gesetzliche Änderung - ihre Produktion aufgegeben oder an andere Standorte verlagert haben bzw. dies beabsichtigen.

"Reine Vorleister" - also Firmen, die ausschließlich an Berliner Abnehmer liefern - werden durch diese Abgrenzung nur zum Teil erfaßt, da sie vielfach weniger als 10 Arbeitskräfte beschäftigen und überdies - soweit es die Dienstleistungen betrifft - nicht zum verarbeitenden Gewerbe gehören. Die entsprechenden Unternehmen wurden vom Senator für Wirtschaft und Arbeit befragt, und zwar auf der Basis einer Kartei, die alle Unternehmen enthält, die Ursprungsbescheinigungen für die Herstellung von Gegenständen bzw. die Ausführung von Werk- oder Dienstleistungen nach § 6c BerlinFG in Berlin erhalten haben und keine Umsätze nach §§ 1, 1a BerlinFG erbringen.

Diese Kartei enthält auch Unternehmen, die zum amtlichen Meldekreis gehören. Mögliche Doppelerfassungen wurden jedoch durch Filterfragen in den Erhebungsbögen vermieden.

Der Fragebogen für Unternehmen des ersten Erhebungskreises (Anhang B 1) zielt auf folgende Themenbereiche:

- Veränderung der Inanspruchnahme der Umsatzsteuerpräferenz,

- Veränderung von Wertschöpfungsquote und Präferenzsatz,

- Verlauf und Struktur der Berliner Wertschöpfung,

- Bedeutung der Novellierung für durchgeführte bzw. geplante Anpassungsmaßnahmen,

- Bedeutung der einzelnen Neuregelungen bei Planung bzw. Durchführung der Maßnahmen,

- Bedeutung und Struktur der intraregionalen Bezüge,

- Volumen, Struktur und Entwicklung der Lieferungen bzw. sonstigen Leistungen nach § 6c BerlinFG sowie Höhe der Vorleistungsquote,

- Bedeutung der Novellierung für die Entwicklung der Berliner Vorleistungen nach § 6c BerlinFG.

Unternehmen, die ausschließlich Vorleistungen erbringen, erhielten einen verkürzten Fragebogen, der nur die beiden letztgenannten Themenbereiche umfaßt.

Für diese "reinen Vorleister" sind zwei verschiedene Befragungskonzepte entwickelt worden, die Unterschiede im Anrechnungsverfahren der Vorleistungen berücksichtigen: Bei Unternehmen, die Lieferungen nach § 6c BerlinFG bescheinigen, wurde die Vorleistungsquote erhoben (Anhang B 2), für Unternehmen, die sonstige Leistungen bescheinigen, entfallen die Fragen zu diesem Komplex (Anhang B 3).

Insgesamt waren also drei Fragebogen erforderlich, die vor dem Versand mit Unternehmen unterschiedlicher Größe und Branchenzugehörigkeit diskutiert wurden. Im einzelnen nahmen an diesem Pretest teil

- 12 Unternehmen, die sowohl Umsätze nach §§ 1, 1a BerlinFG erbringen als auch Lieferungen bzw. sonstige Leistungen nach § 6c BerlinFG bescheinigen,

- 6 Unternehmen, die nur Lieferungen nach § 6c BerlinFG bescheinigen,

- 6 Unternehmen, die nur sonstige Leistungen nach § 6c BerlinFG bescheinigen.

Die getesteten Fragebogen wurden schließlich mit dem Bundesminister der Finanzen, Bonn, mit dem Senator für Wirtschaft und Arbeit, Berlin sowie der Industrie- und Handelskammer zu Berlin abgestimmt.

Die **Expertengespräche** bauen auf den Erkenntnissen der Fragebogenaktion auf und sollen diese vertiefen. Außerdem werden Gesichtspunkte angesprochen, die in verschiedenen Diskussionsrunden zwischen dem DIW, der Industrie- und Handelskammer zu Berlin sowie einzelnen Wirtschaftsverbänden zur Sprache gekommen sind.

Die Interviews wurden anhand eines Gesprächsleitfadens geführt. Dabei ging es zunächst um folgende Kernpunkte:

- Erläuterung der schriftlich mitgeteilten betrieblichen Anpassungsmaßnahmen,

- Analyse von Möglichkeiten und Engpässen bei Bezug bzw. Lieferung von Waren und Dienstleistungen innerhalb Berlins,

- Diskussion des Dienstleistungskatalogs nach § 6c BerlinFG,

- Bewertung der in das System eingebauten Gewichtungsfaktoren (Hinzurechnungsbeträge bei hohen Arbeitslöhnen und Vergütungen der Auszubildenden) sowie

- Erörterung inhaltlicher und technischer Probleme bei der Abgrenzung der Berliner Wertschöpfung und ihrer Komponenten (Gewinn, Zinsen, Arbeitslöhne, Zukunftssicherung).

Neben diesen generell wichtigen Fragen orientierten sich die Gespräche an den spezifischen Problemen der jeweiligen Unternehmen bzw. Branchen. Dazu gehören beispielsweise

- die Erörterung exogener, insbesondere technologisch bedingter Einflüsse auf Wertschöpfungsquote und Präferenz der Unternehmen sowie

- Fragen zum Zusammenhang von Rechtsform und Präferenzsystem, insbesondere bei neugegründeten Produktionsbetrieben.

Schließlich dienten die persönlichen Gespräche mit ausgewählten Unternehmen dazu, Informationslücken - beispielsweise bei der Wertschöpfungsberechnung für 1985 - auszufüllen und Ungereimtheiten in den Antworten der schriftlichen Befragung zu klären.

Die für die Expertengespräche vorgesehenen Unternehmen wurden anhand verschiedener Kriterien ausgewählt. Dazu zählen neben allgemeinen Merkmalen wie Unternehmensgröße, Branchenzugehörigkeit und Organisationsform des Unternehmens auch Faktoren, die in unmittelbarem Zusammenhang mit der Novellierung der Herstellerpräferenz stehen. Demzufolge wird berücksichtigt, ob die Unternehmen

- Gewinner oder Verlierer der Präferenzreform sind,

- auf die Novellierung reagieren oder nicht reagieren,

- ausschließlich nach Westdeutschland liefern oder sowohl Fernlieferungen als auch Lieferungen nach § 6c BerlinFG erbringen.

1.4.2   Verlauf und Beteiligung

Die schriftliche Befragung - Versand der Erhebungsbogen sowie verschiedene schriftliche und telefonische Mahnaktionen - wurde zwischen Mai und Dezember 1986 durchgeführt. Die Expertengespräche fanden dann im Frühjahr 1987 statt. Mit einigen Unternehmen, zu denen ein besonders guter Kontakt besteht, wurden die anstehenden Fragen in mehreren Gesprächsrunden diskutiert.

Von den Unternehmen des **verarbeitenden Gewerbes,** die monatlich dem Statistischen Landesamt melden, haben 727 an der Umfrage teilgenommen, das sind mehr als die Hälfte aller Industrieunternehmen in der Stadt (vgl. Tabelle 1.1). Gemessen an der Zahl der Beschäftigten beträgt die Repräsentation rund 80 vH, gemessen an den gesamten Lieferungen nach §§ 1, 1a BerlinFG, wie sie den Finanzbehörden im Rahmen der Umsatzsteuervoranmeldung mitgeteilt worden sind, sogar gut 90 vH.

Eine nach Branchen differenzierende Betrachtung zeigt, daß das Interesse der Unternehmen an der Wirkungsanalyse durchweg hoch war. Überdurchschnittlich ist die an der Beschäftigtenzahl gemessene Repräsentation in den Wirtschaftszweigen Büromaschinen und ADV (96 vH), Tabakverarbeitung (94 vH), Elektrotechnik (90 vH), Maschinenbau (87 vH) und Chemie (82 vH) (Tabelle A 1.1). Aber auch im Verbrauchsgüter produzierenden Gewerbe - einem Bereich mit traditionell geringer Beteiligungsbereitschaft - haben 50 vH aller Unternehmen (mit 65 vH der Beschäftigten) den Fragebogen zurückgeschickt.

Die Gliederung der beteiligten Unternehmen nach Größenklassen zeigt erwartungsgemäß, daß die Antwortbereitschaft mit zunehmender Größe der Firmen steigt (vgl. Tabelle 1.2). Gleichwohl hat auch von den Unternehmen mit 20 bis 49 Beschäftigten mehr als die Hälfte an der Untersuchung mitgewirkt, und selbst bei den Kleinstunternehmen beträgt die Beteiligungsquote fast 40 vH.

Tabelle 1.1

Repräsentation der schriftlichen Befragung bei den monatlich meldenden Unternehmen des verarbeitenden Gewerbes nach Wirtschaftsgruppen

Wirtschaftsgruppe	Befragte Unternehmen 1985		Zahl der beteiligten Unternehmen	Beteiligung in vH, gemessen ...	
	Zahl	Beschäftigte		an der Zahl der Unternehmen	an der Zahl der Beschäftigten
Grundstoff- und Produktionsgütergewerbe	165	19 045	93	56,4	78,3
Investitionsgüter produzierendes Gewerbe	572	104 823	301	52,5	83,9
Verbrauchsgüter produzierendes Gewerbe	440	25 095	219	49,8	66,5
Nahrungs- und Genußmittelgewerbe	202	21 566	129	63,9	78,5
Verarbeitendes Gewerbe insgesamt	1 379	170 529	742	53,8	80,0

Bemerkenswert ist, daß die an der Zahl der Unternehmen gemessene Repräsentation in allen Größenklassen kaum von der an der Zahl der Beschäftigten gemessenen Repräsentation abweicht. Aus dieser Übereinstimmung kann geschlossen werden, daß die Häufigkeitsverteilung der an der Befragung beteiligten Unternehmen der Verteilung der Grundgesamtheit in den jeweiligen Größenklassen sehr nahe kommt.

Etwa 200 Unternehmen aus sämtlichen Branchen und Größenklassen sind im Anschluß an die schriftliche Befragung persönlich aufgesucht worden. Gespräche wurden darüberhinaus mit westdeutschen Unternehmen geführt, die als Wettbewerber der Berliner Produzenten tätig sind bzw. Engagements in Berlin erwogen haben.

Im Bereich der nicht monatlich meldenden Unternehmen des verarbeitenden Gewerbes, die eine Ursprungsbescheinigung im Sinne des § 6c BerlinFG erhalten haben, war die Repräsentation nach der ersten Stufe der schriftlichen Befragung noch relativ gering. Die schriftliche Mahnung durch den Senator für Wirtschaft und Arbeit vom September 1986 sowie telefonische Nachfragen des DIW bei ausgewählten Unternehmen haben jedoch zu einer spürbaren Verbesserung der Beteiligungsquote geführt: Von den 1 212 angeschriebenen Unternehmen haben 396 geantwortet, immerhin ein Drittel aller Firmen, die Lieferungen und Werkleistungen nach § 6c BerlinFG bescheinigen können (Tabelle 1.3). Dabei entfällt der überwiegende Teil der Betriebe auf den Investitionsgüter- und den Verbrauchsgütersektor.

Die beteiligten **Dienstleister** - insgesamt 89 Firmen (Tabelle 1.3) - sind vorwiegend in den Bereichen Gebäudereinigung sowie produktionsnahe Dienste (Soft-ware, Engineering, Wirtschaftsberatung) tätig. Branchenspezifische Repräsentationsgrade konnten allerdings nicht berechnet werden, da der Senator für Wirtschaft und Arbeit dem DIW die Grundgesamtheiten aus datenschutzrechtlichen Gründen nicht zur Verfügung gestellt hat. Auch wenn die Beteiligung an der schriftlichen Befragung deutlich geringer bleibt als in der Industrie, dürften die vorliegenden Informationen - zusammen mit den Ergebnissen der Expertengespräche - ausreichen, um hinlänglich abgesicherte Erkenntnisse über die Wirkungsweise der Novellierung in diesem Sektor gewinnen zu können.

Tabelle 1.2

**Repräsentation der schriftlichen Befragung bei den monatlich
meldenden Unternehmen des verarbeitenden Gewerbes
nach Beschäftigten-Größenklassen**

Beschäftigten-Größenklasse	Befragte Unternehmen 1985		Zahl der beteiligten Unternehmen	Beteiligung in vH, gemessen ...	
	Zahl	Beschäftigte		an der Zahl der Unternehmen	an der Zahl der Beschäftigten
1 - 19	414	5 412	157	38,0	34,7
20 - 49	440	14 825	245	55,7	54,7
50 - 99	247	17 278	133	53,8	53,1
100 - 199	142	19 865	91	64,1	65,7
200 - 499	79	24 317	60	75,9	77,3
500 - 999	30	21 228	30	100,0	100,0
1000 und mehr	27	67 602	26	96,3	95,1
Verarbeitendes Gewerbe insgesamt	1 379	170 529	742	53,8	80,0

Beim **Produktionsverbindungshandel** - einem Wirtschaftszweig, der durch die Novellierung ebenfalls tangiert ist - wurde auf eine gesonderte schriftliche Befragung verzichtet. Umstellungsprobleme und Reaktionsweise der nach Westdeutschland liefernden Großhändler wurden im Wege von Interviews in Erfahrung gebracht.

Die in der vorliegenden Arbeit ausgewiesenen Daten und Zusammenhänge beziehen sich durchweg auf diejenigen Unternehmen, die an den Befragungen teilgenommen haben. Hochrechnungen wurden nicht vorgenommen. Für die "reinen Vorleister" war dies schon deshalb nicht möglich, weil keine ausreichenden Informationen über die Grundgesamtheit - das heißt über diejenigen Unternehmen, die nicht nur die Ursprungsbescheinigung besitzen, sondern auch tatsächlich Vorleistungen erbringen - vorliegen.

Die nach §§ 1, 1a BerlinFG begünstigten Unternehmen und Lieferungen sind zwar - gegliedert nach Wirtschaftsgruppen - bekannt[5]. Eine differenzierte Hochrechnung erschien jedoch auch hier nicht möglich, da sich im Verlauf der Untersuchung deutlich gezeigt hat, daß die relevanten Parameter - insbesondere Wertschöpfungsstruktur und Wertschöpfungsquote - selbst innerhalb einzelner Branchen ganz erheblich streuen. In Anbetracht der erreichten hohen Repräsentation der Befragung kann allerdings angenommen werden, daß die Befragungsergebnisse für das verarbeitende Gewerbe insgesamt gelten.

Tabelle 1.3

**Repräsentation der schriftlichen Befragung bei
Unternehmen, die eine Ursprungsbescheinigung
im Sinne des § 6c BerlinFG erhalten haben**

Wirtschaftsgruppe	Zahl der befragten Unternehmen	Zahl der beteiligten Unternehmen	
		insgesamt	davon: mit Vorleistungen
Unternehmen des verarbeitenden Gewerbes, die nicht monatlich melden	1 212	396	226
davon:			
Grundstoff- und Produktionsgütergewerbe	223	.	20
Investitionsgüter produzierendes Gewerbe	475	.	94
Verbrauchsgüter produzierendes Gewerbe	482	.	107
Nahrungs- und Genußmittelgewerbe	32	.	5
Unternehmen des Dienstleistungsgewerbes	204	89	62
davon:			
Gebäudereinigung	.	.	28
Beratungsleistungen	.	.	29
Andere Leistungen	.	.	5
Insgesamt	1 416	485	288

2   Ergebnisse der Befragung

2.1   Unternehmen, die Herstellerpräferenzen nach § 1, 1a Ber-
        linFG in Anspruch nehmen

2.1.1   Auswirkungen der Novellierung auf Volumen und Verteilung
        der Steuerausfälle

2.1.1.1 Ansatz der Modellrechnungen

Durch die Novellierung der Herstellerpräferenz hat sich die Präferenzposition der meisten Unternehmen automatisch - also unabhängig von
Reaktionen der Firmen - verändert. Diese Veränderungen resultieren
einmal aus der Neufassung des Wertschöpfungsbegriffs (Umstellung des
Berechnungsverfahrens von der subtraktiven auf die additive Methode,
stärker an der Wertschöpfung der Lieferanten orientierte Anrechenbarkeit
aus Berlin bezogener Vorleistungen sowie neu eingeführte Zurechnungsbe-
träge für bestimmte Arbeitslöhne). Zum zweiten haben sich Höhe und
Struktur der Präferenzsätze geändert. Hinzu kommen schließlich Neuregelungen in den Ausnahmebereichen der Förderung (§ 4 BerlinFG).

Um den Einfluß einzelner Elemente der Novellierung auf die Präferenzposition der Unternehmen zu bestimmen, wurden verschiedene Modellrechnungen durchgeführt:

- Die Auswirkungen der Novellierung auf die Höhe der Wertschöpfungsquoten wurde durch Gegenüberstellung der subtraktiv ermittelten Quoten für 1982 und der additiv ermittelten Quoten für 1983 ermittelt.
  Diese Rechnung konnte für 350 der beteiligten 388 Unternehmen mit
  präferierten Warenlieferungen durchgeführt werden. Zwar war vorgesehen, beide Quoten für dasselbe Jahr zu vergleichen; entsprechende
  Informationen lagen jedoch lediglich für knapp 100 Unternehmen vor.
  Das zeitliche Auseinanderfallen der beiden Vergleichsquoten dürfte
  allerdings keinen wesentlichen Informationsverlust mit sich bringen;
  dafür spricht insbesondere, daß die nach dem alten Verfahren berechneten Wertschöpfungsquoten dieser Unternehmen für 1982 und 1983 sich
  in der Regel kaum unterscheiden (Tabelle A 2.1).

Um vergleichbare und aussagekräftige Durchschnittswerte für die verschiedenen Branchen, Größenklassen und Unternehmenstypen zu gewinnen, wurden die betriebsindividuellen Wertschöpfungsquoten beider Jah-

re mit dem Anteil der jeweiligen Unternehmen am gesamten wirtschaftlichen Umsatz 1982 gewichtet.

- Der Einfluß der veränderten Präferenzsatzstaffel auf die Höhe der Präferenzsätze wurde ermittelt, indem die nach dem additiven Verfahren berechneten Wertschöpfungsquoten für 1983 einmal mit der alten, zum anderen mit der neuen Präferenzsatzstaffel verknüpft wurden. Die gruppenspezifischen Präferenzsätze leiten sich aus der Gewichtung der Einzelwerte mit den Umsatzanteilen ab.

- Um schließlich die Konsequenzen der Reform für das Präferenzvolumen aufzeigen zu können, sind die begünstigten Lieferungen nach Westdeutschland im Jahr 1984 einmal mit den damals geltenden, zum anderen mit den hypothetischen neuen Präferenzsätzen multipliziert und die entsprechenden Präferenzsummen einander gegenübergestellt worden.

- Für einige Betriebe, die Gegenstände im Sinne des § 4 BerlinFG produzieren, bei denen eine Wertschöpfungsberechnung nicht vorgeschrieben ist, wurden lediglich Änderungen im Präferenzvolumen, nicht dagegen Änderungen von Wertschöpfungsquoten und Präferenzsatz berücksichtigt. Für die Kaffeeröster, deren Präferenz durch einen Preisplafond begrenzt ist, wurden gesonderte Modellrechnungen auf der Basis einer Zusatzerhebung durchgeführt (Anhang C).

2.1.1.2 Änderungen bei den Präferenzkomponenten

2.1.1.2.1 Wertschöpfungsquoten

Die durchschnittliche Berliner Wertschöpfungsquote im Sinne des § 6a BerlinFG aller beteiligten Unternehmen betrug 1983 - berechnet nach den neuen Vorschriften - 41 vH. Sie hat damit aufgrund der gesetzlichen Neuregelung um 13 vH-Punkte abgenommen (Tabelle 2.1).

Besonders gravierend war der novellierungsbedingte Rückgang der Quote im Nahrungs- und Genußmittelbereich. Die ohnehin geringe Wertschöpfungsquote dieses Sektors hat sich halbiert und erreichte lediglich noch

Tabelle 2.1

**Vergleich der subtraktiv ermittelten Wertschöpfungsquoten 1982
mit den additiv ermittelten Wertschöpfungsquoten 1983,
jeweils gewichtet mit dem wirtschaftlichen Umsatz 1982**

Wirtschaftsgruppe Größenklasse Unternehmenssitz	Zahl der Unter-nehmen	durchschnittliche Wertschöpfungsquote		
		subtraktives Verfahren 1982 in vH	additives Verfahren 1983 in vH	Veränderung in vH-Punkten
Grundstoffe und Produktionsgüter	51	61,3	45,2	- 16,1
Investitionsgüter	147	59,7	51,2	- 8,5
Verbrauchsgüter	103	50,7	47,0	- 3,7
Nahrungs- und Genußmittel	49	41,1	19,7	- 21,4
Verarbeitendes Gewerbe insgesamt	**350**	**53,8**	**41,0**	**- 12,8**
davon:				
Unternehmen mit ... Beschäftigten				
1 bis 19	36	50,8	45,2	- 4,6
20 bis 49	89	43,1	37,7	- 5,4
50 bis 99	68	45,0	40,5	- 4,5
100 bis 199	67	44,4	36,8	- 7,6
200 bis 499	47	41,8	34,3	- 7,5
500 bis 999	24	48,7	25,7	- 23,0
über 1 000	19	62,3	50,1	- 12,2
davon:				
Unternehmen mit Sitz ...				
... außerhalb Berlins	134	51,5	35,4	- 16,1
... in Berlin	216	61,8	60,1	- 1,7

Quelle: Erhebung des DIW.

20 vH. Aber auch die Quote der Produktionsgüterindustrien ist - insgesamt betrachtet - überdurchschnittlich zurückgegangen. Als relativ systemneutral hat sich die durchschnittliche Wertschöpfungsquote im Investitionsgüterbereich erwiesen. Am geringsten war der Einfluß der Novellierung bei den Verbrauchsgüterindustrien. Dort war die Quote nach dem additiven Verfahren lediglich um 4 vH-Punkte niedriger als nach dem subtraktiven Verfahren.

Eine weiter disaggregierte **zweigspezifische** Betrachtung (Tabelle A 2.2) zeigt ein außerordentlich differenziertes Bild: Von den größeren Industrien haben Maschinenbau, Straßenfahrzeugbau, Feinmechanik/Optik sowie Druckerei eine höhere Wertschöpfungsquote als vorher. Diese positive Veränderung spiegelt einmal die überdurchschnittliche Fertigungstiefe dieser Branchen; zum anderen bringt sie zum Ausdruck, daß relativ viele Unternehmen nicht nur die Produktion, sondern auch andere Funktionen in Berlin angesiedelt haben. Deutlich gefallen ist die branchendurchschnittliche Quote dagegen bei der elektrotechnischen Industrie, in der Chemie, bei Büromaschinen/EDV sowie - besonders drastisch von 69 vH auf 21 vH - in der Tabakverarbeitung. In diesen Wirtschaftszweigen spielen Forschung und Entwicklung bzw. Werbung und Marketing eine erhebliche Rolle. Die überdurchschnittliche Verringerung der Quoten zeigt, daß die meisten Unternehmen diese Funktionen außerhalb der Stadt erbringen.

Eine Gliederung der Unternehmen nach **Beschäftigtengrößenklassen** ergibt zunächst, daß die Wertschöpfungsquote durchweg, wenngleich in stark unterschiedlichem Maße, gefallen ist (Tabelle 2.1). Am geringsten - jeweils etwa 5 vH-Punkte - ist der Rückgang in den unteren Größenklassen (bis zu 100 Beschäftigte); in diesem Bereich haben die meisten Unternehmen ihren Geschäftssitz mit den entsprechenden internen Diensten in Berlin. Am stärksten ausgeprägt ist die Differenz bei Unternehmen mit 500 bis 1 000 Beschäftigten, deren durchschnittliche Quote sich halbiert hat.

Auffallend ist zudem, daß die nach dem additiven Verfahren berechneten Quoten mit steigender Größenklasse deutlich geringer werden; nach dem alten System unterschieden sich die größenklassenspezifischen Durchschnittswerte relativ wenig. Eine Ausnahme bilden in beiden Systemen die

Unternehmen mit mehr als 1 000 Beschäftigten; sie weisen jeweils die höchste Wertschöpfungsquote aller Betriebsgrößenklassen auf. Dabei ist allerdings zu berücksichtigen, daß der Durchschnittswert hier besonders ausgeprägte Diskrepanzen innerhalb der Gruppe verdeckt. Von den 19 Unternehmen dieser Größenklasse in Berlin haben acht - durchweg solche, die ihr Unternehmen von Berlin aus führen - eine höhere Wertschöpfungsquote als zuvor, elf mußten eine Verringerung ihrer Wertschöpfungsquote hinnehmen.

In diesem Zusammenhang ergibt schließlich eine nach dem **Sitz des Unternehmens** unterscheidende Betrachtung interessante Aufschlüsse. Danach hat die Wertschöpfungsquote Berliner Unternehmen als Folge der Novellierung nur unwesentlich - um knapp 2 vH-Punkte - abgenommen, während die auswärtigen Unternehmen insgesamt eine erhebliche Verringerung der Quote (- 16 vH-Punkte) zu verzeichnen hatten.

2.1.1.2.2   Präferenzsatz-Staffelung

Während der durchschnittliche Präferenzsatz für **Lieferungen nach § 1 BerlinFG** aufgrund der veränderten Wertschöpfungsberechnung von 5,3 vH auf 4,8 vH gefallen ist, hat die Neufassung der Präferenzsatzstaffel für sich genommen keine Änderung des Präferenzsatzes insgesamt bewirkt (Tabelle 2.2). Diese durchschnittliche Konstanz verdeckt allerdings ziemlich differenzierte Entwicklungen bei den einzelnen Unternehmen:

Die **Branchenbetrachtung** zeigt, daß die Verfeinerung der Wertschöpfungsstaffel sich vor allem im Investitionsgütersektor positiv ausgewirkt und insgesamt zu einer Erhöhung des Präferenzsatzes um 0,7 vH-Punkte geführt hat. Gewonnen haben dabei alle Wirtschaftsgruppen (mit Ausnahme des Bereichs Büromaschinen/EDV) - Ausdruck der durchweg überdurchschnittlich hohen Wertschöpfungsquote dieser Industrien und deren unterproportionaler Begünstigung vor der Novellierung (Tabelle A 2.3).

Einen entgegengesetzten Einfluß hatte die Neugestaltung der Präferenzsatzstaffel bei den Nahrungs- und Genußmittelindustrien. Der durchschnittliche Präferenzsatz ist im Ernährungssektor um 1,3 vH-Punkte, bei der Tabakverarbeitung um 1,2 vH-Punkte gefallen, das entspricht einem Viertel der früheren Vergünstigung.

Nur wenig verändert haben sich die durchschnittlichen Präferenzsätze bei den Produktionsgüter- und den Verbrauchsgüterherstellern. Innerhalb dieser Bereiche sind allerdings ebenfalls divergierende Entwicklungen festzustellen: Gewonnen haben insbesondere Chemie, Papierverarbeitung und Druck. Eine Verschlechterung ihrer Position hatten dagegen die NE-Metallindustrie, die Drahtziehereien sowie die Textilindustrie hinzunehmen.

Eine Betrachtung nach **Unternehmensgrößen** zeigt, daß sich die durchschnittlichen Präferenzsätze durch die Veränderung der Staffel nur bei größeren Betrieben wesentlich verändert haben: Bei den Unternehmen mit 500 bis 1 000 Beschäftigten in Berlin - in dieser Größenklasse befinden sich die meisten Zigarettenproduzenten und verschiedene Betriebe der Ernährungsindustrie - ist der Präferenzsatz um 1 vH- Punkt gefallen, bei den Unternehmen mit mehr als 1 000 Beschäftigten - dies sind überwiegend Investitionsgüterhersteller - ist er um 0,7 vH-Punkte gestiegen.

Besonders ausgeprägt sind die Unterschiede zwischen den Unternehmen mit **Geschäftssitz** in Berlin und solchen mit Geschäftssitz außerhalb der Stadt. Erstere haben ihre ohnehin günstige Präferenzposition deutlich verbessern können, und zwar um 1,3 vH-Punkte; bei letzteren ist der Präferenzsatz leicht - um 0,4 vH-Punkte - gefallen.

Anders als bei den Lieferungen nach § 1 BerlinFG haben sich die Präferenzsätze bei **Lieferungen nach § 1a BerlinFG** aufgrund der neuen Berechnungsmethode insgesamt kaum verändert. Im alten System wurden pauschal 6 vH gewährt. Durch die Einführung der wertschöpfungsorientierten Präferenzsatzstaffel ist der durchschnittliche Präferenzsatz für Innenumsätze geringfügig - von 6,0 vH auf 5,8 vH - zurückgegangen (Tabelle 2.3). Dabei ist der Präferenzsatz bei einer relativ größeren Anzahl von Wirtschaftszweigen gefallen als bei den Lieferungen nach § 1 BerlinFG (Tabelle A 2.4). Diese Diskrepanz ist vor allem auf die höheren Ausgangssätze für § 1a-Lieferungen zurückzuführen. Gleichwohl hat sich der Präferenzsatz bei einigen gewichtigen Branchen aus dem Grundstoffbereich und dem Investitionsgütersektor ganz wesentlich erhöht.

Interessant ist, daß sich der Präferenzsatz für § 1a-Lieferungen bei großen und im Bundesgebiet ansässigen Unternehmen wesentlich ungünstiger entwickelt hat als der Präferenzsatz für § 1-Lieferungen.

Tabelle 2.2

**Einfluß der Veränderung der Präferenzsatzstaffel auf den Präferenzsatz
für Lieferungen nach § 1 BerlinFG**

Wirtschaftsgruppe Größenklasse Unternehmenssitz	Zahl der Unter-nehmen	Durchschnittlicher Präferenzsatz auf Grundlage der additiv ermittelten Wertschöpfungsquote 1983 und ...		
		... alter Präferenz-satzstaffel in vH	...neuer Präferenz-satzstaffel in vH	Veränderung in vH-Punkten
Grundstoffe und Produktionsgüter	47	4,8	4,9	+ 0,1
Investitionsgüter	141	5,0	5,7	+ 0,7
Verbrauchsgüter	94	4,8	4,9	+ 0,1
Nahrungs- und Genußmittel	46	4,5	3,2	- 1,3
Verarbeitendes Gewerbe insgesamt	**328**	**4,8**	**4,8**	**0,0**
davon:				
Unternehmen mit ... Beschäftigten				
1 bis 19	32	4,7	4,5	- 0,2
20 bis 49	82	4,7	4,3	- 0,4
50 bis 99	61	4,7	4,7	0,0
100 bis 199	64	4,7	4,2	- 0,5
200 bis 499	46	4,8	4,7	- 0,1
500 bis 999	24	4,6	3,6	- 1,0
über 1 000	19	4,9	5,6	+ 0,7
davon:				
Unternehmen mit Sitz ...				
... außerhalb Berlins	121	4,7	4,3	- 0,4
... in Berlin	207	5,2	6,5	+ 1,3

Quelle: Erhebung des DIW.

Tabelle 2.3

Einfluß der Veränderung der Präferenzsatzstaffel auf den Präferenzsatz für Lieferungen nach § 1a BerlinFG

Wirtschaftsgruppe Größenklasse Unternehmenssitz	Zahl der Unter- nehmen	Durchschnittlicher Präfe- renzsatz auf Grundlage der additiv ermittelten Wert- schöpfungsquote 1983 und ...		
		... alter Präferenz- satzstaffel in vH	...neuer Präferenz- satzstaffel in vH	Veränderung in vH-Punkten
Grundstoffe und Produktionsgüter	13	6,0	7,5	+ 1,5
Investitionsgüter	43	6,0	5,4	- 0,6
Verbrauchsgüter	12	6,0	5,1	- 0,9
Nahrungs- und Genußmittel	8	6,0	4,5	- 1,5
Verarbeitendes Gewerbe insgesamt	**76**	**6,0**	**5,8**	**- 0,2**
davon:				
Unternehmen mit ... Beschäftigten				
1 bis 19	0	-	-	
20 bis 49	6	6,0	4,1	- 1,9
50 bis 99	7	6,0	6,9	+ 0,9
100 bis 199	16	6,0	4,9	- 1,1
200 bis 499	18	6,0	6,0	
500 bis 999	14	6,0	5,4	- 0,6
über 1 000	15	6,0	5,8	- 0,2
davon:				
Unternehmen mit Sitz ...				
... außerhalb Berlins	48	6,0	5,2	- 0,8
... in Berlin	28	6,0	7,7	+ 1,7

Quelle: Erhebung des DIW.

2.1.1.3   Ergebnisse der Modellrechnungen
2.1.1.3.1   Präferenzvolumen

Die beteiligten Unternehmen haben 1984 Umsätze nach §§ 1, 1a BerlinFG im Werte von 24,1 Mrd. DM erbracht und dafür Herstellerpräferenzen in Höhe von 1,26 Mrd. DM in Anspruch genommen (Tabelle 2.4). Davon waren nahezu vier Fünftel (976 Mill. DM) Präferenzen für Lieferungen an Dritte nach § 1 BerlinFG, und gut 20 vH Präferenzen für Innenlieferungen nach § 1a BerlinFG (Tabellen A 2.5, A 2.6 und A 2.7).

Wären die Umsätze von 1984 bereits damals nach der neuen Regelung (ohne Übergangsregelung) steuerlich begünstigt worden, hätte das Präferenzvolumen der hier untersuchten Unternehmen 1,17 Mrd. DM betragen, also 90 Mill. DM oder 7 vH weniger. Dieses Ergebnis belegt, daß die Novellierung von 1982 in jedem Falle zu einer Verringerung der Steuerausfälle geführt hat.

Dabei hätte insbesondere das Kürzungsvolumen für Lieferungen nach § 1 BerlinFG abgenommen (- 9 vH). Die für Lieferungen nach § 1a BerlinFG aufgewendete Präferenzsumme dagegen wäre bei Anwendung des Präferenzsatzes 1985 lediglich um 2 vH geringer gewesen als die tatsächliche Präferenz. Hierin kommt insbesondere zum Ausdruck, daß die Innenumsätze sich auf solche Unternehmen konzentrieren, deren Berliner Wertschöpfungsquote relativ hoch ist.

Eine Differenzierung der Modellrechnung nach Unternehmensgruppen ergibt, daß die Neugestaltung der Herstellerpräferenz eine deutliche Umverteilung mit sich gebracht hat:

Von den vier **Hauptgruppen** des verarbeitenden Gewerbes verbessert lediglich der Investitionsgüterbereich seine Position - um 3 vH bzw. für 1984 um 20 Mill. DM (Tabelle 2.4). Sein Anteil am gesamten Präferenzvolumen steigt von 56 vH auf 62 vH. Besonders ausgeprägt sind die Gewinne beim Maschinenbau (+ 19 vH), beim Straßenfahrzeugbau (+ 34 vH) sowie bei Feinmechanik und Optik (+ 49 vH). Die Büromaschinen- und EDV-Industrie hätte demgegenüber ohne Übergangsregelung einen Rückgang ihres Präferenzvolumens um 31 vH hinnehmen müssen (Tabelle A 2.5).

Die Nahrungs- und Genußmittelindustrie, die kaum Innenumsätze hat, büßt cet. par. 37 vH ihres Präferenzvolumens ein; ihr Anteil am gesamten Steuerausfall aufgrund §§ 1, 1a BerlinFG fällt von 24 vH auf 16 vH. Überdurchschnittlich verringert sich die steuerliche Vergünstigung bei den Unternehmen der Tabakverarbeitung (-44 vH).

Bei den beiden anderen großen Industriebereichen hat sich per Saldo nichts verändert. Hervorzuheben sind die Präferenzgewinne in der Chemischen Industrie (+ 3 vH), in der Papierverarbeitung (+ 9 vH) und im Druckgewerbe (+ 13 vH) einerseits sowie die hohen Präferenzverluste im Textilgewerbe (- 14 vH) andererseits; auch die Unternehmen der Kunststoffindustrie können ihre Position - bei allerdings starker Streuung innerhalb des Bereichs - nicht behaupten.

Eine **größenklassenspezifische** Betrachtung zeigt, daß die Unternehmen mit 500 bis 1 000 Beschäftigten durch die Novellierung am stärksten verlieren (- 29 vH); ausgeprägte Einbußen haben jedoch auch die Kleinbetriebe (- 12 vH) und die Unternehmen mit 100 bis 200 Beschäftigten (- 13 vH) hinzunehmen. Gewinner der Novellierung sind die Großunternehmen, deren Präferenzvolumen ohne Berücksichtigung der Übergangsregelung um 1 vH gestiegen wäre. Dies bedeutet eine Steigerung ihres Anteils an der Herstellerpräferenz für Warenlieferungen von 55 vH auf 60 vH. Bemerkenswert ist dieses Ergebnis insofern, als es darauf hinweist, daß es nicht in erster Linie die ganz großen Unternehmen sind, die in Berlin lediglich Fertigungsstätten betreiben.

Die Unternehmen mit **Geschäftssitz** in Berlin erhalten durch die Novellierung (ohne Übergangsregelung und bei gleichem Liefervolumen) 21 vH mehr, 1984 wären dies insgesamt 340 Mill. DM gewesen. Wie stark die Neuregelung solche Unternehmen begünstigt, die neben der Produktion sämtliche verwaltenden und dispositiven Funktionen in der Stadt angesiedelt haben, ist besonders augenfällig in der Industrie der Steine und Erden. Demgegenüber müssen die auswärtigen Unternehmen Präferenzeinbußen in Höhe von 150 Mill. DM hinnehmen, das sind etwa 15 vH der nach dem alten System gewährten Präferenz. Gleichwohl entfallen auch nach der Novellierung auf diese Unternehmen 70 vH des gesamten Steuerausfalls nach §§ 1, 1a BerlinFG.

Tabelle 2.4

Einfluß der Novellierung auf Volumen und Verteilung
der Präferenz nach §§ 1,1a BerlinFG

Wirtschaftsgruppe Größenklasse Unternehmenssitz	Zahl der Unter- nehmen	Präferenz 1984 in DM 1 000		
		effektiv (nach alter Regelung)	nach dem Präferenz- satz 1985	Veränderung in vH
Grundstoffe und Produktionsgüter	48	177 226	178 040	+ 0,6
Investitionsgüter	142	702 391	721 466	+ 2,7
Verbrauchsgüter	99	81 924	81 732	- 0,2
Nahrungs- und Genußmittel	46	299 315	187 579	- 37,4
Verarbeitendes Gewerbe insgesamt	**335**	**1260 856**	**1168 817**	**- 7,3**
davon:				
Unternehmen mit ... Beschäftigten				
1 bis 19	33	3 444	3 046	- 11,6
20 bis 49	86	3 556	30 988	- 12,8
50 bis 99	62	37 266	35 257	- 5,6
100 bis 199	64	113 490	96 604	- 13,4
200 bis 499	47	130 971	125 044	- 4,5
500 bis 999	24	247 631	175 688	- 29,0
über 1 000	19	692 492	702 191	+ 1,4
davon:				
Unternehmen mit Sitz ...				
... außerhalb Berlins	126	980 862	830 175	- 15,4
... in Berlin	209	279 994	338 642	+ 21,1

Quelle: Erhebung des DIW.

2.1.1.3.2 Präferenzierung der Wertschöpfung

Um Anhaltspunkte darüber zu erhalten, wie sich die Novellierung der Herstellerpräferenz auf die Intensität der Förderung ausgewirkt hat, wurde das Präferenzvolumen für 1984 nach alter und neuer Regelung berechnet und auf die in den präferenzierten Umsätzen 1984 enthaltene, in Berlin entstandene Wertschöpfung - hier definiert als betriebliche Wertschöpfung zuzüglich der Anrechnungsbeträge aus dem Bezug von Berliner Vorleistungen, aber ohne Hinzurechnungsbeträge aufgrund der Mehrfachgewichtung von Lohnbestandteilen - bezogen. Dabei wurde unterstellt, daß die allen Umsätzen zugrundeliegende Wertschöpfungsquote auch für die Lieferungen nach Westdeutschland gilt.

Dieser Modellrechnung zufolge wurde eine DM Wertschöpfung im Durchschnitt des verarbeitenden Gewerbes vor der Novellierung mit knapp 0,17 DM, nach der Novellierung mit gut 0,15 DM präferenziert (Tabelle 2.5). Im Zuge dieser Veränderung sind Unterschiede in der Förderung der Wertschöpfung einzelner Unternehmen und Branchen verringert worden.

So ist die Präferenzintensität insbesondere im Nahrungs- und Genußmittelgewerbe zurückgegangen, und zwar von 0,32 DM auf 0,20 DM. Eine leichte Steigerung ist dagegen bei den Investitionsgüterindustrien zu beobachten. Dort hat die auf die Wertschöpfung bezogene Präferenz in fast allen Branchen zugenommen. Lediglich bei den Unternehmen der Büromaschinen- und EDV- Industrie ist eine deutliche Abnahme zu verzeichnen (Tabelle A 2.8). Allerdings wird die Wertschöpfung dieser Branche auch im neuen System doppelt so hoch - mit 0,28 DM je DM Wertschöpfung - begünstigt wie die der übrigen Investitionsgüterhersteller. Der Effekt überproportionaler Förderung im Sockelbereich wird verstärkt durch einen relativ großen Anteil (höher präferenzierter) Innenumsätze.

Auch im Bereich der Ernährungsindustrie liegt die Präferenzintensität mit 0,25 DM je DM Wertschöpfung nach wie vor ganz erheblich über dem Durchschnitt aller Unternehmen. Der größte Rückgang ist bei der Zigarettenindustrie eingetreten: Die Wertschöpfung dieses Wirtschaftszweiges wird jetzt nur noch halb so stark präferenziert wie vor der Novellierung;

die relative Förderung ist mit 0,20 DM erheblich geringer als bei Kakao-halberzeugnissen, die bei gleichem Präferenzsatz eine deutlich niedrigere Wertschöpfungsquote aufweisen als die Tabakverarbeitung.

Die größten Einbußen in der Höhe der relativen steuerlichen Vergünstigung - immer ohne Übergangsregelung gerechnet - mußten die Unternehmen mit 500 bis 1 000 Beschäftigten (- 6 vH-Punkte) und die Unternehmen mit 100 bis 200 Beschäftigten (- 4 vH-Punkte) hinnehmen. Lediglich bei den Großunternehmen hat die Novellierung insgesamt keine merkliche Veränderung der spezifischen Präferenzsumme ergeben.

Die in Berlin ansässigen Unternehmen haben durch die Novellierung eine deutliche Erhöhung ihrer Präferenzintensität erreicht, von 0,11 DM auf 0,14 DM je DM Wertschöpfung. Gleichwohl - und trotz einer erheblichen Verringerung der eigenen Präferenzintensität - werden die auswärtigen Unternehmen noch immer überdurchschnittlich stark gefördert. Dies liegt vor allem daran, daß der Anteil flacher Fertigungen an Produktion und Liefervolumen bei den Firmen mit Sitz im übrigen Bundesgebiet größer ist als bei den Berliner Unternehmen.

Tabelle 2.5

Einfluß der Novellierung auf die Präferenzierung der in Berlin erbrachten Wertschöpfung[1], die in den Umsätzen nach §§ 1, 1a BerlinFG enthalten ist

Wirtschaftsgruppe Größenklasse Unternehmenssitz	Zahl der Unternehmen	Präferenz in vH der Wertschöpfung 1984		Veränderung in vH-Punkten
		effektiv (nach alter Regelung)	nach dem Präferenzsatz 1985	
Grundstoffe und Produktionsgüter	43	15,9	15,7	- 0,2
Investitionsgüter	129	14,8	14,9	+ 0,1
Verbrauchsgüter	96	12,5	12,4	- 0,1
Nahrungs- und Genußmittel	43	31,9	19,9	- 12,0
Verarbeitendes Gewerbe insgesamt	**311**	**16,7**	**15,4**	**- 1,3**
davon:				
Unternehmen mit ... Beschäftigten				
1 bis 19	29	18,8	16,3	- 2,5
20 bis 49	76	14,7	14,3	- 0,4
50 bis 99	64	13,7	12,9	- 0,8
100 bis 199	60	20,7	17,2	- 3,5
200 bis 499	41	15,1	14,0	- 1,1
500 bis 999	22	21,5	15,3	- 6,2
über 1 000	19	15,7	15,4	- 0,3
davon:				
Unternehmen mit Sitz ...				
... außerhalb Berlins	118	19,3	16,2	- 3,1
... in Berlin	193	11,3	13,6	+ 2,3

1) Betriebliche Wertschöpfung zuzüglich der Anrechnungsbeträge aus dem Bezug von Berliner Vorleistungen.

Quelle: Erhebung des DIW.

2.1.2 Reaktionen der Unternehmen auf die Novellierung der Herstellerpräferenz

2.1.2.1 Unternehmen, die Maßnahmen durchgeführt bzw. geplant haben

Von den 388 Unternehmen, die an der Untersuchung teilgenommen haben und Präferenzen in Anspruch nehmen, teilten 182 Unternehmen, also knapp die Hälfte, mit, daß sie im Zusammenhang mit der Novellierung unternehmenspolitische Maßnahmen eingeleitet und/oder geplant haben (Tabelle 2.6). Zum Zeitpunkt der schriftlichen Befragung - im zweiten Halbjahr 1986 - hatten bereits 140 Unternehmen Maßnahmen durchgeführt; 110 Firmen gaben an, in überschaubarer Zukunft etwas zur Verbesserung ihrer Präferenzposition tun zu wollen.

Zwischen den Unternehmen, deren Präferenzsatz durch die Novellierung gestiegen und denen, deren Präferenzsatz gefallen ist, konnten insgesamt keine gravierenden Unterschiede in den Aktivitäten festgestellt werden. In beiden Gruppen hat jeweils etwa die Hälfte der Unternehmen Maßnahmen durchgeführt und/oder geplant. Aufschlußreich ist allerdings, daß der Anteil derjenigen Unternehmen, die erst ab 1987 auf die veränderte Situation reagieren wollen, bei den "Verlierern" deutlich größer ist als bei den "Gewinnern".

In überdurchschnittlichem Maße reagieren die Unternehmen des Investitionsgütersektors auf die Novellierung; die geringste Resonanz ist im Verbrauchsgüterbereich zu verzeichnen. Dabei ist allerdings innerhalb der großen Industriebereiche keine einheitliche Tendenz erkennbar. Besonders aktiv sind die Unternehmen der Branchen Pharmazie, Elektrotechnik, EBM-Waren, Papierverarbeitung, Kunststoff, Körperpflege, Spirituosen und Tabakverarbeitung, bei denen jeweils mehr als die Hälfte präferenzinduzierte Maßnahmen durchgeführt und/oder geplant hat. In den Zweigen Druck, Textil und Bekleidung hat dagegen jeweils weniger als ein Drittel der Unternehmen auf die Novellierung reagiert.

Generell sprechen größere Unternehmen eher auf die Anreize des neuen Systems an als kleine. In den Größenklassen bis 100 Beschäftigte hat jeweils deutlich weniger als die Hälfte, in den Größenklassen darüber dagegen mehr als die Hälfte aller beteiligten Firmen Maßnahmen einge-

Tabelle 2.6

Zahl und Struktur der Unternehmen, die im Zusammenhang mit der Novellierung Maßnahmen durchgeführt haben und/oder planen

Wirtschaftsgruppe / Größenklasse / Unternehmenssitz / Präferenzposition	Zahl aller nach §§ 1, 1a BerlinFG begünstigten Unternehmen	davon: Unternehmen (in vH), die Maßnahmen ...		
		... durchgeführt und/ oder geplant haben	... durchgeführt haben	... planen
Grundstoffe und Produktionsgüter	53	45,3	30,2	28,3
Investitionsgüter	158	55,1	44,3	31,6
Verbrauchsgüter	124	37,1	28,2	23,4
Nahrungs- und Genußmittel	53	47,2	35,8	30,2
Verarbeitendes Gewerbe insgesamt	**388**	**46,9**	**36,1**	**28,4**
davon:				
Unternehmen mit ... Beschäftigten				
1 bis 19	43	40,5	31,0	31,0
20 bis 49	100	42,0	32,0	27,0
50 bis 99	75	40,0	30,7	17,3
100 bis 199	73	54,8	37,0	35,6
200 bis 499	50	52,0	38,0	28,0
500 bis 999	26	57,7	46,2	23,1
über 1 000	21	71,4	66,7	52,4
davon:				
Unternehmen mit Sitz ...				
... außerhalb Berlins	147	52,4	42,2	32,0
... in Berlin	241	43,6	32,4	26,1
darunter:				
Unternehmen, deren Präferenzvolumen durch die Novellierung ...				
... gestiegen ist	223	44,4	34,5	25,6
... gefallen ist	132	51,5	38,6	34,8

Quelle: Erhebung des DIW.

leitet und/oder vorgesehen. Hervorzuheben ist dabei, daß 15 der 21 Unternehmen mit mehr als 1 000 Beschäftigten berichtet haben, Konsequenzen aus der Novellierung zu ziehen.

Neben Branche und Größenklasse ist offenbar auch der Ort des Geschäftssitzes von Einfluß auf die Entscheidung der Unternehmen, auf die Novellierung zu reagieren: Von den 147 auswärtigen Unternehmen haben 77, das sind 52 vH, Anstrengungen zur Verbesserung ihrer Präferenzposition unternommen, von den Berliner Firmen waren es lediglich 44 vH (105 Unternehmen).

2.1.2.2 Art der durchgeführten oder geplanten Maßnahmen
2.1.2.2.1 Verstärkter Bezug von Vorleistungen aus Berlin
2.1.2.2.1.1 Ansatzpunkte der Nachfrage

Den Angaben der Unternehmen zufolge hat die Ausweitung des Bezugs von **Waren** aus Berlin eindeutig die größte Bedeutung im Spektrum präferenzinduzierter Aktivitäten. 118 Unternehmen, also zwei Drittel aller reagierenden Unternehmen, nannten diese Maßnahme bereits im Rahmen der schriftlichen Befragung (Tabelle 2.7). Das große Interesse an verstärkten intraregionalen Bezügen wurde durch die persönlichen Gespräche mit etwa 150 Unternehmensvertretern bestätigt. Dabei ist allerdings zu berücksichtigen, daß die Möglichkeit der Anrechnung aus Berlin bezogener Vorleistungen auf die Wertschöpfung nur ein Parameter für die Entscheidung zur Änderung der Bezugsstruktur ist. Dies kommt deutlich darin zum Ausdruck, daß lediglich die Hälfte der Unternehmen, die verstärkt Waren aus Berlin beziehen wollen, als Hauptgrund dafür die Novellierung der Herstellerpräferenz angeben. Bei der anderen Hälfte resultiert der Wunsch, mehr Waren aus Berlin zu beziehen, auch aus logistischen Überlegungen oder aus Vorteilen in Preis und Qualität der betreffenden Produkte.

Zu vermuten ist, daß sich in den Antworten der Unternehmen auch die günstige konjunkturelle Situation zum Zeitpunkt der Befragung niedergeschlagen hat. Dies gilt vor allem für den erhöhten Bezug von Halbfertigerzeugnissen durch die Unternehmen der Investitionsgüterindustrie, der in den wenigsten Fällen mit einem Wechsel der Zulieferer verbunden war. Immerhin haben insbesondere Unternehmen des Maschinenbaus, der Elek

Tabelle 2.7

Zahl der Unternehmen, die Maßnahmen zwischen 1983 und 1986 durchgeführt und/oder für die Zeit danach geplant haben

Art der Maßnahme	Insgesamt	davon:		
		vor allem als Folge der Novellierung	auch als Folge der Novellierung	ohne Einfluß der Novellierung
Ausweitung des Produktionsvolumens	111	48	45	18
Einschränkung des Produktionsvolumens	6	4	1	1
Änderung der Produktionsschwerpunkte bei unveränderter Produktpalette	26	13	11	2
Änderungen des Produktionsprogramms, und zwar				
- Ausweitung der Produktpalette	70	35	25	10
- Einschränkung der Produktpalette	5	1	1	3
Änderungen bei den Bezügen, und zwar				
- verstärkter Bezug von Waren aus Berlin	118	62	55	1
- verstärkter Bezug von Werk- und Dienstleistungen aus Berlin	79	51	27	1
- verstärkte Eigenfertigung anstelle des Bezugs von Vorleistungen	38	25	9	4
Änderungen der Fertigungsprozesse, und zwar				
- Rationalisierungsmaßnahmen bei im wesentlichen unveränderten Produktionsverfahren	64	13	31	20
- Anwendung neuer Produktionsverfahren	54	18	26	10
Ausweitung der Beschäftigung	69	26	32	11
Verminderung der Beschäftigung	11	4	3	4
Ausweitung der Beschäftigung in besonderen Tätigkeitsfeldern, und zwar				
- in der Verwaltung	15	1	9	5
- in Forschung und Entwicklung	49	19	22	8
- in der Fertigungsvorbereitung und -kontrolle	33	9	14	10
- im Vertrieb	18	5	8	5
- in anderen Dienstleistungen	10	3	5	2
Ausweitung der Ausbildungsplätze	54	15	25	14
Verlagerung von Tätigkeiten nach Berlin, und zwar				
- Produktion	35	23	10	2
- allgemeine Verwaltung	6	1	3	2
- Forschung und Entwicklung	10	5	3	2
- Fertigungsvorbereitung und -kontrolle	5	2	1	2
- Vertrieb	8	3	3	2
- andere Dienstleistungen	7	4	2	1
Auslagerung von Tätigkeiten aus Berlin nach Westdeutschland bzw. ins Ausland, und zwar				
- Produktion	6	1	1	4
- Vertrieb	8	3	3	2
- andere Dienstleistungen	2	0	0	2
Andere Maßnahmen	7	5	2	0
Mindestens eine dieser Maßnahmen	179	177	137	67

Quelle: Erhebung des DIW.

51

trotechnik und der Büromaschinenindustrie über Bemühungen berichtet, mehr Aufträge an Berliner Vorleister - anstatt an auswärtige Lieferanten - zu vergeben. Ein besonders großer Bedarf scheint an elektronischen Bauelementen, genormten Massenprodukten von metallverarbeitenden Unternehmen (Stanz- und Pressteile) und Kunststoffteilen zu bestehen. Auch die Berliner Verlage sind optimistisch, stärker als bisher Druckaufträge an Berliner statt an auswärtige Drucker zu vergeben.

Besonders ausgeprägt ist der Einfluß der Novellierung auf die Veränderung der räumlichen Struktur der Warenbezüge bei den Unternehmen, die verpackungsintensive Konsumgüter herstellen; sie ordern vielfach mehr als zuvor Papiere, Faltschachteln, Kunststoff-Flaschen und -deckel, Aluminium-Folien und Druckerzeugnisse bei heimischen Betrieben. Hier ist es verschiedentlich auch gelungen, westdeutsche Lieferanten, zu denen jahrelange Geschäftsbeziehungen bestehen, zur Gründung eines Werkes in Berlin zu veranlassen. Auf diese Weise können die Berliner Abnehmer ihre Wertschöpfungsquote erhöhen, ohne die bewährten Zulieferer zu verlieren; gleichzeitig eröffnen sich diesen zusätzliche Absatzmöglichkeiten auf dem Berliner Markt. Dem DIW sind einige neuangesiedelte Unternehmen bekannt, die bereits nach kurzer Zeit weitere Kunden in der Stadt gewinnen konnten und damit generell zur Verbesserung von Vorleistungsstruktur und Standortgunst beigetragen haben.

Die Tendenz zur Intensivierung der intraregionalen Vorleistungsverflechtung in diesem Bereich kann indes nicht verallgemeinert werden. Ein Teil der Unternehmen steht einer räumlichen Verlagerung von Vorleistungsbezügen skeptisch gegenüber, da mit einem Wechsel der Lieferanten immer auch Unsicherheiten verbunden sind, und die sich daraus ergebenden Nachteile größer sein können als die relativ geringen - und zudem erst mit einer zeitlichen Verzögerung einsetzenden - finanziellen Vorteile bei der Herstellerpräferenz. Dieser Vorbehalt wird insbesondere bei technisch komplizierteren, auf die speziellen Bedürfnisse der Weiterverarbeiter abgestellten Vorprodukten geäußert. Insgesamt betrachtet werden die Möglichkeiten der Auftragsumlenkung an neue, unbekannte Lieferanten von den Unternehmen - zumindestens auf kurze Frist - eher zurückhaltend beurteilt.

Nach den Angaben der Unternehmen wird auch die Möglichkeit, Berliner **Werkleistungen** und **Dienstleistungen** bei der Wertschöpfungsberechnung zu berücksichtigen, als Anreiz für unternehmenspolitische Maßnahmen betrachtet. Von den 79 Unternehmen, die sich um entsprechende Bezüge bemühen, gaben 51 an, dies vor allem im Zusammenhang mit der Novellierung der Herstellerpräferenz zu tun. In einigen wenigen Fällen wird von zusätzlichen Werkaufträgen - vor allem an Unternehmen des Berliner Maschinenbaus - berichtet.

Offenbar wird aber eine verstärkte Vergabe von Werkaufträgen - vor allem durch kleine und mittlere Unternehmen - dadurch behindert, daß die Auftraggeber wichtige Informationen über Produkt und Fertigungsverfahren vielfach nicht preisgeben wollen.

Bei Dienstleistungen, die der Weiterentwicklung von Produkten oder der Optimierung des Fertigungsablaufs dienen - Ingenieurleistungen, EDV-Beratung -, sind in der Regel andere Faktoren für die Auftragsvergabe ausschlaggebend als steuerliche Vorteile. Die meisten Unternehmen empfinden die Anrechenbarkeit dieser Leistungen auf die Wertschöpfung dennoch als zusätzlichen Anreiz. Davon abgesehen hat die Novellierung der Herstellerpräferenz auch die Tendenz begünstigt, bestimmte Tätigkeiten, die bislang im eigenen Unternehmen erbracht wurden, an nahegelegene Betriebstätten anderer, spezialisierter Firmen auszulagern. Dazu zählt beispielsweise die Entwicklung von soft-ware, aber auch die Gebäudereinigung.

38 Unternehmen haben angegeben, Vorprodukte künftig im eigenen Unternehmen zu fertigen, statt sie von auswärtigen Unternehmen zu beziehen. In dieser Richtung aktiv geworden sind insbesondere Unternehmen des Maschinenbaus und der Elektrotechnik. Die Auswirkung der verstärkten Eigenfertigung auf die Höhe der Berliner Wertschöpfung wurde bei diesen Entscheidungen von der überwiegenden Zahl der Unternehmen ausdrücklich berücksichtigt.

2.1.2.2.1.2 Realisierungsmöglichkeiten und Angebotsengpässe

187 der 362 beteiligten Unternehmen, die Waren oder Leistungen aus Berlin beziehen, schätzen die Möglichkeit, ihre Geschäftsbeziehungen zu Vorlieferanten in der Stadt auszubauen, positiv ein (Tabelle 2.8). Die Hälfte von ihnen stammt aus dem Investitionsgütersektor und dort vornehmlich aus den Zweigen Elektrotechnik und Maschinenbau. Rund ein Viertel sind Verbrauchsgüterproduzenten; in diesem Bereich sehen vor allem Betriebe der Papierverarbeitung und des Druckgewerbes Chancen für einen verstärkten Vorleistungsbezug aus Berlin.

Tabelle 2.8

Unternehmen, die Möglichkeiten sehen, in Zukunft stärker als bisher Vorleistungen aus Berlin zu beziehen

Art der Vorleistung	Anzahl	in vH der Unternehmen, die die betreffende Vorleistung benötigen	in vH aller beteiligten Unternehmen
Rohstoffe	22	6,9	6,2
Vorprodukte	68	20,5	19,1
Hilfs- und Betriebstoffe	88	25,1	25,1
Warenumschließungen für den Vertrieb	71	24,4	20,5
Werkleistungen	102	32,0	28,9
Dienstleistungen	97	32,3	28,0
Mindestens eine dieser Vorleistungen	187	51,7	51,2
Quelle: Erhebung des DIW.			

Generell konzentrieren sich die positiven Erwartungen auf **Werk- und Dienstleistungen.** Hier geht es vor allem um zusätzliche technische und wirtschaftliche Beratung sowie um soft-ware. Soweit es sich dabei nicht um eine räumliche Verlagerung der Bezüge handelt, haben die Unternehmen jedoch meist Schwierigkeiten, den zusätzlichen Bedarf zu konkretisieren.

Bei den Werkleistungen gehen die Unternehmen in der Regel von einer umsatzproportionalen Steigerung aus. Gelegentlich resultieren die erwarteten zusätzlichen Aufträge auch aus Kapazitätsengpässen im eigenen Unternehmen. Immerhin haben einige Unternehmen der Elektrotechnik vor, in größerem Umfang Leistungen der Wickeltechnik aus Berlin zu beziehen.

Hinsichtlich der Möglichkeiten des verstärkten Bezugs von Vorprodukten spielt - insbesondere im Investitionsgüterbereich - auch die Verringerung der Fertigungstiefe im eigenen Unternehmen eine gewisse Rolle. Unternehmen, die im Rahmen teilweise regelmäßig durchgeführter "make-or-buy"- Untersuchungen festgestellt haben, daß der Zukauf von Vorprodukten günstiger ist als deren Produktion, können sich vorstellen, diese Vorleistungen bevorzugt aus Berlin zu beziehen. Gleichwohl sehen insgesamt nur 20 vH der Unternehmen Möglichkeiten, künftig mehr Vorprodukte aus Berlin zu beziehen. Dafür gibt es eine ganze Reihe von Gründen, die sich von Produkt zu Produkt unterscheiden. 70 vH der Unternehmen haben angegeben, daß die benötigten Produkte in Berlin nicht hergestellt werden (Tabellen 2.9 und A 2.9). Für ein Drittel der beteiligten Unternehmen ist darüber hinaus der Preis der Berliner Anbieter ein Hindernis, weitere Bestellungen bei hiesigen Betrieben aufzugeben. Im Vergleich dazu scheint die Schnelligkeit und Flexibilität der Berliner Vorleister nicht wesentlich geringer ausgeprägt zu sein als die der auswärtigen Konkurrenten. Von Unterschieden in dieser Hinsicht haben nur 21 von 348 Unternehmen berichtet.

Die meisten Unternehmen, die mindestens einen Grund für fehlende weitere Bezugsmöglichkeiten genannt haben, stammen aus der chemischen Industrie, der elektrotechnischen Industrie, dem Maschinenbau, dem Druckgewerbe und dem Ernährungsgewerbe und weisen besonders häufig eine Größe zwischen 20 und 200 Beschäftigten auf. In den genannten Branchen sind - häufiger als im Industriedurchschnitt - neben dem fehlenden Angebot die hohen Preise der Berliner Anbieter ein wichtiger Grund für die begrenzte Ausweitungsmöglichkeit der Bezüge aus Berlin. Darüber hinaus berichten auffallend viele Unternehmen des Druckereigewerbes, daß das Vorleistungspotential in Berlin bereits voll ausgeschöpft wird.

Tabelle 2.9

**Gründe, warum keine weiteren Möglichkeiten
zum Ausbau der Berliner Bezüge bestehen**

Art des Grundes	Anzahl der Unternehmen	in vH aller beteiligten Unternehmen
Die benötigten Vorleistungen werden in Berlin nicht angeboten.	244	70,1
Die benötigten Vorleistungen werden in Berlin nicht in genügendem Umfang bzw. genügender Qualität angeboten.	78	22,4
Die Angebote auswärtiger Unternehmen sind preiswerter.	99	28,5
Die auswärtigen Anbieter sind bei kurzfristigen Auftragsvergaben bzw. -änderungen flexibler.	21	6,0
Das bestehende Vorleistungspotential in Berlin ist ausgeschöpft.	71	20,5
Mindestens einer dieser Gründe	332	95,7
Quelle: Erhebung des DIW.		

Bei den **Warenumschließungen für den Vertrieb** sieht etwa ein Viertel der Unternehmen verstärkte Bezugsmöglichkeiten, die vornehmlich zu Lasten auswärtiger Anbieter gehen werden. Die Hauptabnehmer dieser Produkte,

Unternehmen aus der chemischen Industrie, der Elektrotechnik sowie der Nahrungs- und Genußmittelindustrie, hoffen, daß sie - insbesondere nach der Ansiedlung mehrerer westdeutscher Verpackungsmittelhersteller in Berlin - gleichwertige Materialien auch in der Stadt beziehen und damit ihre Berliner Wertschöpfungsquote erhöhen können.

Auffallend viele Unternehmen haben bemängelt, daß nicht alle Bezüge aus Berlin bei der Wertschöpfungsberechnung berücksichtigt werden können. So beschränkt sich die Anrechenbarkeit von Gegenständen auf den Materialeingang (Roh-, Hilfs- und Betriebsstoffe), der im unmittelbaren Fertigungsbereich des Unternehmens verarbeitet oder verbraucht werden soll. Waren Berliner Ursprungs, die in anderen Bereichen des Unternehmens, etwa in der Verwaltung, in der Grundlagenforschung oder in der Vertriebsabteilung eingesetzt werden, können der Wertschöpfung dagegen nicht zugeschlagen werden. Diese Regelung gilt auch für Werkleistungen, die von anderen Berliner Unternehmen ausgeführt werden. Beim Bezug von Dienstleistungen aus der Stadt gelten diese Beschränkungen zwar nicht. Viele Unternehmen betrachten es jedoch als gravierenden Mangel der geltenden Regelung, daß nicht alle aus Berlin bezogenen Dienstleistungen berücksichtigt werden können, sondern nur die in § 6c BerlinFG genannten.

2.1.2.2.2   Änderungen von Produktionsvolumen und Beschäftigung

Nach den Ergebnissen der schriftlichen Befragung bescheinigt ein erheblicher Teil der Unternehmen der Novellierung einen gewissen Einfluß auf das Produktionsvolumen und - mittelbar - auf die Höhe der Beschäftigung. Dabei geht es in 93 Fällen um eine Ausweitung und nur in 5 Fällen um eine Einschränkung der Produktion.

Die große Zahl von Unternehmen, die aufgrund der Präferenzänderung expandieren (wollen), überrascht. Im Rahmen der persönlichen Gespräche hat sich dann auch herausgestellt, daß diese Einschätzung bei einem Teil der Befragten doch eher mit der günstigen konjunkturellen Situation zum Zeitpunkt der Befragung zusammenhing. Dies gilt vor allem für Unternehmen des Maschinenbaus und der Elektrotechnik.

Von einer Ausweitung der Produktion in Berlin, die auf die Novellierung zurückzuführen ist und weitgehend unabhängig von der konjunkturellen Lage der Unternehmen geplant oder durchgeführt wurde, haben vor allem Unternehmen berichtet, die aufgrund ihrer spezifischen räumlichen Organisationsstruktur kurzfristig noch am ehesten dazu in der Lage sind. Dies sind Unternehmen, die nicht nur in Berlin, sondern auch in Westdeutschland oder im Ausland Betriebstätten unterhalten. Ob dabei nun die gesamte Fertigungslinie nach Berlin verlagert wird oder nur Teile der Fertigung, hängt von der individuellen Situation der Unternehmen ab. Insgesamt haben die Gespräche erkennen lassen, daß die Unternehmen ihre Entscheidungen sehr stark davon abhängig machen, ob die Kosten der Verlagerung von Fertigungsaktivitäten nach Berlin durch die zusätzliche Präferenz mehr als ausgeglichen werden. Dies scheint insbesondere für solche Fertigungsstufen zu gelten, die eine geringe Wertschöpfung aufweisen und - sofern die Wertschöpfungsquote unter 33 vH bleibt - nach der geänderten Ausgestaltung der Staffelung der Kürzungssätze überdurchschnittlich gefördert werden.

Derartige Verlagerungen waren nicht nur bei Unternehmen zu beobachten, die aufgrund ihres Produktprogramms generell eine niedrige Wertschöpfungsquote haben (Textil-, Ernährungs- und Tabakindustrie), sondern auch bei einigen Unternehmen der Bereiche Büromaschinen/EDV, Elektrotechnik und Chemie, die in Berlin Fertigungen betreiben, die eine deutlich geringere Wertschöpfung aufweisen als andere Betriebe des Unternehmens. Diese Maßnahmen sind als Reaktion auf die Novellierung der Herstellerpräferenz nur dann verständlich, wenn durch die Ausweitung in Berlin novellierungsbedingte Präferenzverluste ausgeglichen werden sollten.

In den Ergebnissen der Befragung auch enthalten sind Antworten solcher Unternehmen, die nach der Novellierung neue Betriebe in Berlin gründeten und dort wertschöpfungsschwache Zwischenprodukte fertigen, die vorher meist in den Produktionsprozeß der Stammbetriebe integriert waren. Dies wurde insbesondere bei Betrieben der Textilindustrie beobachtet - einem Bereich, bei dem die Herstellerpräferenz als Folge der Novellierung zurückgegangen ist. Zu berücksichtigen ist jedoch auch hier, daß bei den Neugründungen sicherlich nicht allein die Herstellerpräferenz ausschlaggebend war, sondern beide Absatzpräferenzen. Die Möglichkeit, die Abnehmerpräferenz in Anspruch nehmen zu können, wurde durch entsprechende rechtliche Ausgestaltung der Unternehmensform sichergestellt.

Bei den Unternehmen, die ihre Produktion eingeschränkt und die Beschäftigung abgebaut haben, handelt es sich vor allem um mittelständische oder große Unternehmen der Ernährungsindustrie, deren Berliner Betriebe nach der neuen Regelung Wertschöpfungsquoten von höchstens 25 vH erreichen und erhebliche Präferenzverluste hinzunehmen hatten. Diese Unternehmen - sie produzieren insbesondere Fleischwaren, Margarine sowie Spirituosen des unteren Preissegments - haben ihre Fertigung in Berlin abgebaut, weil der Standort für sie bei der verbleibenden Präferenz nicht mehr attraktiv genug ist und sie in Anbetracht der geringen Konzentration ihrer Wettbewerber auf Berlin auch nicht zum Verbleiben in der Stadt gezwungen sind.

Nicht in dem Erhebungskreis enthalten sind diejenigen Unternehmen, die ihre Berliner Betriebstätten aufgrund der Novellierung geschlossen haben. Nach den vorliegenden Informationen handelt es sich dabei um etwa 15 Unternehmen, die 1982 schätzungsweise 1 000 Arbeitnehmer in der Stadt beschäftigten.

2.1.2.2.3 Ausweitung und Verlagerung der Beschäftigung in besonderen Tätigkeitsfeldern

Von den Maßnahmen, die - präferenzinduziert - auf eine Veränderung der Tätigkeitsstruktur in den Unternehmen zielen, haben die Ausweitung der Beschäftigung in den dienstleistenden Funktionen der Unternehmen (Verwaltung, Forschung und Entwicklung, Fertigungsvorbereitung und -kontrolle, Vertrieb usw.) - 97 Fälle - sowie die Verlagerung entsprechender Tätigkeiten nach Berlin - 27 Fälle - ein relativ hohes Gewicht (Tabelle 2.7).

Nach der schriftlichen Befragung hatte die Novellierung für 19 der beteiligten Unternehmen große, für weitere 22 eine gewisse Bedeutung für die Ausweitung der Beschäftigung im **Forschungs- und Entwicklungsbereich.** Wie die Expertengespräche zeigten, kann jedoch in der Regel nicht davon ausgegangen werden, daß personalpolitische Entscheidungen über

Neueinstellungen vornehmlich unter Präferenzgesichtspunkten gefällt werden. Entscheidend für die Einstellung neuer Mitarbeiter war die Novellierung danach nur in Ausnahmefällen.

Weitaus häufiger haben die Gesprächspartner die positiven Auswirkungen der personenbezogenen Hinzurechnungsbeträge auf die Höhe der Berliner Wertschöpfungsquote herausgestellt: Diese Unternehmen empfinden die zusätzliche Präferenz als Bonus für die Beschäftigung hochqualifizierter Mitarbeiter, die schon vor der Novellierung im Unternehmen tätig waren bzw. in den letzten Jahren zusätzlich eingestellt wurden. Typisch ist diese Auffassung für Unternehmen, die in Berlin ansässig sind und keine Betriebstätten außerhalb der Stadt unterhalten.

Aus dem Kreis der multiregionalen Unternehmen, die durch Verlagerung von Forschungs- und Entwicklungsaktivitäten die Möglichkeit haben, ihre Berliner Wertschöpfungsquote nachhaltig zu steigern, ist nur vereinzelt über entsprechende Maßnahmen berichtet worden. Diese Maßnahmen befanden sich überdies zum Zeitpunkt der Befragung meistens schon in der Planungsphase. Die Mehrzahl der Unternehmen, die eine Ausweitung ihres Berliner Beschäftigtenbestandes in der Forschung und Entwicklung erwägen, haben eine Wertschöpfungsquote von unter 33 vH und stehen damit vor dem Problem, daß sich eine Erhöhung der Wertschöpfungsquote nicht zwangsläufig in einem erhöhten Präferenzsatz niederschlägt. Gewichtiger aber sind die Schwierigkeiten, bewährte, langjährige Mitarbeiter aus den westdeutschen Betrieben zu einem Umzug nach Berlin zu bewegen bzw. geeignete Mitarbeiter auf dem Berliner Arbeitsmarkt zu finden. Insgesamt betrachtet hat die Novellierung der Herstellerpräferenz indes dazu beigetragen, daß im Berliner verarbeitenden Gewerbe zusätzliche Arbeitsplätze im Bereich der Forschung und Entwicklung geschaffen bzw. eine Verlagerung aus der Stadt verhindert wurde.

Neue Arbeitsplätze in der **Fertigungsvorbereitung und -kontrolle** werden vor allem von solchen Unternehmen eingerichtet, die ihre Produktion in Berlin ausweiten. Dies ist nicht überraschend, da zwischen beiden Funktionen regelmäßig eine enge räumliche Beziehung besteht. Der vergleichbare geringe Einfluß der novellierten Herstellerpräferenz auf die Schaffung entsprechender Arbeitsplätze kommt auch darin zum Ausdruck, daß nur 9 von 33 Unternehmen die Steuervergünstigungen als wesentlichen Grund für die Entscheidung angaben.

Die Zahl der Unternehmen, die präferenzinduzierte Veränderungen der Beschäftigung in anderen **Dienstleistungsfunktionen** angegeben haben, ist vergleichsweise gering. Einen gewissen Einfluß hat die Novellierung jedoch auf die Gestaltung des Vertriebs. Dabei wirkt die Präferenzänderung allerdings nicht nur in Richtung auf einen Ausbau dieses Bereichs in Berlin. Teilweise wurden auch Vertriebsfunktionen aus Berlin abgezogen. Dies gilt vor allem für solche Unternehmen, die auf den westdeutschen Absatzmärkten eine größere Zahl von Außendienstmitarbeitern beschäftigten, deren Einkommen nach der Novellierung der Herstellerpräferenz nicht mehr zur Berliner Wertschöpfung zählt. In derartigen Fällen wurden die Vorteile einer Konzentration des gesamten Vertriebs an einem westdeutschen Standort von verschiedenen Unternehmen höher eingeschätzt als die Präferenzeinbußen, die sich durch den Abbau einiger, wenn auch hochdotierter Arbeitsplätze in Berlin ergeben. Die Tendenz zur Verlagerung von Vertriebsfunktionen aus Berlin in das übrige Bundesgebiet hängt auch mit der Neigung eines Teils der Unternehmen zusammen, umsatzsteuerrechtlich selbständige Vertriebsorganisationen in Westdeutschland zu betreiben, um auf diese Weise die Abnehmerpräferenz nach § 2 BerlinFG in Anspruch nehmen zu können.

2.1.2.2.4   Änderungen der Fertigungsprozesse

Den Ergebnissen der schriftlichen Befragung zufolge haben im Zusammenhang mit der Novellierung 13 Unternehmen Rationalisierungsmaßnahmen eingeleitet und 18 Unternehmen neue Produktionsverfahren eingeführt bzw. entsprechende Maßnahmen geplant. Gegliedert nach Betriebsgrößenklassen und Branchen sind keine Schwerpunkte erkennbar; auffallend ist jedoch, daß fast nur Unternehmen entsprechend geantwortet haben, die ihren Geschäftssitz in Berlin haben und eine Wertschöpfungsquote von mehr als 33 vH aufweisen. Wie persönliche Nachfragen ergaben, sind die Fertigungsprozesse allerdings in den meisten Fällen nicht isoliert geändert worden, sondern in Verbindung mit einer Aufstockung der Produktionskapazität.

Ordnet man alle bisher behandelten Maßnahmen nach Betriebsgrößenklassen, so sind einige deutliche Schwerpunkte zu erkennen: Unternehmen mit mehr als 500 Beschäftigten in Berlin reagieren überdurchschnittlich häufig durch Ausweitung der Produktion, Veränderung der Produktpalette, Verlagerung der Produktion sowie Ausweitung der F+E-Beschäftigung in der Stadt. Aber auch der Bezug von Waren aus Berlin spielt bei größeren Betrieben eine wichtigere Rolle als bei kleineren. Zu erwähnen ist noch, daß der Anteil der Unternehmen, die eine Verlagerung aus Berlin erwägen, bei den Unternehmen, deren Präferenzvolumen als Folge der Novellierung zurückging, doppelt so hoch ist wie bei den Unternehmen, die durch die Umstellung der Präferenz begünstigt wurden. In dieses Bild paßt auch, daß mehrere Betriebe mit deutlichen Präferenzeinbußen aus den Bereichen NE-Metalle, Ernährung und Spirituosen ihre Berliner Produktionsbetriebe bereits vor dem Zeitpunkt der Befragung geschlossen hatten.

2.1.2.2.5   Maßnahmen im Rahmen der steuerrechtlichen Gestaltungsspielräume

Im Verlauf der persönlichen Gespräche hat sich gezeigt, daß eine größere Zahl von Unternehmen ihre Berliner Wertschöpfungsquote durch Ausnutzung steuerrechtlicher Gestaltungsspielräume erhöht. Auf diese Weise steigt die Präferenz, ohne daß sich gleichzeitig die reale wirtschaftliche Situation verändert.

Eine solche - unbeabsichtigte - Wirkung der Novellierung resultiert insbesondere aus den Vorschriften zur Ermittlung des Berliner Gewinns. Durch umsatzsteuerrechtliche Verselbständigung der in Berlin gelegenen Betriebsteile überregional tätiger Unternehmen erwächst dem Berliner Unternehmen die Möglichkeit, die Preise für Lieferungen an das wirtschaftlich eng verbundene westdeutsche Unternehmen so zu gestalten, daß sie einen überdurchschnittlichen, am Markt nicht erzielbaren Gewinn enthalten. Ebenso lassen sich Verlagerungen von Gewinnen dadurch erreichen, daß die Preise für Vorprodukte, die vom westdeutschen Unternehmensteil bezogen werden, unter den marktüblichen Werten angesetzt werden.

Derartige Transaktionen haben mehrere präferenzwirksame Effekte: Zunächst steigen Wertschöpfungsquote und Präferenzsatz beim Berliner Hersteller. Darüber hinaus erhöht sich der Wert der gelieferten Waren und damit die Bemessungsgrundlage für die Inanspruchnahme von Hersteller- und Abnehmerpräferenz. Schließlich wird aufgrund der Einkommen- und Körperschaftsteuerpräferenz nach §§ 21 ff BerlinFG die Steuerbelastung des Unternehmensverbundes vermindert.

Inwieweit solche Gewinnverlagerungen im Einzelfall durchsetzbar sind, hängt nicht zuletzt von den zuständigen Finanzverwaltungen ab. Nach den vorliegenden Informationen, insbesondere über Umsatzrenditen und Anteile des Gewinns an der Wertschöpfung vergleichbarer Unternehmen, ist davon auszugehen, daß die Gestaltungsspielräume in hohem Maße ausgenutzt werden. Dies gilt für einen durchaus beachtlichen Teil der schon länger in Berlin ansässigen Unternehmensteile; neu angesiedelte Unternehmen werden sogar ganz überwiegend in einer Rechtsform betrieben, die entsprechende Transaktionen zuläßt (vgl. auch die Aussagen zur entsprechenden Struktur der betrieblichen Wertschöpfung auf S. 50 dieser Arbeit).

2.1.2.3 Bedeutung der einzelnen gesetzlichen Neuregelungen für die Durchführung bzw. Planung der Maßnahmen

Um Anhaltspunkte darüber zu gewinnen, welche der im Rahmen der Novellierung vorgenommenen Einzeländerungen ursächlich für bestimmte Reaktionen waren, wurden die verschiedenen Elemente der Präferenzreform von 1982 aufgelistet und den befragten Unternehmen als Entscheidungsparameter vorgegeben. Die Ergebnisse der Erhebung zeigen, daß die meisten Unternehmen mehrere Neuregelungen zusammen sehen, eine isolierte Betrachtung also kaum vorgenommen wird.

Insgesamt hat mehr als die Hälfte der Unternehmen Initiativen aufgrund der generellen Neuorientierung des Systems - additive Berechnung der Wertschöpfung und verfeinerte Staffel - ergriffen. Ohne diese Änderungen ist es auch nicht denkbar, daß etwa 60 Unternehmen angaben, die geänderte Anrechnung von Warenbezügen aus Berlin nach Maßgabe der Vorleistungsquote habe den größten Einfluß gehabt (Tabelle 2.10). Überdies war in 50 Fällen die Erweiterung des Katalogs der anrechenbaren Güter aus Berlin ausschlaggebend; dabei ging es häufiger um Dienstleistungen als um Warenumschließungen für den Vertrieb.

Überraschend viele Unternehmen (50 Fälle) messen dem geänderten Umsatzbegriff im Rahmen der Berechnung der Berliner Wertschöpfungsquote große Bedeutung bei. Dieser Umsatzbegriff umfaßt - anders als vor der Novellierung - nicht nur die dem unmittelbaren Produktionsbetrieb zuzuordnenden Umsätze, sondern die gesamte wirtschaftliche Leistung der Unternehmen. Dabei dürfen Handelsumsätze mit Waren nicht Berliner Ursprungs aus dem gesamten wirtschaftlichen Umsatz nur bis zu 25 vH der Gesamtleistung ausgeschieden werden. Dies führt insbesondere bei Mischbetrieben, die sowohl Handel treiben als auch selbst produzieren, zu einer geringeren Wertschöpfungsquote als bei reinen Produktionsbetrieben. Betriebsaufspaltungen, die eine Gleichstellung des produzierenden Teils derartiger Unternehmen mit anderen Produktionsbetrieben ermöglichen würden, sind zwar von einigen Unternehmen im Zusammenhang mit der Novellierung in Erwägung gezogen, aus Kostengründen allerdings meist wieder verworfen worden.

Tabelle 2.10

**Bedeutung einzelner Neuregelungen für die Unternehmen,
die als Folge der Novellierung Maßnahmen durchgeführt
und/oder geplant haben**

Art der Neuregelung	Die Neuregelung war für ... Unternehmen	
	... von großer Bedeutung	... von geringer Bedeutung
Herabsetzung des Sockelpräferenzsatzes von 4,5 vH auf 3 vH bei Präferenz nach § 1 BerlinFG	29	13
Verfeinerte Staffelung des erhöhten Kürzungsanspruchs	67	20
Übergang von der subtraktiven zur additiven Berechnung der Wertschöpfung	74	21
Mehrfachgewichtung hoher Arbeitslöhne	63	28
Mehrfachgewichtung der Vergütung von Auszubildenden	23	35
Anrechnung von Warenbezügen aus Berlin nach Maßgabe der Vorleistungsquote	61	55
Erweiterung der anrechenbaren Berliner Vorleistungen auf Warenumschließungen des Vertriebs	19	44
Erweiterung der anrechenbaren Berliner Vorleistungen auf bestimmte Dienstleistungen	31	35
Umstellung vom gleichbleibenden auf den gestaffelten Kürzungsanspruch bei den Innenumsatzpräferenzen nach § 1a BerlinFG	23	9
Erweiterter Begriff der gesamten wirtschaftlichen Leistung als Bezugsgröße der Wertschöpfungsquote	50	25
Mindestens eine dieser Neuregelungen	149	107

Quelle: Erhebung des DIW.

2.1.3 Wertschöpfungsstruktur und Wertschöpfungsquote 1983 bis 1985

2.1.3.1 Betriebliche Wertschöpfung

2.1.3.1.1 Struktur der betrieblichen Wertschöpfung

Betrachtet man zunächst die betriebliche Wertschöpfung der Unternehmen - also die Wertschöpfung ohne Hinzurechnungsbeträge für aus Berlin bezogene Vorleistungen und ohne Mehrfachgewichtung von Einkommensbestandteilen[6] - so fällt der dominierende Einfluß der Personalkosten ins Auge (Schaubild 1, Tabellen A 2.11 und A 2.12).

Im Durchschnitt aller erfaßten Unternehmen waren 1983 mehr als 70 vH der betrieblichen Wertschöpfung Löhne, Gehälter und Ausgaben für die Zukunftssicherung der Arbeitnehmer. Von den anderen Komponenten fallen die Abschreibungen am stärksten ins Gewicht; sie machten 15 vH der betrieblichen Wertschöpfung aus. Dazu tragen die erhöhten Absetzungen nach § 14 BerlinFG bei, die zugleich den - mit 3 vH sehr geringen - Anteil der Gewinne drücken.

Im Jahre 1985 war der Wertschöpfungsbeitrag der Personalkosten mit 68 vH um knapp 3 vH-Punkte niedriger als zwei Jahre zuvor. Der Anteil der Abschreibungen blieb nahezu unverändert, die Bedeutung der Gewinne ist deutlich gestiegen.

Von den vier **Wirtschaftshauptgruppen** weist der Investitionsgüterbereich den weitaus größten Personalkostenanteil (1983: 78 vH) aus. Bei den Verbrauchsgüterindustrien sowie im Nahrungs- und Genußmittelsektor erreichten die Lohn- und Lohnnebenkosten dagegen lediglich 58 vH bzw. 53 vH. In einzelnen besonders kapitalintensiven und umsatzstarken Fertigungszweigen machen die Personalkosten sogar weniger als ein Drittel der gesamten Wertschöpfung aus. Entsprechend überdurchschnittlich - teilweise bei 50 vH - ist dort der Anteil von Abschreibungen sowie Zinsen und Gewinnen. Aber auch der Erhaltungsaufwand - dessen Gewicht innerhalb der Wertschöpfung zwar generell zunimmt, jedoch im allgemeinen weniger als 10 vH beträgt - beläuft sich im Bereich automatisierter Massenproduktionen teilweise auf mehr als 20 vH. Daß diese Wertschöpfungsstrukturen trotz der hohen Umsätze der zugehörigen Branchen nicht stärker auf den industriellen Durchschnitt durchschlagen, ist darauf zurückzuführen, daß die entsprechenden Wertschöpfungssummen relativ gering sind.

Interessant ist eine Differenzierung nach **Größenklassen** (Tabelle A 2.11): Der Anteil der Personalkosten an der Bruttowertschöpfung steigt mit zunehmender Betriebsgröße stetig - 1983 von 54 vH im Durchschnitt der Firmen mit weniger als 20 Beschäftigten bis auf 76 vH bei den Unternehmen mit mehr als 1 000 Beschäftigten. Das Gefälle ist dabei für Arbeitslöhne und Ausgaben für die Zukunftssicherung gleichermaßen zu beobachten. Bei den Gewinnen ist die Situation umgekehrt: Hier weisen die kleinen Unternehmen die höchsten, die großen Unternehmen die geringsten Anteile auf. Die Grenze zwischen beiden Gruppen liegt bei 100 Beschäftigten: Im Mittel der darunter liegenden Firmen beträgt die Gewinnquote 19 vH, bei den größeren Unternehmen 3 vH. Diese enorme Differenz ist teilweise darin begründet, daß die Gewinne der kleineren Unternehmen auch die Einkommen der tätigen Inhaber und Familienangehörigen enthalten. Hinzu kommt jedoch, daß die Abschreibungen bei kleineren Unternehmen eine wesentlich geringere Rolle spielen als bei größeren. Besonders hoch ist der Anteil der Abschreibungen in den mittleren Größenklassen, auf die sich die kapitalintensiven Betriebe konzentrieren. Auffallend stark variiert der Anteil der Mieten und Pachten an der Wertschöpfung; sie machten 1983 bei den Unternehmen mit weniger als 20 Beschäftigten 9 vH aus; das relative Gewicht war damit siebenmal so groß wie bei den Unternehmen der obersten Größenklasse.

Zwischen 1983 und 1985 haben Arbeitslöhne und Ausgaben für die Zukunftssicherung in den großen Unternehmen stärker an Bedeutung verloren als in den kleinen. Umgekehrt war die Entwicklung bei den Berliner Gewinnen. In den großen Unternehmen verbesserte sich die Gewinnsituation, in den kleinen nahm der Anteil der Gewinne ab. Betrachtet man allerdings den Saldo aus Abschreibungen und Gewinnen, so läßt sich kein größenspezifischer Einfluß erkennen: Im Durchschnitt nahm die Bedeutung von Gewinnen und Abschreibungen um knapp 2 vH-Punkte zu.

Differenziert man nach dem **Geschäftssitz der Unternehmen,** so zeigen sich beim Anteil der Personalkosten kaum Unterschiede. Die Berliner Unternehmen weisen jedoch insgesamt relativ höhere Gewinne und geringere Abschreibungen auf als die Nicht-Berliner Unternehmen. In der Zeit

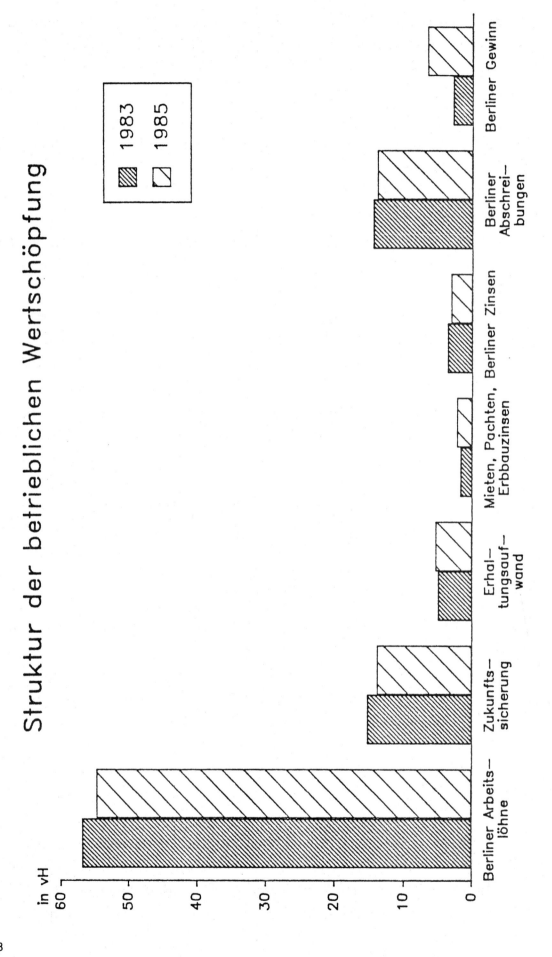

Schaubild 1

Struktur der betrieblichen Wertschöpfung

von 1983 bis 1985 sind die Abweichungen zwischen den Gewinnanteilen beider Unternehmensgruppen allerdings geringer geworden.

Auf den ersten Blick erstaunlich ist, daß es Unternehmen gibt, bei denen der Gewinn größer ist als die Lohn- und Gehaltsumme. In einzelnen Fällen macht der Gewinn mehr als zwei Drittel der betrieblichen Wertschöpfung aus - und zwar nicht nur in einem Jahr, sondern über die gesamte Beobachtungsperiode hinweg. Auf diese Weise werden Umsatzrenditen ausgewiesen, die erheblich - teilweise um das zehnfache - über dem branchenüblichen Niveau liegen. Dieses Phänomen ist nur durch die schon erwähnte Ausnutzung steuerrechtlicher Gestaltungsspielräume zu erklären und relativiert die Aussagekraft des Gewinns als Indikator für die betriebliche Leistungskraft. Dies bedeutet aber auch, daß die Berliner Wertschöpfung im Sinne des § 6a BerlinFG tendenziell höher ist als die am Standort Berlin tatsächlich erwirtschaftete Leistung.

2.1.3.1.2 Entwicklung der betrieblichen Wertschöpfungsquoten

Die durchschnittliche, additiv berechnete betriebliche Wertschöpfungs-quote der durch die Umsatzsteuerpräferenz begünstigten Industrieunter-nehmen ist von 1983 bis 1985 gefallen, und zwar von 31,7 vH auf 29,1 vH (Tabelle 2.11). Der Umsatz wuchs in diesen Jahren um 23 vH, das Wert-schöpfungsvolumen dagegen nur um 14 vH.

Besonders ausgeprägt war die Abnahme der betrieblichen Wertschöpfungs-quote im Nahrungs- und Genußmittelbereich (- 4 vH-Punkte), und dies bei einem ohnehin extrem niedrigen Ausgangswert von 18,4 vH. Dabei ist die Fertigungstiefe vor allem bei den Süßwarenproduzenten sowie bei der Tabakverarbeitung zurückgegangen. Aber auch im Investitionsgüterbe-reich hat sich die Quote (um 2,5 vH - Punkte) spürbar verringert. Dies erstaunt vor dem Hintergrund, daß gerade in diesem Wirtschaftszweig ein relativ großer Teil der Unternehmen auf die Novellierung reagiert hat. Offenbar gibt es aber gegenläufige Tendenzen, die zum Teil technologisch bedingt und insofern von den Unternehmen kaum zu beeinflussen sind (Tabelle A 2.13).

Dagegen hat sich die Wertschöpfungsquote der Unternehmen des Produk-tionsgütersektors kaum verändert und auch im Verbrauchsgüterbereich ist die Abnahme deutlich geringer als im industriellen Durchschnitt. Dabei haben sich die meisten branchenspezifischen Quoten in den beiden be-trachteten Jahren unterschiedlich entwickelt. Eine eindeutig rückläufige Tendenz ist nur bei Druck und Kunststoff zu beobachten.

Gegliedert nach **Größenklassen** konnten lediglich die Unternehmen mit weniger als 20 Beschäftigten ihre Quote erhöhen, und zwar um immerhin 4,6 vH-Punkte. Bei Unternehmen mit 100 bis 1 000 Beschäftigten ist die Entwicklung stark uneinheitlich. Der Rückgang der durchschnittlichen industriellen Wertschöpfungsquote ist hauptsächlich auf Unternehmen mit mehr als 1 000 Beschäftigten zurückzuführen, die durchschnittlich 3,3 vH-Punkte verloren haben.

Dieses Ergebnis ist kompatibel mit der Feststellung, daß die Wert-schöpfungsquote der Unternehmen mit **Geschäftssitz** in Berlin zwischen 1983 und 1985 kaum gesunken ist, die Wertschöpfungsquote der auswärtigen Unternehmen dagegen um 3 vH-Punkte abgenommen hat. Sie war 1985 mit 24 vH nur noch gut halb so hoch wie die der Berliner Unternehmen (46 vH).

Differenziert man die betrachteten Unternehmen danach, ob sie auf die Novellierung reagiert haben oder nicht, so zeigt sich, daß die durchschnittliche Wertschöpfungsquote derjenigen Firmen, die keine präferenzinduzierten Maßnahmen durchgeführt oder geplant haben, in beiden betrachteten Jahren zusammen um fast 4 vH gefallen ist, während der Rückgang bei den Unternehmen, die Maßnahmen zur Verbesserung ihrer Präferenzposition eingeleitet haben - bei allerdings uneinheitlicher Entwicklung - nur 1,5 vH-Punkte betrug. Dieser Unterschied darf zwar in Anbetracht der sehr kurzen Beobachtungsperiode nicht überinterpretiert werden; er steht jedoch im Einklang mit den Ergebnissen über die Bedeutung der Hinzurechnungsbeträge für die Höhe der Berliner Wertschöpfungsquote nach § 6a BerlinFG und dürfte daher nicht zufällig sein.

Um den Einfluß der unterschiedlichen Entwicklung einzelner Unternehmen mit differierender Wertschöpfungsquote auf den Durchschnittswert zu eliminieren, wurden die unternehmensspezifischen Wertschöpfungsquoten für die drei Jahre 1983, 1984 und 1985 mit dem Umsatz von 1983 gewichtet. Danach sank die durchschnittliche Quote von 31,7 vH um lediglich 1,8 vH-Punkte auf 29,9 vH (Tabelle 2.12). Der Rückgang der durchschnittlichen Wertschöpfungsquote ist also unter den Bedingungen der Modellrechnung geringer als tatsächlich realisiert (- 2,6 vH-Punkte). Dies bedeutet, daß die wertschöpfungsschwachen Unternehmen ihre Produktion in der Beobachtungsperiode stärker ausgeweitet haben als die wertschöpfungsintensiven.

Diese Beobachtung gilt für alle wichtigen Branchen, wenngleich in unterschiedlichem Maße: Besonders stark ist der Trend zu flachen Fertigungen im Verbrauchsgüterbereich und bei den Nahrungs- und Genußmitteln; im Investitionsgütersektor haben dagegen nur schwache Strukturverschiebungen stattgefunden (Tabelle A 2.14). Auffallend ist auch, daß sich das Bild bei einer Differenzierung nach dem Sitz des Unternehmens und nach Größenklassen - mit Ausnahme der Kleinbetriebe - nicht grundlegend ändert.

Für die Zeit nach 1985 ist eine Berechnung der industriellen Wertschöpfungsquote wegen fehlender Daten nicht möglich. Die vorliegenden Informationen für eine größere Zahl von Unternehmen weisen indes darauf hin, daß sich der Rückgang der Wertschöpfungsquote fortgesetzt hat. Diese Entwicklung ist in erster Linie auf den beschleunigten Technologiewandel - von der Elektromechanik zur Digitalelektronik - in der Berliner Industrie, insbesondere in der gewichtigen Nachrichtentechnik, zurückzuführen. In den rohstoffintensiven Fertigungszweigen des Nahrungs- und Genußmittelbereichs dagegen wird der Trend zu wertschöpfungsarmen Produktionen in jüngster Zeit durch wertschöpfungssteigernde Effekte sinkender Rohstoffpreise überlagert: So führen die stark gefallenen Preise für Kakaobohnen bei gleichzeitig verringerten Umsatzerlösen für Kakaoerzeugnisse und gleichbleibenden Bearbeitungskosten zu einem spürbaren Anstieg der betrieblichen Wertschöpfungsquote im Kakao- und Schokoladenbereich.

Generell ist zu berücksichtigen, daß die nach den Vorschriften des Berlinförderungsgesetzes berechnete betriebliche Wertschöpfungsquote die tatsächliche Entwicklung in den letzten Jahren insgesamt betrachtet eher überzeichnet, der Rückgang des tatsächlichen Berliner Wertschöpfungsanteils am Umsatz also noch stärker war als hier ausgewiesen. Diese Diskrepanz beruht einmal darauf, daß in der betrachteten Periode vor allem multiregional tätige Unternehmen ihre Investitionen in der Stadt sehr kräftig ausgeweitet haben und der Anstieg der Abschreibungen in diesen Fällen nicht durch eine entsprechende Verringerung des Berliner Gewinnanteils ausgeglichen wurde. Zum anderen hat die unternehmensinterne Verlagerung von Gewinnen zugunsten umsatzsteuerlich selbständiger Unternehmensteile in Berlin nach der Novellierung der Herstellerpräferenz an Bedeutung gewonnen.

Tabelle 2.11

Entwicklung der betrieblichen Wertschöpfungsquoten 1983 bis 1985

Wirtschaftsgruppe Größenklasse Unternehmenssitz Reaktionstyp	Zahl der Unter- nehmen	betriebliche Wertschöpfungsquote				
		in vH			Veränderung in vH-Punkten	
		1983	1984	1985	1984/83	1985/84
Grundstoffe und Produktionsgüter	43	34,0	33,4	33,6	- 0,6	+ 0,3
Investitionsgüter	128	35,7	36,0	33,2	+ 0,3	- 2,8
Verbrauchsgüter	91	37,8	38,0	36,5	+ 0,2	- 1,5
Nahrungs- und Genußmittel	43	18,4	16,2	14,4	- 2,2	- 1,8
Verarbeitendes Gewerbe insgesamt	**305**	**31,7**	**31,0**	**29,1**	**- 0,7**	**- 1,9**
davon:						
Unternehmen mit ... Beschäftigten						
1 bis 19	27	34,9	37,8	39,5	+ 2,9	+ 1,7
20 bis 49	75	37,9	37,1	37,8	- 0,7	+ 0,6
50 bis 99	62	33,4	32,7	32,2	- 0,7	- 0,5
100 bis 199	60	25,9	21,6	23,0	- 4,3	+ 1,4
200 bis 499	40	30,0	27,4	29,2	- 2,6	+ 1,7
500 bis 999	22	23,8	26,5	22,4	+ 2,8	- 4,1
über 1 000	19	35,0	34,6	31,6	- 0,3	- 3,0
davon:						
Unternehmen mit Sitz ...						
... außerhalb Berlins	112	27,2	26,4	24,3	- 0,8	- 2,1
... in Berlin	193	46,3	46,2	45,8	- 0,1	- 0,4
davon:						
Unternehmen, die im Zusammenhang mit der Novellierung ...						
... keine Maßnahmen durchgeführt oder geplant haben	155	33,1	30,2	29,4	- 2,9	- 0,9
... Maßnahmen durch- geführt oder geplant haben	149	30,9	32,6	29,5	+ 1,8	- 3,2

Quelle: Erhebung des DIW.

Tabelle 2.12

Modellrechnung: Entwicklung der betrieblichen Wertschöpfungsquoten 1983 bis 1985 bei Annahme gleichbleibender Umsatzstrukturen

Wirtschaftsgruppe Größenklasse Unternehmenssitz Reaktionstyp	Zahl der Unter- nehmen	betriebliche Wertschöpfungsquote, gewichtet mit dem wirtschaftlichen Umsatz 1983				
		in vH			Veränderung in vH-Punkten	
		1983	1984	1985	1984/83	1985/84
Grundstoffe und Produktionsgüter	43	34,0	33,8	34,6	- 0,2	+ 0,8
Investitionsgüter	128	35,7	35,0	33,4	- 0,7	- 1,6
Verbrauchsgüter	91	37,8	39,5	38,4	+ 1,7	- 1,1
Nahrungs- und Genußmittel	43	18,4	18,0	15,7	- 0,4	- 2,3
Verarbeitendes Gewerbe insgesamt	305	31,7	31,3	29,9	- 0,4	- 1,4
davon:						
Unternehmen mit ... Beschäftigten						
1 bis 19	27	34,9	35,9	36,2	+ 1,0	+ 0,4
20 bis 49	75	37,9	37,3	38,2	- 0,6	+ 0,9
50 bis 99	62	33,4	32,9	32,1	- 0,6	+ 0,9
100 bis 199	60	25,9	26,5	27,5	+ 0,6	+ 1,0
200 bis 499	40	30,0	28,3	30,3	- 1,8	+ 2,0
500 bis 999	22	23,8	26,8	23,1	+ 3,0	- 3,7
über 1 000	19	35,0	33,7	31,7	- 1,3	- 1,9
davon:						
Unternehmen mit Sitz ...						
... außerhalb Berlins	112	27,2	26,7	24,8	- 0,5	- 1,9
... in Berlin	193	46,3	46,4	46,6	+ 0,1	+ 0,2
davon:						
Unternehmen, die im Zusammenhang mit der Novellierung ...						
... keine Maßnahmen durchgeführt oder geplant haben	155	33,1	30,8	30,1	- 2,3	- 0,8
... Maßnahmen durch- geführt oder geplant haben	149	30,9	32,0	30,1	+ 1,2	- 1,9

Quelle: Erhebung des DIW.

2.1.3.2   Strukturpolitische Komponenten

2.1.3.2.1   Hinzurechnungsbeträge für Arbeitnehmer, deren Einkommen die Beitragsbemessungsgrenze der Rentenversicherung übersteigt

2.1.3.2.1.1 Zahl und Bedeutung der betroffenen Arbeitnehmer

In den 304 Unternehmen, die für alle drei Referenzjahre entsprechende Angaben gemacht haben, waren 1985 rund 12 200 Arbeitnehmer tätig, deren Jahreseinkommen über der Beitragsbemessungsgrenze der gesetzlichen Rentenversicherung für Angestellte (64 800 DM) lag, das waren 12 vH aller Beschäftigten dieser Betriebe (Tabelle 2.13). Bei der Interpretation dieser Quote ist zu berücksichtigen, daß der Anteil der Unternehmen, die Angaben zur Struktur ihrer Beschäftigten gemacht haben, vergleichsweise niedrig ist. Unterrepräsentiert sind insbesondere kleinere Unternehmen, die in der Regel relativ wenige höherbezahlte Arbeitnehmer beschäftigen. Im gesamten verarbeitenden Gewerbe Berlins dürfte demzufolge der Anteil der Arbeitnehmer, deren Einkommen bei der Wertschöpfungsberechnung mehrfach berücksichtigt werden können, geringer sein als hier ausgewiesen.

Die weitaus meisten höherbezahlten Arbeitskräfte sind im Produktionsgüter- und im Investitionsgüterbereich beschäftigt: Vier Fünftel von ihnen entfallen auf die vier **Wirtschaftszweige** Elektrotechnik, Maschinenbau, Chemie und Büromaschinen/EDV (Tabelle A 2.15). Relativ betrachtet liegt der EDV-Bereich mit Abstand an der Spitze; dort verdienten 1985 reichlich ein Drittel aller Arbeitnehmer mehr als 64 800 DM. Überdurchschnittlich ist der Anteil der entsprechenden Personen aber auch in der Elektrotechnik, im Fahrzeugbau und in der chemischen Industrie. Am anderen Ende der Skala stehen von den größeren Industriezweigen Papierverarbeitung, Textil, Bekleidung sowie Ernährung, bei denen 1985 jeweils weniger als 5 vH aller Arbeitnehmer ein über der Beitragsbemessungsgrenze liegendes Einkommen erzielten.

Eine nach **Betriebsgrößen** differenzierende Betrachtung zeigt, daß drei Viertel aller Arbeitnehmer mit einem Jahreseinkommen von über 64 800 DM (1985) auf die Unternehmen entfallen, die in Berlin mehr als 1 000 Arbeitskräfte beschäftigen. Im Durchschnitt dieser Unternehmen war der Anteil der betrachteten Personengruppe an allen Beschäftigten

1985 mit 17 vH viermal so groß wie bei den Unternehmen mit weniger als 20 Beschäftigten und zweieinhalbmal so groß wie im Mittel aller übrigen Betriebe.

In dieses Bild paßt auch ein anderes Ergebnis der Untersuchung: Die beteiligten Unternehmen mit Sitz außerhalb Berlins - und dies sind überwiegend größere Unternehmen - beschäftigten in Berlin, obwohl sie die meisten zentralen Funktionen nicht in der Stadt angesiedelt haben, relativ mehr höherbezahlte Arbeitnehmer (14 vH) als die Unternehmen mit Sitz in Berlin (10 vH). Die große Bedeutung auswärtiger Unternehmen für das Angebot an Arbeitsplätzen für höherbezahlte Arbeitskräfte in der Stadt wird darin deutlich, daß sie 1985 zwei Drittel aller in die Mehrfachgewichtung einbezogenen Arbeitnehmer beschäftigten.

Von 1983 bis 1985 ist die Zahl der Arbeitnehmer mit einem Einkommen, das die Bemessungsgrenze der Rentenversicherung übersteigt, im Durchschnitt der beteiligten Unternehmen um 4 vH zurückgegangen. Ihr Anteil an der Zahl aller Beschäftigten dieser Firmen sank deutlich - von 13,4 vH auf 12,1 vH. Diese Entwicklung wird von den Unternehmen zu einem wesentlichen Teil darauf zurückgeführt, daß die Beitragsbemessungsgrenze in den beiden betrachteten Jahren schneller gestiegen sei als die Einkommen der begünstigten Personengruppen. Auf diese Weise sei ein Teil der Arbeitnehmer, deren Einkommen zu Beginn der Untersuchungsperiode noch über der Bemessungsgrenze lag, zuletzt hinter dieser Marke zurückgeblieben.

Davon einmal abgesehen, wurde darauf hingewiesen, daß die Entwicklung der Zahl höherverdienender Beschäftigter kein ausreichendes Indiz für die Entwicklung der Qualifikationsstruktur ist, da zusätzlich eingestellte hochqualifizierte Fachkräfte in der Regel jünger sind und weniger als 65 000 DM jährlich verdienen. Damit werden sie bei der Mehrfachgewichtung nicht berücksichtigt. Diese These wird dadurch gestützt, daß der Anteil der Hochschulabsolventen in wichtigen Industriezweigen, aber auch im gesamten verarbeitenden Gewerbe Berlins zwischen 1982 und 1985 gestiegen ist[7]. Andererseits verlief die Entwicklung von Zahl und Anteil höherverdienender Beschäftigter im Sinne des § 6a BerlinFG in den verschiedenen Unternehmensgruppen außerordentlich unterschiedlich. So hat die Zahl der entsprechenden Arbeitnehmer lediglich bei den Unterneh-

Tabelle 2.13

**Arbeitnehmer, deren Arbeitslöhne die Beitragsbemessungsgrenze der
gesetzlichen Rentenversicherung für Angestellte übersteigen**

Wirtschaftsgruppe Größenklasse Unternehmenssitz Reaktionstyp	Zahl der Unter- nehmen	Begünstigte Arbeitnehmer					
		absolut			in vH aller Beschäftigten		
		1983	1984	1985	1983	1984	1985
Grundstoffe und Produktionsgüter	41	1 930	1 897	1 922	14,9	14,6	14,1
Investitionsgüter	127	9 495	9 147	9 191	15,2	14,4	13,8
Verbrauchsgüter	92	466	446	472	5,1	4,8	4,7
Nahrungs- und Genußmittel	44	808	771	652	7,4	7,0	6,0
Verarbeitendes Gewerbe insgesamt	**304**	**12 698**	**12 261**	**12 237**	**13,4**	**12,6**	**12,1**
davon:							
Unternehmen mit ... Beschäftigten							
1 bis 19	31	14	14	16	3,3	3,4	3,9
20 bis 49	76	142	141	165	5,6	5,5	6,2
50 bis 99	62	255	283	282	6,1	6,6	6,3
100 bis 199	56	345	361	389	4,6	4,8	4,9
200 bis 499	40	778	816	819	6,7	6,8	6,4
500 bis 999	22	1 215	1 171	1 019	8,6	8,0	6,7
über 1 000	17	9 949	9 475	9 547	18,1	17,1	16,6
davon:							
Unternehmen mit Sitz ...							
... außerhalb Berlins	108	8 760	8 384	8 373	15,1	14,1	13,5
... in Berlin	196	3 938	3 877	3 864	10,6	10,3	9,9
davon:							
Unternehmen, die im Zusammenhang mit der Novellierung ...							
... keine Maßnahmen durchgeführt oder geplant haben	154	7 127	6 546	6 511	14,0	13,0	12,8
... Maßnahmen durch- geführt oder geplant haben	149	5 571	5 715	5 726	12,6	12,3	11,5

Quelle: Erhebung des DIW.

men abgenommen, die mehr als 500 Beschäftigte in Berlin haben. Im Durchschnitt der Unternehmen mit weniger als 500 Beschäftigten ist dagegen eine Zunahme um immerhin 8 vH zu verzeichnen. Und dieser Anstieg ist - wie eine stärkere Disaggregierung zeigt (Tabelle A 2.15) nicht nur auf eine oder wenige Firmen zurückzuführen. Interessant erscheint es, daß sich bei den kleinen und mittleren Unternehmen insgesamt nicht allein die Zahl, sondern auch der Anteil der Beschäftigten mit höherem Einkommen vergrößert hat.

Um Hinweise darauf zu erhalten, ob ein Zusammenhang zwischen der Novellierung der Herstellerpräferenz und der Entwicklung der Beschäftigtenstruktur besteht, wurden **reagierende** und **nicht reagierende Unternehmen** getrennt betrachtet. Eine derartige Gegenüberstellung ergibt, daß der Anteil der Unternehmen, bei denen die Zahl der Höherverdienenden gestiegen ist, bei den reagierenden Unternehmen signifikant höher ist als bei den nicht reagierenden. Im Durchschnitt ist die Zahl der entsprechenden Arbeitnehmer in der ersten Gruppe um 3 vH gestiegen, in der zweiten Gruppe dagegen um 9 vH gefallen (Tabelle 2.13).

Eine unterschiedliche Entwicklung ist auch in Bezug auf die relative Bedeutung der höherverdienenden Beschäftigten festzustellen. Zwar ist deren Anteil von 1983 bis 1985 bei beiden Unternehmensgruppen zurückgegangen, sicherlich auch als Folge des konjunkturellen Aufschwungs und einer damit zusammenhängenden kräftigen Ausweitung der Beschäftigung im Fertigungsbereich. Dieser Rückgang war jedoch bei den nicht reagierenden Unternehmen eineinhalb mal so stark ausgeprägt wie bei den reagierenden.

2.1.3.2.1.2 Umfang und Entwicklung der Hinzurechnungsbeträge

Die Hinzurechnungsbeträge zur Berliner Wertschöpfung aufgrund der Mehrfachgewichtung von Einkommensbestandteilen bestimmter höherverdienender Arbeitnehmer erreichten 1985 im Durchschnitt des verarbeitenden Gewerbes 4,5 vH des wirtschaftlichen Umsatzes. Das heißt, die durchschnittliche Wertschöpfungsquote der beteiligten Unternehmen erhöhte sich durch den Multiplikator um 4,5 vH-Punkte (Schaubild 2, Tabelle 2.15).

Von besonderer Bedeutung ist diese Komponente der Wertschöpfung bei **Branchen,** in denen größere Unternehmen mit Firmensitz in Berlin dominieren, d. h. in der Steine- und Erden-Industrie (21 vH des Umsatzes) und in der chemischen Industrie (9,5 vH). Aber auch bei den meisten Unternehmen des Investitionsgüterbereichs trägt die Mehrfachgewichtung wesentlich zur Steigerung von Wertschöpfungsquote und Präferenz bei (Tabellen A 2.16 und A 2.17). Im Durchschnitt der feinmechanischen und optischen Industrie stieg die Wertschöpfungsquote um 9,6 vH-Punkte, beim Maschinenbau um 8,7 vH-Punkte und in der elektrotechnischen Industrie um 6 vH-Punkte. Gemessen an den Arbeitslöhnen beträgt die Zurechnung in den genannten Bereichen zwischen 25 vH und 50 vH.

Anders als bei diesen arbeits- und know how-intensiven Branchen ist die Mehrfachgewichtung bei den kapitalintensiven und umsatzstarken Fertigungen von nur geringer Bedeutung. So erhöht sich die Wertschöpfungsquote in den Gruppen Textil, Bekleidung und Ernährung jeweils um lediglich rund einen vH-Punkt. Bei der Büromaschinen- und EDV-Industrie schlägt der überdurchschnittlich große Anteil höherverdienender Arbeitskräfte wegen der hohen Vorleistungsquote nicht durch; der durch die Mehrfachgewichtung erreichte Effekt beträgt lediglich 2,9 vH-Punkte. Diese Steigerung vollzieht sich überdies weitgehend im Sockelbereich und bewirkt insgesamt betrachtet eine unterdurchschnittliche Zunahme des Präferenzsatzes.

In der nach Betriebsgrößen unterscheidenden Betrachtung zeigen sich zwischen den **Größenklassen** unter 1 000 Beschäftigte keine größeren Unterschiede. Bei den Unternehmen mit mehr als 1 000 Beschäftigten ist der wertschöpfungserhöhende Effekt der Mehrfachgewichtung allerdings doppelt so hoch wie bei den anderen Firmen.

Besonders aufschlußreich ist eine Differenzierung der Unternehmen nach dem **Unternehmenssitz.** Sie zeigt, daß die in Berlin ansässigen Firmen ihre Wertschöpfungsquote 1985 durch die Mehrfachgewichtung um 8,4 vH-Punkte und damit zweieinhalb mal so stark erhöhen konnten wie die Unternehmen mit Sitz außerhalb Berlins (3,4 vH-Punkte). Dieser Vorteil der heimischen Unternehmen ist allerdings nicht auf einen größeren Anteil höherverdienender Arbeitnehmer zurückzuführen, sondern vielmehr Ausdruck ihrer spezifischen Produktstruktur. Während die überregional tätigen Unternehmen in Berlin meist Massengüter mit geringer regionaler

Fertigungstiefe produzieren und entsprechende niedrige Wertschöpfungsquoten erzielen, weisen die Berliner Unternehmen weit häufiger hohe
Wertschöpfungsquoten auf.

Der Anteil der Hinzurechnungsbeträge am wirtschaftlichen Umsatz aller
beteiligten Unternehmen ist von 5,2 vH im Jahre 1983 auf 4,5 vH im Jahre
1985 gefallen (Tabellen 2.14 und 2.15). Dieser Rückgang ist in erster Linie
ein Reflex der sinkenden durchschnittlichen Wertschöpfungsquote in der
Berliner Industrie, er ist jedoch auch Folge des Umsatzwachstums und der
gestiegenen Gewinne in der betrachteten Periode. Dies gilt in besonderem
Maße für die Elektrotechnik, wo der Beitrag der Hinzurechnungsbeträge
zur Berliner Wertschöpfungsquote von 7,1 vH auf 6 vH zurückgegangen
ist.

Unabhängig von übergreifenden Einflüssen zeigt sich jedoch auch hier ein
Unterschied in der Entwicklung bei **reagierenden** und **nicht reagierenden
Unternehmen.** Bei ersteren hat der Beitrag der Mehrfachgewichtung zur
Wertschöpfungsquote innerhalb der betrachteten drei Jahre kaum, bei
letzteren dagegen um ein Fünftel abgenommen.

2.1.3.2.2   Hinzurechnungsbeträge für Einzelunternehmen und Perso-
nengesellschaften

Im Durchschnitt aller beteiligten Unternehmen machen die Hinzurechnungsbeträge für Einzelunternehmen und Personengesellschaften in allen
drei Betrachtungsjahren lediglich 0,1 vH des wirtschaftlichen Umsatzes
aus. Bei dem hohen Anteil größerer Unternehmen an der Produktion der
Berliner Industrie verwundert dies nicht. Gleichwohl zeigt eine größenspe-
zifische Betrachtung, daß die Mehrfachgewichtung bei den Unternehmen
mit weniger als 20 Beschäftigten immerhin eine Erhöhung der Wertschöpfungsquote um 2,8 vH mit sich bringt. Auch bei den Firmen mit 20
bis 50 Beschäftigten beträgt der Effekt noch 1 vH-Punkt (Tabellen 2.14
und 2.15).

Von Bedeutung ist der Multiplikator insbesondere in den kleingewerblich
strukturierten Zweigen Gießerei, Stahlverformung, Gummiwaren, Leder
verarbeitung, Holzverarbeitung und Musikinstrumente (Tabellen A 2.16
und A 2.17).

Tabelle 2.14

ANTEIL DER BETRIEBLICHEN WERTSCHOEPFUNG UND DER HINZURECHNUNGSBETRAEGE AM UMSATZ 1983 (IN VH)

WIRTSCHAFTSGRUPPE GROESSENKLASSE UNTERNEHMENSSTZ REAKTIONSTYP	ZAHL DER UNTER- NEHMEN	BETRIEB- LICHE WERT- SCHOEP- FUNGS- QUOTE	HINZU- RECHNUNG HOHE LOEHNE	HINZU- RECHNUNG EINZEL- UNTER- NEHMEN	HINZU- RECHNUNG AUSZU- BILDENDE	LIEFE- RUNGEN AUS BERLIN	SONST. LEI- STUNGEN AUS BERLIN	WERT- SCHOEP- FUNGS- QUOTE NACH PAR. 6A BERLINFG
GRUNDSTOFFE UND PRODUKTIONSGUETER	41	34.3	8.0	0.1	0.4	1.1	0.9	44.9
INVESTITIONSGUETER	128	35.9	6.4	0.0	0.6	2.3	0.8	46.1
VERBRAUCHSGUETER	95	38.5	3.4	0.4	0.4	1.7	2.7	47.2
NAHRUNGS- UND GENUSSMITTEL	45	18.4	1.4	0.0	0.1	0.8	0.3	20.9
VERARBEITENDES GEWERBE INSGESAMT	309	31.8	5.2	0.1	0.4	1.8	0.8	40.1
DAVON:								
UNTERNEHMEN MIT ... BESCHAEFTIGTEN								
1 BIS 19	30	33.8	1.9	2.7	0.1	3.0	1.6	43.1
20 BIS 49	75	37.0	3.4	1.1	0.2	2.1	1.6	45.4
50 BIS 99	65	33.4	3.3	0.6	0.2	2.2	2.5	42.1
100 BIS 199	59	27.7	2.7	0.2	0.2	1.4	2.2	34.3
200 BIS 499	39	30.0	3.1	0.1	0.2	1.4	0.5	35.3
500 BIS 999	22	23.8	3.1	0.0	0.2	1.6	0.4	29.0
UEBER 1000	19	35.0	6.9	0.0	0.6	1.9	0.7	45.1
DAVON:								
UNTERNEHMEN MIT SITZ ...								
... AUSSERHALB BERLINS	113	27.4	4.1	0.0	0.4	1.6	0.6	34.1
... IN BERLIN	196	46.3	8.7	0.3	0.5	2.2	1.7	59.7
DAVON:								
UNTERNEHMEN, DIE IM ZUSAMMENHANG MIT DER NOVELLIERUNG ...								
... KEINE MASSNAHMEN DURCHGEFUEHRT ODER GEPLANT HABEN	156	33.3	5.0	0.1	0.6	2.2	0.9	42.1
... MASSNAHMEN DURCH- GEFUEHRT ODER GEPLANT HABEN	152	31.1	5.4	0.1	0.4	1.4	0.8	39.1

Tabelle 2.15

ANTEIL DER BETRIEBLICHEN WERTSCHOEPFUNG UND DER HINZURECHNUNGSBETRAEGE AM UMSATZ 1985 (IN VH)

WIRTSCHAFTSGRUPPE GROESSENKLASSE UNTERNEHMENSSTZ REAKTIONSTYP	ZAHL DER UNTER- NEHMEN	BETRIEB- LICHE WERT- SCHOEP- FUNGS- QUOTE	HINZU- RECHNUNG HOHE LOEHNE	HINZU- RECHNUNG EINZEL- UNTER- NEHMEN	HINZU- RECHNUNG AUSZU- BILDENDE	LIEFE- RUNGEN AUS BERLIN	SONST. LEI- STUNGEN AUS BERLIN	WERT- SCHOEP- FUNGS- QUOTE NACH PAR. 6A BERLINFG
GRUNDSTOFFE UND PRODUKTIONSGUETER	41	34.4	8.0	0.1	0.5	1.4	0.9	45.2
INVESTITIONSGUETER	128	33.4	5.5	0.0	0.5	2.5	0.8	42.7
VERBRAUCHSGUETER	95	36.5	2.7	0.4	0.4	1.7	3.8	45.5
NAHRUNGS- UND GENUSSMITTEL	45	14.3	0.9	0.0	0.1	0.7	0.2	16.2
VERARBEITENDES GEWERBE INSGESAMT	309	29.1	4.5	0.1	0.4	1.8	0.9	36.8
DAVON:								
UNTERNEHMEN MIT ... BESCHAEFTIGTEN								
1 BIS 19	30	38.7	2.6	3.0	0.2	2.0	2.1	48.6
20 BIS 49	75	33.0	3.2	0.9	0.2	2.5	1.4	41.1
50 BIS 99	65	32.5	3.3	0.5	0.2	3.6	1.3	41.4
100 BIS 199	59	23.8	2.2	0.2	0.2	1.3	3.0	30.8
200 BIS 499	39	29.0	3.0	0.1	0.2	1.2	0.5	34.1
500 BIS 999	22	22.4	2.4	0.0	0.5	1.5	0.4	27.0
UEBER 1000	19	31.6	6.0	0.0	0.5	2.0	0.7	40.8
DAVON:								
UNTERNEHMEN MIT SITZ ...								
... AUSSERHALB BERLINS	113	24.3	3.4	0.0	0.3	1.8	0.5	30.4
... IN BERLIN	196	45.8	8.4	0.2	0.6	1.9	2.1	59.0
DAVON:								
UNTERNEHMEN, DIE IM ZUSAMMENHANG MIT DER NOVELLIERUNG ...								
... KEINE MASSNAHMEN DURCHGEFUEHRT ODER GEPLANT HABEN	156	29.3	4.0	0.1	0.5	2.0	0.9	36.8
... MASSNAHMEN DURCH- GEFUEHRT ODER GEPLANT HABEN	152	29.6	5.1	0.1	0.3	1.7	0.9	37.7

2.1.3.2.3 Hinzurechnungsbeträge für Auszubildende

Informationen über Zahl der Auszubildenden und Art der beruflichen Ausbildung wurden im Rahmen dieser Untersuchung nicht gesondert erhoben. Nach der Statistik der sozialversicherungspflichtig Beschäftigten waren Mitte 1983 im gesamten verarbeitenden Gewerbe Berlins etwa 9 500 Auszubildende beschäftigt, 5 vH aller industriellen Arbeitnehmer. In den Jahren danach ist die Ausbildungsquote bei steigender Beschäftigtenzahl konstant geblieben. Dabei hat allerdings der Anteil der Ausbildungsplätze im Angestelltenbereich - von 21 vH auf 25 vH - zugenommen.

Vor dem Hintergrund des geringen Anteils der Auszubildenden an den Beschäftigten verwundert es nicht, daß die Mehrfachgewichtung der Vergütungen für Auszubildende im Rahmen der Wertschöpfungsberechnung nur untergeordnete Bedeutung erlangt. Die entsprechenden Beträge erhöhten die durchschnittliche Wertschöpfungsquote in den Jahren 1983 bis 1985 lediglich um rund 1 vH (Tabellen 2.14 und 2.15). Dabei war der Anteil der Hinzurechnungsbeträge für solche Auszubildende, deren Vergütung 20 vH der Beitragsbemessungsgrenze zur Sozialversicherung überstieg, am Umsatz mit 0,02 vH extrem gering.

Zwischen den einzelnen **Wirtschaftsgruppen** bestehen allerdings erhebliche Unterschiede. Während die Wertschöpfungsquote der Investitionsgüterindustrie im Durchschnitt der betrachteten Jahre aufgrund der besonderen Regelung für Ausbildungsvergütungen um 0,6 vH-Punkte - in einzelnen Zweigen bis zu 1 vH-Punkt - stieg, nahm sie bei der Nahrungs- und Genußmittelbranche um weniger als 0,1 vH-Punkte zu.

Differenzierte Wirkungen zeigen sich auch in den verschiedenen **Betriebsgrößenklassen:** Bei Unternehmen mit mehr als 1000 Beschäftigten machen sich die Zuschläge mit 0,6 vH des Umsatzes deutlich stärker bemerkbar als bei den Unternehmen mit weniger als 1000 Beschäftigten; dort beträgt der Effekt lediglich 0,2 vH. Schließlich ist der Einfluß bei Berliner Unternehmen größer als bei auswärtigen; der Abstand zwischen beiden Gruppen hat sich überdies von 1983 bis 1985 erhöht.

2.1.3.2.4   Hinzurechnungsbeträge für Berliner Bezüge
2.1.3.2.4.1   Umfang der Bezüge aus Berlin

Die Mehrzahl der beteiligten Unternehmen mit präferenzierten Lieferungen nach Westdeutschland - 350 von 388 Unternehmen - kaufte 1985 Waren, Werk- und Dienstleistungen bei anderen Berliner Unternehmen. Der Anteil der aus Berlin bezogenen Inputs an allen Vorleistungen der erfaßten Unternehmen lag bei 11 vH (Tabelle 2.16).

Um das Volumen der bei der heimischen Wirtschaft gekauften Güter abgreifen zu können, wurde das gesamte Einkaufsvolumen der Unternehmen - abgeleitet aus den Daten der betrieblichen Wertschöpfung - mit dem im Rahmen der Erhebung ermittelten Anteil der jeweiligen Berliner Bezüge multipliziert. Nach dieser Rechnung haben die beteiligten Unternehmen 1985 Waren, Werk- und Dienstleistungen im Wert von etwa 2,3 Mrd. DM aus Berlin bezogen.

Eine Differenzierung nach **Wirtschaftsgruppen** zeigt, daß die Unternehmen des Investitionsgüterbereichs die wichtigste Einkäufergruppe auf dem Berliner Vorleistungsmarkt darstellen; sie weisen im Durchschnitt den höchsten Anteil Berliner Bezüge am gesamten Einkaufsbudget auf (15 vH). Kaum weniger stark mit der regionalen Wirtschaft verflochten sind die Unternehmen des Verbrauchsgütersektors. Sie haben 1985 etwa 13 vH ihrer Vorleistungen von Berliner Betrieben fertigen lassen.

Die Unternehmen des Grundstoff- und Produktionsmittelbereichs sowie des Nahrungs- und Genußmittelbereichs decken lediglich etwa 9 vH bzw. 5 vH ihres Vorleistungsbedarfs in Berlin. Dabei unterscheiden sich die branchenspezifischen Quoten allerdings ganz erheblich. Während die Körperpflegemittelindustrie 18 vH ihres Einkaufsvolumens aus Berlin bezieht, sind es bei den Kaffeeröstern lediglich 2 vH.

Eine Differenzierung nach **Größenklassen** zeigt die überdurchschnittliche Bedeutung der Großunternehmen (mit mehr als 1 000 Beschäftigten) für den Berliner Zuliefermarkt. 13 vH aller Bezüge kamen 1985 aus Berlin. Auf diese Gruppe dürfte daher auch der größte Teil der gesamten intraregionalen Güterströme entfallen. Besonders intensive Geschäftsbeziehungen mit Berliner Vorlieferanten pflegen auch kleine und mittlere

Unternehmen bis unter 200 Beschäftigten. Hier liegt der Anteil der Berliner Bezüge am gesamten Einkaufsvolumen zwischen 13 vH und 20 vH.

Unternehmen, die ihren **Geschäftssitz** in der Stadt haben, beziehen ein Zehntel ihrer Vorleistungen aus Berlin; sie unterscheiden sich damit nicht wesentlich von den Unternehmen mit Sitz außerhalb der Stadt.

Interessant ist jedoch, daß **Unternehmen, die auf die Novellierung reagieren,** einen deutlich geringeren Teil ihrer Vorleistungen aus Berlin beziehen als Unternehmen, die keine präferenzbedingten Maßnahmen durchführen. Sie glauben - wie auch die Expertengespräche zeigten - vielfach, ihr Bezugspotential in der Stadt ausgeschöpft zu haben.

Tabelle 2.16

**Anteil der aus Berlin bezogenen Vorleistungen
am Einkaufsvolumen 1985**

Wirtschaftsgruppe Größenklasse Unternehmenssitz Reaktionstyp	Anzahl der Unternehmen	vH
Grundstoffe und Produktionsgüter	35	9,1
Investitionsgüter	118	14,8
Verbrauchsgüter	79	13,3
Nahrungs- und Genußmittel	38	4,7
Verarbeitendes Gewerbe insgesamt	**270**	**11,4**
davon:		
Unternehmen mit ... Beschäftigten		
1 bis 19	25	15,9
20 bis 49	61	22,4
50 bis 99	55	20,0
100 bis 199	52	15,8
200 bis 499	36	7,5
500 bis 999	23	4,7
über 1 000	18	13,3
davon:		
Unternehmen mit Sitz ...		
... außerhalb Berlins	103	11,6
... in Berlin	167	10,1
davon:		
Unternehmen, die im Zusammenhang mit der Novellierung ...		
... keine Maßnahmen durchgeführt oder geplant haben	130	13,3
... Maßnahmen durch- geführt oder geplant haben	140	9,8
Quelle: Erhebung des DIW.		

2.1.3.2.4.2 Art der Bezüge aus Berlin

Im **Grundstoff- und Produktionsgüterbereich** sind die Unternehmen der chemischen Industrie die wichtigsten Kunden der Berliner Vorleister. Die Bezüge aus der Stadt beschränken sich dabei allerdings auf wenige Güterarten. Dies sind neben den standortabhängigen Hilfs- und Betriebsstoffen (Strom, Gas, Wasser) hauptsächlich Alkohol, Kunststoffflaschen und -deckel, andere Verpackungsmaterialien (Faltschachteln, Kartonagen) sowie Etiketten.

Weitaus vielfältiger ist demgegenüber das Spektrum der standortunabhängigen Vorleistungen, das von der **Investitionsgüterindustrie** in Anspruch genommen wird. Dort spielen Bezüge von Verpackungsmaterial eine relativ geringe Rolle; eine vergleichsweise große Zahl von Unternehmen kauft dagegen andere Waren in der Stadt (Tabelle 2.17). So beziehen die Unternehmen der Elektroindustrie - den Angaben der Firmen zufolge - elektrische Bauelemente (Trafos, Motoren, Drosseln, Spulen), Leiterplatten und Schaltanlagen sowie elektromechanische Teile (Relais, Tastwahlblöcke) und elektronische Bauelemente. Eine weitere wichtige Gruppe von Produkten bilden Blech-, Guß- und Kunststoffgehäuse, Bodenrahmen aus Blech sowie Kabelsätze, die vor allem für die Fertigung von Haushaltsgeräten, Fernmeldegeräten und Geräten der Phonobranche verwendet werden. Darüber hinaus werden von diesen Unternehmen Werkleistungen wie Biegen, Stanzen, Pressen, Löten und Galvanisieren an beigestellter Ware in Auftrag gegeben. Die aus Berlin bezogenen Verpackungsmaterialien beschränken sich in der Regel auf Warenumschließungen für den Vertrieb (Wellpappen, Paletten, Holzgehäuse); sie können erst seit der Novellierung der Herstellerpräferenz in der Wertschöpfungsberechnung berücksichtigt werden. Nur wenige Firmen haben angegeben, Druckerzeugnisse (beispielsweise Gebrauchsanweisungen) aus Berlin zu beziehen. Überraschend ist, daß auch EDV-Leistungen und Ingenieur-Dienste lediglich vereinzelt eine Rolle spielen.

Die Büromaschinen/EDV-Branche, der zweitwichtigste Bereich für den Berliner Vorleistungsmarkt, vergibt hauptsächlich Werkaufträge zur Oberflächenbehandlung (Erodieren und Galvanisieren) sowie zur Montage von Komponenten. Unternehmen dieser Branche ordern Karkassen, Kunststoffgehäuse, Leiterplatten, Netzgeräte, Kabelsätze und Verpackungsmaterial bei Berliner Vorleistern. Darüber hinaus werden auch Drucksachen und Reinigungsleistungen aus der Stadt bezogen.

Typische Berliner Vorprodukte für die Unternehmen des Maschinenbaus sind Gußteile (Aluguß, Grauguß), Bleche und Werkzeuge sowie elektrotechnische Artikel und Bauelemente (Motoren, Trafos, Leiterplatten). Vielfach werden auch Lohnaufträge zur Oberflächenbehandlung vergeben. Für den Vertrieb notwendige Verpackungsmaterialien (Holzkisten) werden ebenfalls häufig aus Berlin bezogen. Schließlich haben sich einzelne Unternehmen in Fragen der Regeltechnik und der Datenverarbeitung von Berliner Ingenieuren beraten lassen.

Anders als im Investitionsgütersektor ist im **Verbrauchsgüterbereich** häufig eine innerstädtische Verflechtung zwischen Unternehmen derselben Branche zu beobachten, und zwar insbesondere bei den Zweigen Papierverarbeitung, Druck und Textil. So nannten die Unternehmen der Papierverarbeitung bei der Frage nach der Art der Berliner Bezüge oftmals Halbfertigprodukte aus Papier, Verpackungsmaterial und die Vergabe von Lohnaufträgen zur Papierveredelung. Darüber hinaus wurden aber auch - vornehmlich von den Büroartikelherstellern - Druckarbeiten vergeben und Kunststoff-Folien aus Berlin bezogen. Die Unternehmen der Druckindustrie haben fast übereinstimmend die Vergabe von Lohnaufträgen im Drucken, Binden und Kleben angegeben. Daneben werden vielfach Satz- und Reproarbeiten von Berliner Betrieben ausgeführt.

Zwischen einigen Unternehmen der Textilindustrie besteht ebenfalls ein enger innerstädtischer Leistungsaustausch. Entweder werden in Berlin gefertigte Garne innerhalb der Branche zu Endprodukten verarbeitet oder - was weitaus häufiger geschieht - Werkleistungen (Stricken von Jersey oder Rohstrickware, Weben, Färben) in Auftrag gegeben. Dies gilt jedoch nicht für solche Textilbetriebe, die einem westdeutschen Unternehmensverbund angehören. Sie beziehen durchweg lediglich Hilfs- und Betriebstoffe aus Berlin. Die Einkäufe der Kunststoffindustrie aus Berlin beschränken sich - da wichtige Rohstoffe in der Stadt nicht hergestellt werden - auf wenige Warengruppen. Am häufigsten genannt werden Werkzeuge, feinmechanische Teile, Spritzgußformen sowie Reinigungsleistungen.

Tabelle 2.17

Zahl der Unternehmen mit Lieferungen nach §§ 1, 1a BerlinFG, die standortunabhängige Vorleistungen aus Berlin beziehen, nach Art der Vorleistung

Wirtschaftsgruppe	Unternehmen insgesamt	Unternehmen mit standortunabhängigen Vorleistungen aus Berlin	davon (in vH) mit Bezügen von ...			
			Verpackungs-material	sonstigen Waren	Werk-leistungen	Dienst-leistungen
Grundstoffe und Produktionsgüter	51	37	51	46	27	32
Investitionsgüter	147	127	24	86	50	31
Verbrauchsgüter	115	96	41	67	23	23
Nahrungs- und Genußmittel	52	47	77	51	2	30
Verarbeitendes Gewerbe insgesamt	**365**	**307**	**40**	**70**	**31**	**28**

Quelle: Erhebung des DIW.

Auch die Berliner Bezüge der beteiligten Unternehmen aus der **Nahrungs- und Genußmittelindustrie** mit Lieferungen nach §§ 1, 1a BerlinFG sind den Angaben zufolge auf wenige Güterarten beschränkt. Neben Hilfs- und Betriebstoffen handelt es sich um Verpackungsmaterial aller Art (bedrucktes Papier, Faltschachteln, Aluminiumfolie, Kunststoff-Folie, Wellpappe). Drei Viertel aller Firmen kaufen entsprechende Produkte in Berlin. Unternehmen der Süßwarenbranche nehmen darüber hinaus vor allem Kakaohalbmassen ab, die Spirituosenindustrie Alkohol von der Monopolverwaltung. In wenigen Fällen werden auch Werkleistungen und EDV-Beratungsleistungen genannt.

2.1.3.2.4.3 Umfang und Entwicklung der Hinzurechnungsbeträge für Waren

Inwieweit sich die Bezüge von Waren aus Berlin in einer Erhöhung der Wertschöpfung des Abnehmers auswirken, hängt seit der Novellierung von der individuellen Vorleistungsquote des Berliner Herstellers ab; sie wird mit Hilfe der Formel "Arbeitslöhne x 1,5 in vH des Umsatzes" im vorletzten Wirtschaftsjahr ermittelt. Nach altem Recht betrug der Anrechnungssatz dagegen pauschal 60 vH des Rechnungsentgelts.

Ein Vergleich der Verfahren nach neuem und altem Recht zeigt, daß die Unternehmen, die Waren aus Berlin abnehmen, jetzt in der Regel einen wesentlich geringeren Anteil der aus Berlin bezogenen Waren auf ihre Wertschöpfung anrechnen können als vorher - statt pauschal 60 vH im Durchschnitt jetzt nur noch 30 vH des Warenwertes (Tabellen 2.18 und A 2.18). Dies bedeutet allerdings nicht, daß sich die Veränderung in vollem Umfang auf die Präferenz auswirkt, da die Vorleistungen den Präferenzsatz vor 1983 wegen der großen Präferenzsatz-Intervalle lediglich in Ausnahmefällen beeinflußt haben.

Die neue Form der Anrechnung der Berliner Warenlieferungen wirkt sich in den verschiedenen Branchen sehr unterschiedlich aus. Bei den Unternehmen, die aus dem Nahrungs- und Genußmittelbereich Waren beziehen, beläuft sich der anrechenbare Warenwert auf 15 vH des Verrechnungsentgelts; die Waren aus der Süßwarenbranche werden sogar nur noch mit 10 vH ihres Wertes angerechnet. Damit verliert dieser Wirtschaftszweig die dominierende Bedeutung, die er gemessen am gesamten Warenwert hat. Vergleichsweise gering sind die novellierungsbedingten Einbußen bei Unternehmen, die Waren aus dem Investitionsgüter- oder dem Verbrauchsgüterbereich beziehen. Sie können seit 1983 durchschnittlich 50 vH dieser Bezüge in ihrer Wertschöpfungsrechnung berücksichtigen.

Bei den wichtigsten Vorleistungsbranchen - Stahlverformung, Stahlbau, Maschinenbau, Feinmechanik/Optik und Druckindustrie - schwankt der anrechenbare Wert der Lieferungen an andere Berliner Unternehmen zwischen 55 vH und 70 vH. Die Abnehmer von Kunststoffwaren können dagegen nur etwa 45 vH der Warenlieferungen auf die Wertschöpfung anrechnen.

Innerhalb der Betrachtungsperiode hat sich der anrechenbare Anteil der Berliner Warenlieferungen meist kaum verändert. Ausgenommen davon sind die Unternehmen des Maschinenbaus, der EBM-Waren-Industrie und der Druckindustrie, deren Lieferwerte zwar absolut gesehen stark gestiegen, aufgrund fallender Vorleistungsquoten jedoch in immer geringerem Maße anrechenbar sind.

Kleine Unternehmen bescheinigen in der Regel eine höhere Vorleistungsquote als große, dementsprechend können Bezüge von kleinen Unternehmen in stärkerem Maße angerechnet werden als solche von großen Unternehmen. Eine Ausnahme bilden allerdings die Unternehmen mit 1000 und mehr Beschäftigten; hier ist der anrechenbare Anteil mit 52 vH am höchsten. Bei den Unternehmen mit bis zu 20 Beschäftigten betrug der anrechenbare Anteil der Warenlieferungen 1983 54 vH; er ist bis 1985 auf 48 vH zurückgegangen.

Insgesamt konnten die nach §§ 1, 1a BerlinFG begünstigten Unternehmen ihrer eigenen Wertschöpfung 1985 rund 410 Mill. DM zuschlagen. Dadurch erhöhte sich die durchschnittliche Wertschöpfungsquote um 1,8 vH-Punkte, das entsprach der in den vorangegangenen Jahren erreichten Relation (Tabellen 2.14 und 2.15).

Erwartungsgemäß spielt der Vorleistungsbezug im Investitionsgütergewerbe eine überdurchschnittliche Rolle. Mit Abstand am höchsten - zwischen 2,7 vH und 4,2 vH - war der Anteil der anrechenbaren Beträge am Umsatz

Tabelle 2.18

Anrechenbare Lieferungen nach § 6c BerlinFG
in vH der bescheinigten Rechnungswerte

Wirtschaftsgruppe Größenklasse	Zahl der Unter- nehmen	alte Regelung 1982	neue Regelung		
			1983	1984	1985
Grundstoffe und Produktionsgüter	43	60,0	38,0	38,1	36,0
Investitionsgüter	130	60,0	50,5	48,8	46,4
Verbrauchsgüter	116	60,0	51,6	51,4	49,7
Nahrungs- und Genußmittel	20	60,0	16,8	16,7	17,3
Verarbeitendes Gewerbe insgesamt	**309**	**60,0**	**31,6**	**31,9**	**32,4**
davon:					
Unternehmen mit ... Beschäftigten					
1 bis 19	110	60,0	53,6	52,2	49,0
20 bis 49	65	60,0	44,1	43,7	44,9
50 bis 99	49	60,0	44,4	41,2	41,6
100 bis 199	42	60,0	44,9	44,0	44,0
200 bis 499	26	60,0	40,5	40,5	36,9
500 bis 999	10	60,0	12,3	12,9	12,3
über 1 000	6	60,0	52,2	53,1	52,3
Quelle: Erhebung des DIW.					

1985 in den **Wirtschaftsgruppen** Maschinenbau, Elektrotechnik und Fein-
mechanik/Optik (Tabelle A 2.17). Auf sie entfallen etwa zwei Drittel aller
Anrechnungsbeträge aus Berliner Bezügen. Verhältnismäßig wichtig sind
die Warenbezüge aus Berlin auch für die Zweige Papier, Druck und
Kunststoff (2,2 vH bis 2,6 vH). Am geringsten ist die Bedeutung der
anrechenbaren Lieferungen im Nahrungs- und Genußmittelbereich. Dort
trugen die Vorleistungen 1983 mit 0,8 vH und 1985 sogar nur mit 0,7 vH-
Punkten zur Wertschöpfungsquote bei.

Bei einer Betrachtung des Anteils der aus Berlin bezogenen Waren an der
Wertschöpfung fällt auf, daß es deutliche Unterschiede zwischen den
Größenklassen gibt. Unternehmen mit weniger als 100 Beschäftigten sowie
Großunternehmen rechnen deutlich mehr Berliner Vorleistungen an als
Unternehmen mittlerer Größe, unter denen sich die meisten der rohstoff-
intensiven Firmen befinden. Ebenfalls den Erwartungen entspricht es, daß
die in Berlin ansässigen Unternehmen einen etwas höheren Vorleistungsan-
teil (1983: 2,2 vH) aufweisen als die Unternehmen mit Sitz außerhalb der
Stadt (1983: 1,6 vH).

Betrachtet man die Entwicklung der intraregionalen Bezüge zwischen
1983 und 1985, so zeigt sich, daß gravierende Änderungen nicht stattgefunden haben. Im Durchschnitt des verarbeitenden Gewerbes ist der Anteil
des anrechenbaren Wertes am Umsatz praktisch unverändert geblieben.
Nur in wenigen Branchen ist eine signifikante Änderung eingetreten.
Dabei hat die Bedeutung der Vorleistungsanrechnung vereinzelt zugenommen (Feinmechanik/Optik, Kunststoff), verschiedentlich (Maschinenbau,
Textil) aber auch abgenommen.

Immerhin zeigt sich, daß solche Unternehmen, die Maßnahmen im Zusammenhang mit der Novellierung durchgeführt und/oder geplant haben, den
anrechenbaren Anteil ihrer Berliner Warenbezüge gesteigert haben, während die Vorleistungen bei den nicht-reagierenden Unternehmen relativ
zurückgegangen sind.

Einige Unternehmen der chemischen Industrie, die alkoholische Duft- und
Hygienewässer in Berlin herstellen, haben bedingt durch die unterschied-
liche Behandlung der Branntweinabgaben in der Wertschöpfung und im
Umsatz "überhöhte" Wertschöpfungsquoten: Aus dem wirtschaftlichen

Umsatz sind nach § 6a BerlinFG Branntweinabgaben für alle Arten von Alkohol auszuscheiden, soweit sie der Berliner Unternehmer entrichtet hat. Für die Berliner Wertschöpfung gilt dies jedoch nicht. Nach § 6c BerlinFG sind die im Rechnungsentgelt der Bezüge von der Berliner Monopolverwaltung enthaltenen Branntweinabgaben nur dann herauszurechnen, wenn es sich um Alkohol zur Herstellung von Trinkbranntwein und Halbfabrikaten zur Trinkbranntweinherstellung handelt. Beim Bezug von Alkohol zur Herstellung von Körperpflegemitteln kann das Entgelt dagegen in voller Höhe berücksichtigt werden.

In welchem Maße sich diese Regelung auf den Anrechnungsbetrag für Vorleistungen auswirkt, hängt von der Höhe der Branntweinabgaben ab. Selbst bei der Alkoholart mit der geringsten Abgabe in Höhe von 6,00 DM je Liter Alkohol ("Alkohol zur Herstellung von Körperpflegemitteln") betragen die Branntweinabgaben immerhin noch 70 vH des Verkaufspreises.

Dem DIW sind einige Hersteller von Körperpflegemitteln bekannt, die den Großteil des benötigten Alkohols aus Berlin beziehen und damit ihre Wertschöpfungsquote um bis zu 5 vH-Punkte erhöhen können. Diese Möglichkeit ist für verschiedene dieser Firmen attraktiv genug, um die Produktion von alkoholhaltigen Körperpflegemitteln nach Berlin zu verlagern bzw. hier weiter auszubauen.

2.1.3.2.4.4 Umfang und Entwicklung der Hinzurechnungsbeträge für sonstige Leistungen

Mit rund 200 Mill. DM waren die aus Berlin bezogenen und bei der Wertschöpfungsermittlung anrechenbaren Werk- und Dienstleistungen 1983 fast halb so hoch wie der anrechenbare Wert für Warenbezüge aus der Stadt. Dies überrascht zunächst; zu berücksichtigen ist jedoch, daß der weitaus größte Teil dieser Leistungen aus Werkleistungen besteht, die sich auf wenige Zweige - Elektrotechnik, Maschinenbau, Druck, Bekleidung und Textil - konzentrieren.

Die größenklassenspezifische Streuung um den Durchschnittswert ist bei den sonstigen Leistungen noch ausgeprägter als bei den Warenbezügen. Bei den Unternehmen mit unter 200 Beschäftigten ist der Anteil (1983: 2 vH) rund viermal so hoch wie bei den Unternehmen mit 200 und mehr Beschäftigten. Nicht wesentlich anders ist die Relation auch zwischen den Unternehmen, die in Berlin ansässig sind, und solchen, die ihren Sitz außerhalb der Stadt haben.

Im Verlaufe der ersten drei Jahre der additiven Wertschöpfungsberechnung zeigt sich insgesamt keine signifikante Veränderung. Lediglich im Verbrauchsgüterbereich ist der Anteil der sonstigen Leistungen aus Berlin an der Wertschöpfung um 1 vH-Punkt gestiegen - eine Entwicklung, die auf zunehmende Werkaufträge von Textilbetrieben und Druckereien zurückzuführen ist.

2.1.3.3 Berliner Wertschöpfung nach § 6a BerlinFG
2.1.3.3.1 Struktur der Berliner Wertschöpfung

Durch die Einbeziehung der Hinzurechnungsbeträge für hohe Löhne, Ausbildungsvergütungen und Einzelunternehmen sowie für Bezüge aus Berlin in die Wertschöpfungsberechnung verändern sich die Wertschöpfungsstrukturen sehr deutlich (Tabellen A 2.19 und A 2.20).

Alle Zuschläge zusammen hatten 1983 einen Anteil von 21 vH an der Berliner Wertschöpfung im Sinne des § 6a BerlinFG. Der höchste Anteil (13 vH) entfällt dabei auf die Hinzurechnungsbeträge für die Arbeitnehmer mit Löhnen oberhalb der Beitragsbemessungsgrenze zur Rentenversicherung. Der anrechenbare Wert der Lieferungen aus Berlin schlägt mit 4,4 vH zu Buche, der Bezug sonstiger Leistungen mit 2 vH. Die anderen Zuschläge - für Ausbildungsvergütungen und für Einzelunternehmen - sind unbedeutend (Schaubild 2).

Durch die Einbeziehung der Hinzurechnungsbeträge ergibt sich im Vergleich mit der betrieblichen Bruttowertschöpfung folgendes Bild: Löhne und Ausgaben für die Zukunftssicherung bilden immer noch den größten Posten - mit 56 vH statt 70 vH. Danach kommen jetzt allerdings die Hinzurechnungsbeträge für hohe Löhne (13 vH), während die Abschreibungen nur noch 12 vH der Berliner Wertschöpfung - statt vorher 15 vH - ausmachen. Die angerechneten Bezüge aus Berlin spielen zwar nur eine geringe Rolle (6 vH), sind jedoch immer noch gewichtiger als alle anderen Positionen der betrieblichen Wertschöpfung.

In den Jahren bis 1985 hat sich die Bedeutung der einzelnen Hinzurechnungsbeträge für Löhne, Ausbildungsvergütungen und Einzelunternehmen kaum verändert. Gestiegen ist jedoch der Anteil des anrechenbaren Werts für Berliner Warenlieferungen (+ 1 vH-Punkt) sowie für sonstige Leistungen aus Berlin (+ 0,3 vH-Punkte).

Die Hinzurechnungsbeträge für hohe Arbeitslöhne haben im Produktionsgüterbereich und im Investitionsgüterbereich überdurchschnittliche, in den anderen beiden Bereichen unterdurchschnittliche Bedeutung. Bemerkenswert ist, daß die Zuschläge im Bereich Büromaschinen/EDV mit 22 vH den höchsten Anteil von allen Branchen aufweisen. Ebenfalls überdurchschnittliche Anteile haben von den anderen wichtigen Wirtschaftszweigen die chemische Industrie (21 vH), der Maschinenbau (15 vH) und die Elektrotechnik (13 vH). Der im verarbeitenden Gewerbe insgesamt zu beobachtende leichte Rückgang in der Bedeutung der anrechenbaren Bezüge bis 1985 trifft für fast alle Branchen in gleichem Maße zu.

Nach Größenklassen differenziert ergibt sich für die Hinzurechnungsbeträge ein ähnliches Bild wie bei den Löhnen und den Beiträgen zur Zukunftssicherung: Die Anteile steigen mit zunehmender Unternehmensgröße an. Sie erreichen in den Großunternehmen (mehr als 1 000 Beschäftigte in Berlin) mit 15 vH fast den 4-fachen Wert der kleinen Unterneh-

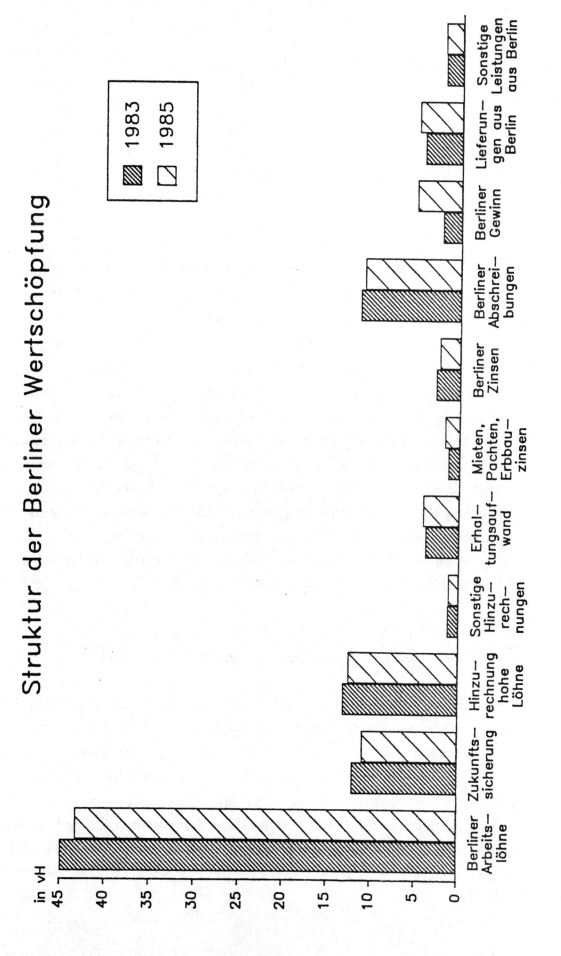

Struktur der Berliner Wertschöpfung

1983
1985

in vH

Berliner Arbeits- löhne
Zukunfts- sicherung
Hinzu- rechnung hohe Löhne
Sonstige Hinzu- rech- nungen
Erhal- tungsauf- wand
Mieten, Pachten, Erbbau- zinsen
Berliner Zinsen
Berliner Abschrei- bungen
Berliner Gewinn
Lieferun- gen aus Berlin
Sonstige Leistungen aus Berlin

men. Zwischen 1983 und 1985 haben die Hinzurechnungsbeträge in den kleineren Unternehmen etwas an Bedeutung gewonnen, in den großen Unternehmen dagegen etwas verloren.

Zwischen Unternehmen mit **Sitz** in Berlin und solchen mit Sitz außerhalb der Stadt sind für 1983 kaum Unterschiede zu erkennen. In den beiden darauffolgenden Jahren hat sich an diesem Bild praktisch nichts verändert.

Die Einbeziehung der anrechenbaren Berliner Bezüge in die Wertschöpfung wirkt sich in den Branchen sehr unterschiedlich aus. Weit überdurchschnittlich können die Unternehmen des Verbrauchsgüterbereichs Berliner Bezüge anrechnen (9 vH gegenüber durchschnittlich 6 vH). Dies resultiert vor allem aus den hohen Bezügen von Werk- und Dienstleistungen im Textil- und Bekleidungsgewerbe (12 bzw. 22 vH). In der Investitionsgüterindustrie liegt der anrechenbare Wert der Bezüge aus Berlin bei den Unternehmen der Büromaschinen/EDV-Herstellung, des Maschinenbaus und der Elektrotechnik über dem Industriedurchschnitt, im Verbrauchsgütersektor gilt dies für die Papierverarbeiter und die Druckereien. Bis 1985 haben sich lediglich in zwei Branchen bemerkenswerte Veränderungen ergeben: Im Bereich Büromaschinen/EDV verdoppelten sich die Warenlieferungen aus Berlin und verbuchten einen Anteilszuwachs von 5 vH-Punkten. In der Bekleidungsbranche sind die aus Berlin bezogenen Werkleistungen um 4 vH-Punkte zurückgegangen.

2.1.3.3.2 Entwicklung der Berliner Wertschöpfungsquoten

Ebenso wie die betriebliche Wertschöpfungsquote ist zwischen 1983 und 1985 auch die Wertschöpfungsquote nach § 6a BerlinFG, in der die anrechenbaren Vorleistungen und die Mehrfachgewichtungsbeträge für hohe Einkommen enthalten sind, im Durchschnitt aller Unternehmen gefallen. Der Rückgang war hier allerdings etwas stärker ausgeprägt als dort; die Bedeutung der strukturpolitischen Komponenten für die Höhe von Wertschöpfung und Präferenz hat geringfügig abgenommen (Tabelle 2.19).

Diese Tendenz gilt für alle **Wirtschaftshauptgruppen** mit Ausnahme des Verbrauchsgüterbereichs. Besonders ausgeprägt war die Abnahme der Berliner Wertschöpfungsquote im Nahrungs- und Genußmittelsektor (4,4 vH-Punkte), und dort in etwa gleichem Maße bei Ernährung und Tabak (Tabelle A 2.21). Aber auch in der Investitionsgüterindustrie ist ein überdurchschnittlicher Rückgang festzustellen, hauptsächlich dadurch bedingt, daß die Umsätze zwischen 1984 und 1985 deutlich schneller gestiegen sind als das entsprechende Wertschöpfungsvolumen; gleichzeitig ist der Anteil der Hinzurechnungsbeträge gefallen.

Bemerkenswerte Unterschiede in der Entwicklung der Berliner Wertschöpfungsquoten sind nur in zwei **Größenklassen** erkennbar: Die Wertschöpfungsquote der Unternehmen mit bis zu 19 Beschäftigten hat in den drei betrachteten Jahren um 4,8 vH-Punkte zugenommen, die der Großunternehmen mit über 1 000 Beschäftigten um 4,3 vH-Punkte abgenommen. Die Berliner Wertschöpfungsquote der Kleinbetriebe erreichte 1985 fast 50 vH; der Abstand der Unternehmen in dieser Größenklasse von allen anderen Unternehmen hat sich damit - im Durchschnitt betrachtet - weiter vergrößert.

Gegliedert nach dem **Geschäftssitz** der Unternehmen ist - parallel zur Entwicklung der betrieblichen Wertschöpfungsquote - eine stärkere Abnahme bei den Unternehmen zu beobachten, deren Zentrale außerhalb der Stadt angesiedelt ist.

Unternehmen, die nicht auf die Novellierung **reagieren,** weisen einen erheblich größeren Rückgang der Quote (- 5 vH-Punkte) auf als Unternehmen, die Maßnahmen durchführen (- 1,3 vH-Punkte). Dabei macht die abnehmende Bedeutung der Hinzurechnungsbeträge ein Viertel des gesamten Rückgangs aus.

Analog zu den betrieblichen Wertschöpfungsquoten wurde auch für die Berliner Wertschöpfungsquoten nach § 6a BerlinFG eine Modellrechnung durchgeführt, in der die Umsatzstruktur des Jahres 1983 für die beiden Folgejahre unterstellt wurde (Tabellen 2.20 und A 2.22). Auf diese Weise kann der Einfluß von Veränderungen in der Zusammensetzung der Umsätze mit unterschiedlichen Wertschöpfungsanteilen auf die Gesamtentwicklung isoliert werden. Danach sank die durchschnittliche Berliner Wertschöpfungsquote im Betrachtungszeitraum um 2,3 vH-Punkte, also in deutlich geringerem Maße als unter den tatsächlichen Gegebenheiten (- 3,1 vH-Punkte). Gleichzeitig hat sich die Diskrepanz von 1984 auf 1985 erhöht. Diese Gegenüberstellung zeigt wiederum, daß die Unternehmen mit geringeren Wertschöpfungsquoten überdurchschnittlich expandiert haben.

Tabelle 2.19

Entwicklung der Berliner Wertschöpfungsquoten 1983 bis 1985

Wirtschaftsgruppe Größenklasse Unternehmenssitz Reaktionstyp	Zahl der Unter- nehmen	Berliner Wertschöpfungsquote				
		in vH			Veränderung in vH-Punkten	
		1983	1984	1985	1984/83	1985/84
Grundstoffe und Produktionsgüter	43	44,4	43,4	44,3	- 0,9	+ 0,8
Investitionsgüter	128	45,8	46,0	42,5	+ 0,2	- 3,5
Verbrauchsgüter	91	45,9	47,1	45,6	+ 1,3	- 1,5
Nahrungs- und Genußmittel	43	21,4	19,3	17,0	- 2,0	- 2,4
Verarbeitendes Gewerbe insgesamt	**305**	**40,0**	**39,2**	**36,9**	**- 0,8**	**- 2,3**
davon:						
Unternehmen mit ... Beschäftigten						
1 bis 19	27	44,6	48,0	49,4	+ 3,4	+ 1,4
20 bis 49	75	46,2	45,3	47,0	- 0,9	+ 1,7
50 bis 99	62	42,1	42,8	41,2	+ 0,7	- 1,6
100 bis 199	60	33,0	29,9	31,3	- 3,1	+ 1,4
200 bis 499	40	35,3	32,6	34,2	- 2,7	+ 1,7
500 bis 999	22	29,1	31,6	27,0	+ 2,5	- 4,6
über 1 000	19	45,1	44,5	40,8	- 0,6	- 3,7
davon:						
Unternehmen mit Sitz ...						
... außerhalb Berlins	112	34,0	33,0	30,6	- 1,0	- 2,4
... in Berlin	193	59,7	59,9	59,1	+ 0,1	- 0,8
davon:						
Unternehmen, die im Zusammenhang mit der Novellierung ...						
... keine Maßnahmen durchgeführt oder geplant haben	155	41,8	38,1	36,9	- 3,7	- 1,3
... Maßnahmen durchgeführt oder geplant haben	149	38,9	41,1	37,6	+ 2,2	- 3,5

Quelle: Erhebung des DIW.

Tabelle 2.20

**Modellrechnung: Entwicklung der Berliner Wertschöpfungsquoten 1983 bis 1985
bei Annahme gleichbleibender Umsatzstrukturen**

Wirtschaftsgruppe Größenklasse Unternehmenssitz Reaktionstyp	Zahl der Unternehmen	Berliner Wertschöpfungsquote, gewichtet mit dem wirtschaftlichen Umsatz 1983				
		in vH			Veränderung in vH-Punkten	
		1983	1984	1985	1984/83	1985/84
Grundstoffe und Produktionsgüter	43	44,4	43,9	45,4	- 0,4	+ 1,5
Investitionsgüter	128	45,8	44,9	42,8	- 0,9	- 2,1
Verbrauchsgüter	91	45,9	47,5	46,5	+ 1,6	- 1,0
Nahrungs- und Genußmittel	43	21,4	20,9	18,3	- 0,5	- 2,6
Verarbeitendes Gewerbe insgesamt	**305**	**40,0**	**39,4**	**37,8**	**- 0,6**	**- 1,7**
davon:						
Unternehmen mit ... Beschäftigten						
1 bis 19	27	44,6	45,9	45,5	+ 1,3	- 0,4
20 bis 49	75	46,2	45,5	46,9	- 0,7	+ 1,4
50 bis 99	62	42,1	42,3	41,6	+ 0,2	- 0,7
100 bis 199	60	33,0	33,8	35,2	+ 0,8	+ 1,3
200 bis 499	40	35,3	33,6	35,5	- 1,7	+ 1,9
500 bis 999	22	29,1	31,9	27,9	+ 2,8	- 4,0
über 1 000	19	45,1	43,4	41,0	- 1,7	- 2,3
davon:						
Unternehmen mit Sitz ...						
... außerhalb Berlins	112	34,0	33,3	31,2	- 0,7	- 2,1
... in Berlin	193	59,7	59,6	59,5	- 0,1	- 0,1
davon:						
Unternehmen, die im Zusammenhang mit der Novellierung ...						
... keine Maßnahmen durchgeführt oder geplant haben	155	41,8	38,9	37,7	- 2,9	- 1,2
... Maßnahmen durchgeführt oder geplant haben	149	38,9	40,2	38,2	+ 1,3	- 2,0

Quelle: Erhebung des DIW.

2.1.4   **Umfang und Struktur von Lieferungen und Präferenzvolumen**
             nach §§ 1, 1a BerlinFG 1982 bis 1986

2.1.4.1   Lieferungen

Die an der Untersuchung beteiligten Unternehmen lieferten 1986 Waren, Werkleistungen und Werklieferungen gemäß §§ 1, 1a BerlinFG in Höhe von knapp 28 Mrd. DM nach Westdeutschland (Tabelle 2.21). Dieser Betrag entspricht 97 vH des Liefervolumens, das die Unternehmen des verarbeitenden Gewerbes den Finanzbehörden im Rahmen der Umsatzsteuer-Voranmeldung mitgeteilt haben.

Tabelle 2.21

Umsätze und Lieferungen nach §§ 1, 1a BerlinFG
der Unternehmen des Berliner verarbeitenden Gewerbes 1982 bis 1986
in Mrd. DM

	1982	1983	1984	1985	1986
Umsätze (Kundenumsätze, einschl. Verbrauchsteuern)	34,6	39,0	43,7	46,3	45,8
Lieferungen nach §§ 1, 1a BerlinFG					
a) Voranmeldung der Unternehmen an die Finanzbehörden	-	-	.[1]	30,7	28,5
b) an der Untersuchung des DIW beteiligte Unternehmen	21,2[2]	22,8	24,3	28,0	27,6[2]

1) Keine vollständigen Informationen vorhanden. - 2) Geschätzt.

Quellen: Statistisches Landesamt Berlin; Senator für Finanzen Berlin; DIW.

Im Zuge des konjunkturellen Aufschwungs sind die steuerbegünstigten Lieferungen zwischen 1982 und 1985 kräftig - im Jahresdurchschnitt um 12,8 vH - gestiegen. 1986 blieben die Lieferungen dann allerdings um rund 1,5 vH hinter dem Ergebnis des Vorjahres zurück. Diese Abnahme resultiert aus gegenläufigen Entwicklungen in den vier **Wirtschaftshauptgruppen.** Während die Investitionsgüterindustrie leichte Einbußen hinzunehmen hatte, setzte sich die Expansion bei den Unternehmen der anderen drei Hauptgruppen fort.

Eine nach **Wirtschaftsgruppen** differenzierende Betrachtung der Lieferstruktur (Tabellen A 2.23 und A 2.24) zeigt die unvermindert dominierende Bedeutung von Produkten der Investitionsgüterindustrie. Auf die Unternehmen dieses Bereichs entfielen 1986 mehr als 50 vH aller präferenzierten Umsätze in das übrige Bundesgebiet. Hierzu haben die Elektrotechnik (33 vH), die Büromaschinen/EDV-Industrie (10 vH) und der Maschinenbau (5 vH) entscheidend beigetragen.

Der Anteil der Grundstoff- und Produktionsgüterindustrie an den steuerbegünstigten Warenlieferungen aus Berlin hat sich bei 14 vH eingependelt. Die chemische Industrie - mit Abstand wichtigste Branche dieses Wirtschaftsbereichs - erbringt gegenwärtig rund 10 vH aller Lieferungen. Dabei hat sich der Anteil pharmazeutischer Produkte zwischen 1982 und 1986 auf zwei Drittel erhöht. Die Bedeutung von Körperpflegemitteln ist trotz erheblicher Expansion etwas zurückgegangen und erreichte zuletzt knapp 25 vH der Branchenlieferungen.

Als Folge der überdurchschnittlichen und kontinuierlichen Ausweitung der Lieferungen von Verbrauchsgütern hat sich deren Anteil an allen von Berlin in das übrige Bundesgebiet gelieferten Waren von 6,7 vH im Jahr 1982 auf 8,4 vH im Jahr 1986 erhöht. Diese Entwicklung ist maßgeblich bestimmt durch die anhaltend rapide Expansion in den beiden größten Fertigungszweigen, der papierverarbeitenden Industrie (+ 50 vH) und der Textilindustrie (+ 80 vH). Aber auch kleinere Branchen wie Druck (+ 70 vH) und Kunststoff (+ 180 vH) haben durch die kräftige Steigerung ihrer Produktion wesentlich zur Stärkung des Verbrauchsgütersektors in Berlin beigetragen.

Der unvermindert starke Anstieg des Liefervolumens im Nahrungs- und Genußmittelbereich zwischen 1982 und 1986 (+ 35 vH) ist vor allem auf drei Produktgruppen zurückzuführen: Süßwaren, Kaffee und Zigaretten. Die präferenzierten Umsätze der Kaffeeröster sind innerhalb der letzten vier Jahre um knapp 60 vH, die der Süßwarenhersteller und der tabakverarbeitenden Unternehmen um jeweils ein Drittel gestiegen. Insgesamt hat sich der Anteil dieser Produkte an allen in Berlin hergestellten und nach

Westdeutschland verbrachten Nahrungs- und Genußmittel innerhalb der betrachteten vier Jahre von 88 vH auf 92 vH erhöht.

Die Verteilung der Lieferungen nach **Betriebsgrößenklassen** hat sich seit der Novellierung im Jahre 1982 nicht wesentlich verändert: Rund die Hälfte aller Lieferungen stammt aus Unternehmen, die in Berlin mehr als 1 000 Mitarbeiter beschäftigen; ein Drittel entfällt auf Unternehmen mit 200 bis 1 000 Arbeitskräften in der Stadt.

Im Zeitverlauf ebenfalls stabil war die Struktur der nach dem **Geschäftssitz** der liefernden Unternehmen gegliederten steuerbegünstigten Fernumsätze: Wie schon vor der Novellierung kamen auch in den ersten vier Jahren danach jeweils vier Fünftel dieser Umsätze aus Unternehmen, die ihren Geschäftssitz außerhalb Berlins haben.

Tabelle 2.22

Entwicklung der Lieferungen nach §§ 1, 1a BerlinFG der an der Untersuchung beteiligten Unternehmen des Berliner verarbeitenden Gewerbes nach Wertschöpfungsintervallen 1982 bis 1986

	1982[1]	1983	1984	1985	1986[1]
Lieferungen insgesamt (in Mrd. DM)	21,2	22,8	24,3	28,0	27,6
davon (in vH):					
aus Unternehmen mit einer Wertschöpfungsquote von ...					
unter 15 vH[2]	21,9	24,7	25,3	29,7	29,0
15 vH bis unter 33 vH	18,7	19,8	21,6	18,3	17,9
33 vH bis unter 91 vH (82 vH)[3]	55,5	52,5	49,8	49,9	51,2
91 vH (82 vH)[3] und mehr	3,9	3,0	3,3	2,1	1,9

1) Geschätzt. - 2) Einschließlich Lieferungen derjenigen Unternehmen, die vom Nachweis der Mindestwertschöpfung befreit sind. - 3) Für Lieferungen nach § 1a BerlinFG.

Quelle: Erhebung des DIW.

Besonders wichtig für die Beurteilung der von der Novellierung ausgehenden Wirkungen sind Informationen über die Entwicklung der nach der Höhe der Berliner Wertschöpfungsquote gegliederten Lieferungen. Dazu wurden vier **Wertschöpfungsquoten-Intervalle** gebildet: Der Sockelbereich, in dem Lieferungen mit einer Berliner Wertschöpfungsquote bis zu 15 vH und einem einheitlichen Präferenzsatz von 3 vH enthalten sind; der Übergangsbereich für Lieferungen mit einer Berliner Wertschöpfungsquote zwischen 15 vH und 33 vH; der Bereich der wertschöpfungsproportionalen Förderung (33 vH bis 91 vH) sowie der Bereich für Wertschöpfungsquoten über 91 vH, in dem ein einheitlicher Präferenzsatz von 10 vH gewährt wird, die Förderung der Wertschöpfung also zunehmend unterproportional ist.

Die entsprechenden Werte konnten für die Jahre 1983 bis 1985 aus den Daten der Befragung abgeleitet werden. Dabei wurde nicht - wie bei der Ermittlung der Präferenzsätze in der Praxis üblich - die Wertschöpfungsquote des vorletzten, sondern die des jeweiligen Jahres herangezogen. Für 1986 lagen nur für einen Teil der Unternehmen - vielfach für solche mit Wertschöpfungsquoten unter 15 vH - entsprechende Informationen vor. Für die übrigen Unternehmen wurden die Wertschöpfungsquoten von 1985 zugrundegelegt. Die Struktur der Lieferungen im Jahre 1982 wurde durchweg auf Basis der unternehmensspezifischen Quoten von 1983 gebildet, Veränderungen in der Zusammensetzung der Lieferungen von 1983 gegenüber 1982 sind also ausschließlich Folge unterschiedlicher Entwicklung der Lieferströme.

Als Ergebnis dieser Berechnungen zeigt sich, daß der Anteil der begünstigten Umsätze von Unternehmen mit einer Wertschöpfungsquote von unter 15 vH deutlich zugenommen hat und 1986 mit 29 vH um 7 vH-Punkte über dem Wert von 1982 lag (Tabelle 2.22). Dieser Verlauf ist ganz überwiegend auf die überdurchschnittliche Expansion von Unternehmen mit flachen Produktionen - vor allem im Nahrungs- und Genußmittelsektor, aber auch in einzelnen Zweigen des Grundstoff- und Produktionsmittelbereichs und der Investitionsgütererzeugung - zurückzuführen. Unternehmensinterne Veränderungen der Produktstruktur mit der Folge einer Verringerung der Wertschöpfungsquote von über 15 vH auf unter 15 vH sind von relativ geringem Einfluß.

Der Bedeutungszuwachs der Lieferungen im untersten Wertschöpfungs-intervall geht vor allem zu Lasten der Lieferungen mit einer Berliner Wertschöpfungsquote von mehr als 33 vH; ihr Anteil an allen präferenzier-ten Umsätzen ist von 59 vH im Jahr 1982 auf 53 vH im Jahr 1986 gefallen.

2.1.4.2 Präferenzvolumen

Für Lieferungen nach §§ 1, 1a BerlinFG haben die beteiligten Unterneh-men im Jahre 1986 - ohne Berücksichtigung der Übergangsregelung[8] - etwa 1,3 Mrd. DM Herstellerpräferenz in Anspruch genommen. Zwischen 1982 und 1986 ist das Präferenzvolumen insgesamt um knapp 20 vH gestiegen, die zugrunde liegenden Lieferungen dagegen um 30 vH. Dabei entwickelten sich beide Größen bis zum Jahre 1984 nahezu parallel. Mit dem Wirksamwerden des neuen Präferenzsystems im Jahre 1985 blieb die Entwicklung des Präferenzvolumens dann aber deutlich hinter der Um-satzentwicklung zurück.

In den Jahren vor 1985 machten die Präferenzen im Durchschnitt 5,5 vH der Lieferungen aus, seitdem dagegen nur noch 5 vH (Tabellen A 2.25 und A 2.26).

Bemerkenswert ist vor allem die erhebliche Umschichtung des Präferenz-volumens zwischen den Unternehmen der verschiedenen Wertschöpfungs-intervalle (Tabelle 2.23). So ist der Anteil der Präferenzen der Unterneh-men mit Wertschöpfungsquoten von unter 15 vH am gesamten Präferenz-volumen kontinuierlich - zwischen 1984 und 1986 um insgesamt 5 vH-Punkte - zurückgegangen, und dies, obwohl der Anteil der Lieferun-gen dieser Unternehmen im gleichen Zeitraum um 4 vH-Punkte gestiegen ist. Ähnliche Diskrepanzen zeigen sich auch im Übergangsbereich - also bei Lieferungen mit einer Wertschöpfungsquote von 15 vH bis unter 33 vH. Demgegenüber haben die Unternehmen mit Wertschöpfungsquoten über 33 vH ihren Anteil am Präferenzvolumen zwischen 1984 und 1986 bei gleichbleibendem Lieferanteil um 14 vH-Punkte ausweiten können.

Tabelle 2.23

**Entwicklung der Präferenzen nach §§ 1, 1a BerlinFG (ohne Übergangsregelung)
der an der Untersuchung beteiligten Unternehmen des Berliner
verarbeitenden Gewerbes nach Wertschöpfungsintervallen 1982 bis 1986**

	1982[1]	1983	1984	1985	1986[1]
Präferenzvolumen insgesamt (in Mrd. DM)	1,1	1,2	1,3	1,4	1,3
davon (in vH):					
aus Unternehmen mit einer Wertschöpfungsquote von ...					
unter 15 vH[2]	19,7	24,1	23,9	19,7	18,7
15 vH bis unter 33 vH	19,7	18,8	20,9	13,1	12,7
33 vH bis unter 91 vH (82 vH)[3]	57,5	54,1	51,7	64,9	65,6
91 vH (82 vH)[3] und mehr	3,1	3,0	3,5	2,3	3,0

1) Geschätzt. - 2) Einschließlich Lieferungen derjenigen Unternehmen, die vom Nachweis der Mindestwertschöpfung befreit sind. - 3) Für Lieferungen nach § 1a BerlinFG.

Quelle: Erhebung des DIW.

2.2 Unternehmen, die Vorleistungen nach § 6c BerlinFG bescheinigen

2.2.1 Umfang und Struktur der bescheinigten Vorleistungen

Insgesamt haben 553 Unternehmen, die an einer der drei Befragungen des DIW teilgenommen haben, angegeben, daß sie an andere Berliner Unternehmen liefern und ihren Abnehmern bescheinigen, daß die Produkte in der Stadt hergestellt wurden.

Das Volumen aller erfaßten Vorleistungen nach § 6c BerlinFG betrug 1985 2,1 Mrd. DM. Davon waren 89 vH Waren; der Rest entfällt auf Werkleistungen (7 vH) und Dienstleistungen (4 vH).

Eine nach Wirtschaftsgruppen differenzierende Betrachtung der **Warenlieferungen** zeigt, daß über die gesamte Beobachtungsperiode hinweg jeweils etwa 40 vH aller Lieferungen von Unternehmen der Energie- und Wasserversorgung, 60 vH von Unternehmen des verarbeitenden Gewerbes stammen (Tabellen 2.24 und A 2.27).

Rund die Hälfte aller bei der Wertschöpfungsberechnung begünstigten Lieferungen des verarbeitenden Gewerbes sind Nahrungs- und Genußmittel; der überwiegende Teil davon kommt aus der Süßwarenbranche (1985: 370 Mill. DM). Ein Viertel aller Waren entfällt auf Unternehmen des Investitionsgüterbereichs. Dort war zwischen 1982 und 1985 zugleich die stärkste Ausweitung der Lieferungen nach § 6c BerlinFG zu verzeichnen: Innerhalb von drei Jahren ist das Volumen um 50 vH gestiegen. Besonders ausgeprägt war der Zuwachs der Vorlieferungen aus den Branchen Maschinenbau, EBM-Waren, Stahlbau und Stahlverformung. Dabei bescheinigten diese Unternehmen allerdings nicht nur die Herstellung von Produkten, die traditionell in ihren Zweigen gefertigt werden (zum Beispiel Werkstücke, Motoren, Kondensatoren, Gehäuse), sondern - aufgrund ihrer vielfach branchenübergreifenden Tätigkeit - zunehmend auch Erzeugnisse, die üblicherweise im Verbrauchsgütersektor angesiedelt sind (zum Beispiel Endlosformulare, Papierrollen). Auffallend ist, daß die Expansion in den beiden großen Vorleisterbranchen - Maschinenbau und EBM-Waren-Industrie - hauptsächlich zwischen 1984 und 1985 stattfand, sicherlich ein Indiz für den großen Einfluß des konjunkturellen Aufschwungs auf die Entwicklung der entsprechenden Lieferungen.

Tabelle 2.24

Lieferungen nach § 6c BerlinFG der an der Untersuchung beteiligten Unternehmen des verarbeitenden Gewerbes

Wirtschaftsgruppe / Größenklasse	Zahl der Unternehmen	in Mill. DM				Struktur in vH				Veränderung gegenüber dem Vorjahr in vH		
		1982	1983	1984	1985	1982	1983	1984	1985	1983/1982	1984/1983	1985/1984
Grundstoffe und Produktionsgüter	43	114,6	126,7	137,9	137,8	12,0	12,5	12,6	12,1	+ 10,5	+ 8,8	- 0,1
Investitionsgüter	134	176,7	180,3	224,3	265,3	18,5	17,8	20,5	23,3	+ 2,1	+ 24,4	+ 18,3
Verbrauchsgüter	121	162,2	181,1	192,2	216,4	17,0	17,9	17,5	19,0	+ 11,7	+ 6,1	+ 12,6
Nahrungs- und Genußmittel	20	500,7	524,0	541,9	517,5	52,5	51,8	49,4	45,5	+ 4,7	+ 3,4	- 4,6
Verarbeitendes Gewerbe insgesamt	318	954,2	1012,2	1096,4	1137,1	100,0	100,0	100,0	100,0	+ 6,1	+ 8,3	+ 3,7
davon: Unternehmen mit ... Beschäftigten												
1 bis 19	112	37,2	39,3	43,0	51,3	3,9	3,9	3,9	4,5	+ 5,6	+ 9,6	+ 19,2
20 bis 49	70	82,8	92,7	106,8	116,6	8,7	9,2	9,7	10,3	+ 12,0	+ 15,2	+ 9,2
50 bis 99	49	148,7	161,4	187,5	217,6	15,6	15,9	17,1	19,1	+ 8,5	+ 16,1	+ 16,1
100 bis 199	42	127,5	132,4	145,1	157,0	13,4	13,0	13,2	13,8	+ 3,8	+ 9,5	+ 8,2
200 bis 499	27	124,4	136,7	138,8	166,8	13,0	13,5	12,7	14,7	+ 9,9	+ 1,5	+ 20,2
500 bis 999	10	386,2	408,2	418,0	382,6	40,5	40,3	38,1	33,7	+ 5,7	+ 2,4	- 8,5
über 1 000	6	47,3	41,2	57,0	44,9	5,0	4,1	5,2	3,9	- 12,9	+ 38,4	- 8,5

Quelle: Erhebung des DIW.

Der Anteil der Verbrauchsgüterindustrie an den Warenlieferungen nach § 6c BerlinFG ist mit 19 vH relativ gering. Aber auch in diesem Bereich haben einzelne Zweige ihre intraregionalen Lieferungen in der betrachteten Periode sehr stark ausgeweitet. Dies gilt insbesondere für die kunststoffverarbeitende Industrie (+ 41 vH) sowie für die Zweige Papier (+ 41 vH) und Druck (+ 31 vH). Die überdurchschnittliche Expansion der Lieferungen von Kunststoff- und Papiererzeugnissen bestätigt das in der Umfrage bekundete verstärkte Interesse der verpackungsintensiven Unternehmen, aber auch der Verlage, am Bezug entsprechender Materialien aus Berlin. Den Angaben einiger papierverarbeitender Unternehmen zufolge enthalten die angegebenen Lieferungen auch in Berlin hergestelltes Schreib- und Büromaterial. Für diese Lieferungen wurde auf ausdrücklichen Wunsch der Berliner Kunden eine Vorleistungsquote bescheinigt, auch wenn anzunehmen war, daß diese Lieferungen - sofern sie nicht unmittelbar in der Fertigung eingesetzt werden - nicht in der Wertschöpfungsberechnung des Abnehmers berücksichtigt werden können. Die Druckereibetriebe führen den Umsatzzuwachs auf zunehmende Aufträge von Berliner Verlagen, aber auch von Unternehmen zurück, die ihren Produkten Betriebs- oder Gebrauchsanweisungen beilegen (pharmazeutische Produkte, Kosmetikartikel, elektrotechnische Investitions- und Gebrauchsgüter).

Die Unternehmen mit 50 bis 100 Beschäftigten haben ihre Lieferungen nach § 6c BerlinFG im Durchschnitt am stärksten ausgeweitet - zwischen 1982 und 1985 um 50 vH auf etwa 200 Mill. DM. Kaum schwächer war das Wachstum bei den kleineren Unternehmen, während in den Großunternehmen mit 500 und mehr Beschäftigten ein Rückgang - insbesondere von 1984 auf 1985 - zu verzeichnen war. Trotz des rückläufigen Liefervolumens vereinigten diese Unternehmen allerdings noch immer 40 vH aller Lieferungen auf sich.

Das Volumen der **Sonstigen Leistungen** nach § 6c BerlinFG, die von den beteiligten 77 Unternehmen für andere Firmen in der Stadt durchgeführt wurden, belief sich im Jahre 1985 auf etwa 240 Mill. DM, ein Fünftel mehr als 1982. Der Schwerpunkt der Werkleistungen liegt, anders als bei den Warenlieferungen, im Investitionsgüterbereich. Hier wurden 1985 nach einer weit überdurchschnittlichen Zunahme in den beiden vorangegangenen Jahren zwei Drittel aller Werkleistungen erbracht (Tabellen 2.25

Tabelle 2.25

Sonstige Leistungen nach § 6c BerlinFG der an der Untersuchung beteiligten Unternehmen des verarbeitenden Gewerbes

Wirtschaftsgruppe / Größenklasse	Zahl der Unternehmen	in Mill. DM				Struktur in vH				Veränderung gegenüber dem Vorjahr in vH		
		1982	1983	1984	1985	1982	1983	1984	1985	1983/1982	1984/1983	1985/1984
Grundstoffe und Produktionsgüter	3	41,8	31,8	24,3	22,3	37,1	27,6	20,2	16,0	- 24,0	- 23,6	- 8,2
Investitionsgüter	39	50,5	59,0	67,9	88,2	44,8	51,4	56,6	63,2	+ 16,9	+ 15,0	+ 29,9
Verbrauchsgüter	34	20,4	23,8	26,2	27,1	18,1	20,7	21,9	19,4	+ 16,4	+ 10,2	+ 3,4
Nahrungs- und Genußmittel	1	0,0	0,4	1,5	1,9	0,0	0,3	1,2	1,4	0,0	+ 294,2	+ 28,8
Verarbeitendes Gewerbe insgesamt	77	112,7	115,0	120,0	139,6	100,0	100,0	100,0	100,0	+ 2,0	+ 4,3	+ 16,4
davon: Unternehmen mit ... Beschäftigten												
1 bis 19	31	6,3	8,4	10,2	11,2	8,7	10,0	10,5	9,5	+ 34,8	+ 20,8	+ 9,9
20 bis 49	15	5,4	5,9	7,0	8,5	7,6	7,0	7,2	7,2	+ 8,3	+ 18,6	+ 21,3
50 bis 99	10	12,9	13,7	14,2	14,0	17,9	16,2	14,6	11,8	+ 6,3	+ 3,4	- 1,5
100 bis 199	10	21,1	26,1	29,7	38,3	29,4	31,0	30,6	32,3	+ 23,7	+ 13,6	+ 29,2
200 bis 499	5	1,1	1,6	5,3	13,8	1,5	1,9	5,4	11,6	+ 47,8	+ 220,5	+ 162,5
500 bis 999	1	10,0	11,1	13,2	11,6	13,9	13,1	13,6	9,8	+ 10,9	+ 19,3	- 11,9
über 1 000	3	15,1	17,4	17,5	21,2	21,0	20,7	18,0	17,9	+ 15,6	+ 0,2	+ 21,3

Quelle: Erhebung des DIW.

und A 2.28). Die größte Bedeutung haben Werkleistungen aus der Stahlverformung; die Unternehmen dieser Branche veredeln Oberflächen, drehen, fräsen und schleifen beigestellte Halbfertigwaren und haben ihre begünstigten Leistungen innerhalb der betrachteten drei Jahre verdoppelt. Deutlich langsamer gestiegen sind die Werkleistungen der Elektrotechnik - von 13 Mill. DM im Jahre 1982 auf 19 Mill. DM im Jahre 1985. Dort werden im Lohnauftrag Kabel gefertigt sowie Instandsetzungs-, Wartungs- und Lackierarbeiten ausgeführt. In den Branchen Maschinenbau und Stahlbau werden vielfältige, teilweise "branchenfremde" Werkleistungen erbracht. In der Reihenfolge ihrer Bedeutung sind dies: Montagearbeiten von Geräten der Büromaschinenindustrie, mechanische und Wärmebehandlung, spanabhebende Arbeiten, Reparatur- und Datenverarbeitungsarbeiten. Die Werkleistungen der Büromaschinen- und EDV-Industrie bestehen hauptsächlich aus EDV-Beratungsleistungen für andere Berliner Unternehmen. Ihr Volumen ist etwa gleich geblieben.

Auch im Verbrauchsgüterbereich, wo vorrangig Lohnaufträge im Drucken, Veredeln von Textilien und Nähen ausgeführt werden, hat sich das Leistungsvolumen während des Beobachtungszeitraums deutlich erhöht. Im Durchschnitt aller Zweige betrug der Zuwachs etwa 30 vH. Er ist vor allem darauf zurückzuführen, daß die an der Befragung beteiligten Lohngewerbebetriebe im Bekleidungsgewerbe (Zwischenmeister) ihre Werkleistungen stark ausgeweitet haben.

Differenziert nach der Größe der Unternehmen zeigt sich, daß zwei Fünftel aller Werkleistungen in mittleren Unternehmen mit 100 bis 200 Beschäftigten erstellt wurden, ein weiteres Fünftel in Großunternehmen mit über 1000 Beschäftigten. Diese Relationen haben sich in den vier untersuchten Jahren kaum geändert.

Außerhalb des verarbeitenden Gewerbes wurden sonstige Leistungen insbesondere von den Gebäudereinigern erstellt. Sie erbringen etwa 90 Mill. DM, die als sonstige Leistungen anrechenbar sind. Nennenswert sind daneben wirtschaftliche Beratungstätigkeit, Datenverarbeitung und Soft-ware-Entwicklung sowie Werbegestaltung.

2.2.2 Reaktionen der vorleistenden Unternehmen auf die Novellierung der Herstellerpräferenz

Von den rund 516 Unternehmen, die Vorleistungen nach § 6 c BerlinFG bescheinigen, haben rund 90 versucht, ihr Absatzvolumen in der Stadt durch betriebliche Maßnahmen auszuweiten; fast alle diese Unternehmen gehören dem verarbeitenden Gewerbe an. Dabei sind insbesondere Unternehmen des Druckgewerbes und des Maschinenbaus aktiv geworden. Zudem haben auffallend viele kleinere Unternehmen Maßnahmen ergriffen (Tabelle 2.26).

Etwa die Hälfte der Unternehmen hat in den letzten Jahren die Akquisitionsbemühungen verstärkt, um bestehende Lieferbeziehungen auszubauen oder neue Kunden zu gewinnen. Dabei wurde allerdings die geänderte Anrechnung bei der Wertschöpfung der Berliner Kunden meist nicht explizit als Vertriebsparameter verwendet. Auch haben nur wenige Unternehmen die Vorleistungsbörse der IHK genutzt.

Fast ebenso häufig wie Akquisition wurden Erweiterungs- und Rationalisierungsinvestitionen als Reaktion auf die Novellierung genannt, die sowohl eine Ausweitung der Produktionskapazität als auch der Produktpalette zur Folge hatte. Die Investitionen betrafen in der Regel bestehende Betriebe in Berlin und sind hauptsächlich in den Unternehmen der Stahlverformung/Oberflächenbehandlung getätigt worden, während die Unternehmen des Druckgewerbes vornehmlich ihre Akquisitionsbemühungen - vor allem bei den Berliner Verlagen - ausgedehnt haben. Offenbar haben in dieser Branche schon genügend Kapazitäten bestanden, die nun durch ein gestiegenes Auftragsvolumen besser ausgelastet werden.

Verschiedentlich ist es größeren Nachfragern nach Vorleistungen gelungen, Unternehmen im Bundesgebiet zur Gründung von Produktionsstätten in Berlin zu bewegen. Nach den vorliegenden Informationen handelt es sich dabei vor allem um Betriebe der Papierverarbeitung und des Druckgewerbes. Einige dieser Betriebe sind allerdings inzwischen wieder geschlossen worden, weil sie sich zu stark von einem einzelnen Großabnehmer abhängig gemacht haben und dieser sein Bezugsprogramm bereits nach kurzer Zeit geändert hat.

Tabelle 2.26

Zahl und Struktur der Unternehmen des verarbeitenden Gewerbes, die Maßnahmen durchgeführt und/oder geplant haben, um ihre Lieferungen und sonstigen Leistungen nach § 6c BerlinFG auszuweiten

Wirtschaftsgruppe Größenklasse	Zahl der Unternehmen	davon: Unternehmen, die Maßnahmen ...	
		... durchgeführt haben	... geplant haben
Grundstoffe und Produktionsgüter	56	17	14
Investitionsgüter	196	37	27
Verbrauchsgüter	182	37	38
Nahrungs- und Genußmittel	21	2	1
Verarbeitendes Gewerbe insgesamt	**455**	**93**	**80**
davon:			
Unternehmen mit ... Beschäftigten			
1 bis 19	200	27	30
20 bis 49	79	16	17
50 bis 99	56	17	14
100 bis 199	46	10	6
200 bis 499	28	8	6
500 bis 999	11	1	1
über 1 000	10	2	1

Quelle: Erhebung des DIW.

Diejenigen Unternehmen, deren Warenlieferungen oder Werkleistungen im Beobachtungszeitraum gestiegen sind, wurden zusätzlich nach den Gründen für diese Umsatzausweitung befragt. Fast drei Viertel der Unternehmen führten die positive Entwicklung auf die allgemeine Verbesserung der wirtschaftlichen Situation zurück. Lediglich für ein Viertel der Unternehmen ergab sich die Umsatzausweitung gleichzeitig oder ausschließlich aufgrund der geänderten Anrechnung ihrer Lieferungen beim Berliner Kunden oder aufgrund eigener Anstrengungen.

Die Frage, ob Maßnahmen für die Zukunft geplant sind, um die Lieferungen nach § 6c BerlinFG auszudehnen, haben etwa 80 der befragten Unternehmen bejaht. Meist sind es jene, die bereits Maßnahmen durchgeführt haben. In der Regel entsprechen die geplanten Maßnahmen den schon durchgeführten, d.h. es ist geplant, Investitionen zur Ausweitung der Kapazität und der Produktpalette vorzunehmen oder durch verstärkte Akquisition bestehende Anlagen besser auszulasten.

2.2.3   Vorleistungsquote und betriebliche Wertschöpfungsquote

Die Anrechnung der Berliner Warenbezüge nach Maßgabe der individuellen Vorleistungsquote des Berliner Vorleisters wurde 1982 eingeführt, um den Anteil der in Berlin erbrachten Leistung auf einfache Weise hinlänglich genau erfassen zu können. Durch eine zusätzliche Rundungsvorschrift soll vermieden werden, daß der Berliner Vorleister betriebliche Daten preisgeben muß, die dem Abnehmer Vergleiche mit Wettbewerbern ermöglichen.

Im vorliegenden Zusammenhang ist vor allem die Frage wichtig, ob die Vorleistungsquote in der gegenwärtigen Ausgestaltung eine aussagekräftige Größe für die betriebliche Wertschöpfungsquote der Unternehmen ist. In den Vergleich der beiden Quoten wurden alle Unternehmen einbezogen, die ihre Arbeitslöhne, ihr Wertschöpfungsvolumen und ihren wirtschaftlichen Umsatz genannt haben, unabhängig davon, ob sie tatsächlich Warenlieferungen im Sinne des § 6c BerlinFG bescheinigt haben oder nicht.

In den Jahren 1983 und 1984 -den ersten beiden Jahre, für die derartige Vergleichsrechnungen möglich sind - betrug die Vorleistungsquote im Durchschnitt des verarbeitenden Gewerbes 30 vH, im Jahre 1985 25 vH. Sie lag damit durchweg unter der betrieblichen Wertschöpfungsquote, wenn auch in unterschiedlichem Maße. Für 1985 wurde die betriebliche Wertschöpfungsquote besonders stark unterschätzt (Tabellen 2.27 und A 2.29) - eine Erscheinung, die wohl vor allem damit zusammenhängt, daß die konjunkturell bedingte Steigerung der Gewinne sich zwar in der Entwicklung der Wertschöpfungsquote, nicht aber in der Entwicklung der Vorleistungsquote niedergeschlagen hat.

Der größte Abstand ist bei den Verbrauchsgüterherstellern zu verzeichnen, die eine durchschnittliche betriebliche Wertschöpfungsquote von 38 vH aufweisen, deren Lieferungen von den Berliner Abnehmern aber nur zu 30 vH angerechnet werden können. Im Nahrungs- und Genußmittelbereich stimmt die Vorleistungsquote - zumindest in den beiden letzten Jahren - mit der betrieblichen Wertschöpfungsquote weitgehend überein.

Für die einzelnen Vorleistungsbranchen in der Stadt fällt der Vergleich von Vorleistungs- und Wertschöpfungsquote höchst unterschiedlich aus. Bei Stahlverformung, Stahlbau, EBM-Waren und Kunststoffverarbeitung weicht die Vorleistungsquote um bis zu 22 vH-Punkte nach unten ab. Dagegen wird die Wertschöpfungsquote der Branchen Elektrotechnik, Feinmechanik und Ernährung durch die Vorleistungsquote recht genau abgebildet. Eine Ausnahme stellt der besonders lohnintensive Maschinenbau dar; dort übertrifft die Vorleistungsquote die Wertschöpfungsquote (51 vH) um knapp 5 vH-Punkte.

Außerordentlich unterschiedlich ist die Relation der beiden Quoten in den einzelnen Betriebsgrößenklassen. So wird die betriebliche Wertschöpfungsquote bei den Kleinunternehmen mit bis zu 49 Beschäftigten am stärksten - teilweise um deutlich mehr als 10 vH-Punkte - unterschätzt, und auch bei den Unternehmen mit 50 bis 100 Beschäftigten liegt die tatsächliche Quote im Durchschnitt um 8 vH-Punkte über der Vorleistungsquote. Bei den Großunternehmen differieren dagegen Vorleistungsquote und betriebliche Wertschöpfungsquote kaum. Diese Diskrepanz ist wohl in erster Linie darauf zurückzuführen, daß die Einkommen der Unternehmer und der mithelfenden Familienangehörigen, die in den kleinen Unternehmen einen relativ großen Anteil an der Wertschöpfung haben, meist nicht in der Bemessungsgrundlage "Lohn- und Gehaltsumme" enthalten sind.

Tabelle 2.27

**Höhe der Vorleistungsquote nach § 6c BerlinFG und Abweichung
der Vorleistungsquote von der betrieblichen Wertschöpfungsquote**

Wirtschaftsgruppe Größenklasse Unternehmenssitz	Zahl der Unter- nehmen	Vorleistungsquote in vH			Differenz Vorleistungs- quote ./. betriebliche Wertschöpfungsquote in vH-Punkten*		
		1983	1984	1985	1983	1984	1985
Grundstoffe und Produktionsgüter	43	30,0	30,0	30,0	− 4,0	− 3,4	− 3,6
Investitionsgüter	128	35,0	35,0	30,0	− 0,7	− 1,0	− 3,2
Verbrauchsgüter	91	30,0	30,0	30,0	− 7,8	− 8,0	− 6,5
Nahrungs- und Genußmittel	43	15,0	15,0	15,0	− 3,4	− 1,2	+ 0,6
Verarbeitendes Gewerbe insgesamt	**305**	**30,0**	**30,0**	**25,0**	**− 1,7**	**− 1,0**	**− 4,1**
davon:							
Unternehmen mit ... Beschäftigten							
1 bis 19	27	25,0	30,0	30,0	− 9,9	− 7,8	− 9,5
20 bis 49	75	30,0	30,0	25,0	− 7,9	− 7,1	− 12,8
50 bis 99	62	25,0	25,0	25,0	− 8,4	− 7,7	− 7,2
100 bis 199	60	25,0	20,0	20,0	− 0,9	− 1,6	− 3,0
200 bis 499	40	25,0	25,0	25,0	− 5,0	− 2,4	− 4,2
500 bis 999	22	20,0	20,0	20,0	− 3,8	− 6,5	− 2,4
über 1 000	19	35,0	35,0	30,0	0,0	+ 0,4	− 1,6
davon:							
Unternehmen mit Sitz ...							
... außerhalb Berlins	112	25,0	25,0	20,0	− 2,2	− 1,4	− 4,3
... in Berlin	193	45,0	40,0	40,0	− 1,3	− 6,2	− 5,8

* Negatives Vorzeichen: Die Vorleistungsquote ist niedriger als die betriebliche Wertschöpfungsquote. Positives Vorzeichen: Die Vorleistungsquote ist höher als die betriebliche Wertschöpfungsquote.
Quelle: Erhebung des DIW.

3 Bewertung der Novellierung der Herstellerpräferenz auf der Basis der Befragungsergebnisse

Bei einer Untersuchung der Wirkungen, die von der Novellierung der Herstellerpräferenz im Jahre 1982 ausgegangen sind, ist zu unterscheiden zwischen Wirkungen, die nach dreijähriger Laufzeit des neuen Gesetzes einigermaßen sicher zu erkennen sind und Wirkungen, die sich nach einer solch kurzen Zeitspanne erst abzuzeichnen beginnen, mithin noch nicht endgültig zu beurteilen sind.

Klare Ergebnisse hat die Untersuchung in folgenden Punkten erbracht:

o Die Präferenzreform war kostenneutral. Ohne Übergangsregelung wären die Steuerausfälle aufgrund §§ 1 ff BerlinFG sogar zurückgegangen.

o Die Verteilung der steuerlichen Vergünstigungen hat sich durch die Novellierung spürbar verändert: Berliner Unternehmen haben zu Lasten außerhalb der Stadt ansässiger Unternehmen, kleine und mittlere Unternehmen zu Lasten großer Unternehmen von der Neuregelung profitiert.

o Die ganz überwiegende Mehrheit der Unternehmen - auch derjenigen, deren Präferenzposition sich durch die Reform verschlechtert hat - sieht die wertschöpfungsorientierte Regelung als gesamtwirtschaftlich vernünftig an und akzeptiert die Herstellerpräferenz in ihrer jetzigen Ausgestaltung.

o Wertschöpfungsberechnung und Präferenzabwicklung werden im allgemeinen als problemlos angesehen und sind mit vertretbarem Aufwand zu handhaben.

Weniger eindeutig und quantitativ nur schwer nachzuvollziehen ist der Einfluß der Novellierung auf unternehmenspolitische Entscheidungen und deren Ergebnisse. Zu den grundsätzlichen Schwierigkeiten bei der Isolierung derartiger Wirkungszusammenhänge kommt im vorliegenden Fall hinzu, daß die wirtschaftliche Entwicklung in den betrachteten Jahren 1983 bis 1985 durch den konjunkturellen Aufschwung geprägt war und präferenzinduzierte Veränderungen von Niveau und Struktur der wirtschaftlichen Tätigkeit möglicherweise durch entgegengesetzte überbetriebliche Tendenzen verdeckt werden.

Immerhin hat eine bemerkenswert große Zahl von Unternehmen angegeben,

o   mehr als unter den Bedingungen des alten Präferenzsystems nach Möglichkeiten zur Modernisierung von Produktprogramm und Maschinenpark zu suchen und

o   sich jetzt stärker in Berlin zu engagieren - unternehmensintern durch Vertiefung der Produktion und durch Schaffung höherwertiger Arbeitsplätze, unternehmensextern durch Ausweitung der Waren- und Dienstleistungsbezüge aus der Stadt.

Die quantitativen Ergebnisse der Untersuchung bestätigen diese Aussagen insofern, als sich betriebliche Wertschöpfung, Tätigkeitsstruktur und Vorleistungsbezug bei den entsprechenden Unternehmen tendenziell eher im Sinne der Zielsetzung der Novellierung entwickelt haben als bei Unternehmen, die nicht auf die Änderung der Förderungsvorschriften reagieren wollten oder konnten. Dies läßt den Schluß zu, daß die in der neuen Herstellerpräferenz verankerten Anreize grundsätzlich in die gewünschte Richtung wirken.

In der Gesamtbetrachtung werden die bei einem Teil der Unternehmen beobachteten positiven Effekte bislang allerdings nicht sichtbar:

o   Die betriebliche Wertschöpfungsquote des Berliner verarbeitenden Gewerbes ist von 1983 bis 1985 gefallen. Für die beiden Jahre 1986 und 1987 liegen zwar nur vereinzelt Daten vor; diese sowie die Aussagen einer größeren Zahl von Unternehmen weisen aber darauf hin, daß sich der abwärts gerichtete Trend bis zuletzt fortgesetzt hat. Die zentrale Zielgröße der Novellierung hat sich damit nicht so entwickelt wie erhofft. Freilich: Um den Einfluß der Präferenzänderung auf diese Entwicklung erkennen zu können, müßten wertschöpfungsverändernde Faktoren, die von den Unternehmen selbst kaum zu beeinflussen sind und die auch in anderen Regionen wirksam sind - wie technologisch bedingte Zunahme der Arbeitsteilung im Investitionsgüterbereich und Steigerungen der Rohstoffpreise bei Nahrungs- und Genußmitteln - sowie regionale Besonderheiten der Produktions- und Produktstruktur eliminiert werden.

Eine Quantifizierung dieser Einflüsse ist zwar nicht möglich; Anhaltspunkte vermittelt aber ein Entwicklungsvergleich der Wertschöpfungsquoten in Berlin und im Bundesgebiet, der im Rahmen dieser Arbeit erstmals möglich wurde[9]. Dieser Vergleich ergibt folgendes Bild[10]:

In der Zeit von 1976 bis 1985 ist die durchschnittliche Wertschöpfungsquote im gesamten Bundesgebiet von 36 vH auf 33 vH gefallen, also lediglich um 3 vH-Punkte; der rückläufige Trend setzte dabei erst Ende der siebziger Jahre ein (Tabelle A 3.1). In den Jahren 1983 bis 1985 - dem Zeitraum, für den aus der vorliegenden Untersuchung Wertschöpfungsquoten für Berlin verfügbar sind - betrug der Rückgang im Bundesgebiet 0,7 vH-Punkte, in Berlin dagegen 2,6 vH-Punkte, also das Vierfache (Tabelle 3.1). Die im interregionalen Vergleich ohnehin geringe Wertschöpfungsquote Berlins ist mithin in den ersten drei Jahren der neuen Präferenzregelung weiter hinter die des Bundesgebiets zurückgefallen: 1983 erreichte die Wertschöpfungsquote des Berliner verarbeitenden Gewerbes 94 vH des Bundesdurchschnitts, 1985 waren es nur noch 88 vH[11]. Überschlägige Rechnungen für Hamburg und Bremen weisen darauf hin, daß der Abstand gegenüber industriellen Ballungsgebieten noch erheblich größer ist.

Eine branchenspezifische Betrachtung zeigt höchst unterschiedliche Tendenzen (Tabelle A 3.2). Bei einer größeren Zahl von Industriezweigen ist die Wertschöpfungsquote in der Stadt höher als im Bundesgebiet und zugleich weniger stark gefallen. Dies gilt insbesondere für kleinere Branchen, aber auch für die chemische Industrie - dort sicherlich darauf zurückzuführen, daß die wertschöpfungsarmen Unternehmen der Mineralölverarbeitung und der Grundstoffchemie im Bundesgebiet weitaus stärker vertreten sind als in Berlin.

Andererseits ist die Wertschöpfungsquote im Straßenfahrzeugbau, in der Elektrotechnik, im Druckgewerbe und im Ernährungsgewerbe in Berlin erheblich schneller zurückgegangen als in der gesamten Volkswirtschaft. Bringt der regionale Rückstand im Niveau der Wertschöpfungsquote vor allem die für Berlin meist ungünstige regionale Arbeitsteilung zum Ausdruck, so zeigt die Diskrepanz in der Entwicklung der entsprechenden Quoten, daß die expansiven Funktionsbereiche der Unternehmen in den betreffenden Branchen mehr im übrigen Bundesgebiet angesiedelt sind als in Berlin[12].

Tabelle 3.1

**Vergleich der betrieblichen Wertschöpfungsquoten
in Berlin und in der Bundesrepublik Deutschland 1983 bis 1985**

Wirtschaftsgruppe Größenklasse	Wertschöpfungsquote im Bundesgebiet 1) in vH			Wertschöpfungsquote in Berlin in vH der Wertschöpfungsquote im Bundesgebiet		
	1983	1984	1985	1983	1984	1985
Grundstoffe und Produktionsgüter	25,7	25,6	25,4	132,3	130,5	132,3
Investitionsgüter	41,2	40,5	40,1	86,7	88,9	82,8
Verbrauchsgüter	38,8	37,9	37,4	97,4	100,3	97,6
Nahrungs- und Genußmittel	21,0	19,8	19,8	87,6	81,8	72,7
Verarbeitendes Gewerbe insgesamt	**33,6**	**32,9**	**32,9**	**94,3**	**94,2**	**88,4**
davon:						
Unternehmen mit ... Beschäftigten						
20 bis 49	37,1	36,2	36,6	102,2	102,5	103,3
50 bis 99	36,8	36,1	35,3	90,8	90,6	91,2
100 bis 199	33,5	33,1	32,9	77,3	65,3	69,9
200 bis 499	34,3	33,1	32,2	87,5	82,8	90,7
500 bis 999	34,2	33,2	31,3	69,6	79,8	71,6
über 1 000	33,4	32,9	31,0	104,8	105,2	101,9

1) Nettowertschöpfung zu Faktorkosten, Abschreibungen, Mieten und Pachten in vH des verbrauchsteuerbereinigten Bruttoproduktionswertes.

Quellen: Statistisches Bundesamt; Erhebung des DIW.

o   Der Anteil aus Berlin bezogener Waren an der Wertschöpfung hat sich
    zwischen 1983 und 1985 sowohl in der Industrie insgesamt als auch in
    den meisten Branchen kaum erhöht.

    Dies ist insofern überraschend, als die Einbeziehung Berliner Vorlei-
    stungen in die Wertschöpfungsberechnung von den meisten Unterneh-
    men als ein wesentliches Element der Novellierung betrachtet wird.
    Sie unterstützt die ohnehin vorhandene Tendenz, Vorlieferanten aus
    logistischen Gründen in der Nähe der Fertigung zu suchen und ist daher
    nicht nur aus präferenzpolitischen Gründen interessant.

    Bei den Unternehmen, die in stärkerem Maße Vorleistungen aus Berlin
    beziehen können und wollen, scheitern entsprechende Pläne allerdings
    häufig daran, daß die benötigten Produkte in der Stadt entweder
    überhaupt nicht oder nicht zu akzeptablen Konditionen angeboten
    werden. Die vielfach mangelnde Konkurrenzfähigkeit Berliner Vorlei-
    stungsbetriebe - vor allem im Metallbereich - wird auf veraltete
    Produktionsverfahren und zu kleine Serien zurückgeführt. Multiregio-
    nal tätige Unternehmen klagen auch darüber, daß die Berliner Zuliefe-
    rer vielfach verlängerte Werkbänke einzelner Abnehmer darstellen,
    während der Trend im Bundesgebiet zum selbständigen Vorleister mit
    eigener Entwicklungsabteilung und Qualitätskontrolle geht, der nicht
    nur an einen Kunden liefert. Dies dürfte ein Grund dafür sein, daß
    Vorleistungsbetriebe, die in den letzten Jahren neu angesiedelt wurden
    oder ihre Kapazitäten in der Stadt ausgeweitet haben, in der Regel
    eine unterdurchschnittliche Fertigungstiefe aufweisen und einen ver-
    gleichsweise geringen Bedarf an qualifizierten Arbeitskräften haben.

    Von Engpässen auf der Angebotsseite einmal abgesehen, sind offenbar
    auch die in der Präferenz verankerten Anreize zu schwach, um
    stärkere Nachfrageimpulse auszulösen. Besonders unbefriedigend ist,
    daß nach der geltenden Regelung insbesondere Vorleistungsbezüge von
    kleinen Unternehmen weniger präferenziert werden als nach der in
    ihnen enthaltenen Berliner Wertschöpfung möglich.

o   Der Beitrag produktionsorientierter Dienste aus Berlin zur industriel-
    len Wertschöpfung hat zumindest bis 1985 nicht signifikant zugenom-
    men. Abgesehen davon, daß externe Dienste heute generell noch einen
    relativ kleinen Teil der gesamten Vorleistungen ausmachen, spielt hier
    sicherlich eine Rolle, daß die multiregional tätigen Unternehmen ihre

diensteintensiven Funktionen regelmäßig an westdeutschen Standorten haben und kleine bzw. mittlere heimische Firmen die Notwendigkeit derartiger Dienste noch nicht immer erkennen.

o Die besondere Gewichtung von Einkommen, die über der Bemessungsgrenze der Rentenversicherung liegen, in der Wertschöpfungsberechnung hat bisher nicht zu einer Aufstockung der Zahl entsprechender Arbeitskräfte in der Berliner Industrie geführt; deren Anteil an allen Beschäftigten ist sogar gefallen. Gleichzeitig hat allerdings die Zahl der beschäftigten Hochschulabsolventen zugenommen. Die geltende Abschneidegrenze dürfte also zu hoch sein, um auch hochqualifizierte Nachwuchskräfte in der Mehrfachgewichtung zu berücksichtigen. Davon betroffen sind vor allem junge Unternehmen aus dem Hochtechnologie-Bereich, die verhältnismäßig viele Akademiker beschäftigten, jedoch noch nicht immer in der Lage sind, Spitzenlöhne zu bezahlen. Davon abgesehen verwenden noch zu wenige Unternehmen die teilweise erheblichen novellierungsbedingten Präferenzgewinne zur Stärkung ihrer Wettbewerbsfähigkeit, zum Beispiel durch Einstellung von Forschern und Entwicklern oder durch Aufbau eines eigenen Marketings.

o Die dreifache Anrechnung der Vergütungen für Auszubildende auf die Berliner Wertschöpfung ist nur für wenige Unternehmen ein Anreiz zur Einrichtung zusätzlicher Ausbildungsplätze. Dies ist zunächst deshalb enttäuschend, weil ein wichtiges Ziel der Maßnahme - die Unternehmen in einer Phase ungewöhnlich hoher Nachfrage nach Ausbildungsstellen dazu zu veranlassen, verstärkt und auch über ihren eigenen Bedarf hinaus auszubilden - nicht erreicht wurde[13]. Gravierender für die längerfristigen Perspektiven der Berliner Industrie ist jedoch, daß es - zumindest innerhalb der Betrachtungsperiode - nicht gelungen ist, die unterdurchschnittliche Ausbildungsquote der Berliner Industrie über indirekte finanzielle Vergünstigungen an die des Bundesgebietes heranzuführen. Im Gegenteil: Der Rückstand Berlins hat sich zwischen 1983 und 1986 noch erhöht.

Die insgesamt geringe Wirksamkeit der besonderen Gewichtung der Ausbildungsvergütungen dürfte bei einem Teil der Unternehmen darauf zurückzuführen sein, daß der Präferenzeffekt der Maßnahme nicht attraktiv genug ist. Hinzu kommt aber auch, daß relativ viele Unternehmen in der Stadt - vor allem diejenigen, die hier lediglich Fertigungsstätten unterhalten und einen überdurchschnittlich hohen Anteil ungelernter Arbeitskräfte beschäftigen - nur geringe Möglichkeiten (und Veranlassung) zur Ausbildung von Fachkräften haben.

o   Ein Problem von durchaus beachtenswerter Dimension stellt die Möglichkeit zur Verlagerung von Gewinnen zwischen den umsatzsteuerrechtlich selbständigen Teilen eines Unternehmensverbundes dar. Auf diese Weise werden einmal - wie beim subtraktiven Berechnungsverfahren - Wertschöpfungsquote und Präferenzsatz, zum anderen Umsatzwert und Bemessungsgrundlage für Hersteller- und Abnehmerpräferenz über das wirtschaftlich begründete Maß hinaus erhöht. Einzelnen Unternehmen gelingt es sogar erst durch diese Praxis, die Mindestwertschöpfungsquote zu erreichen und damit die Absatzförderung in Anspruch nehmen zu können.

In den letzten Jahren hat die Bedeutung derartiger Transaktionen offenbar zugenommen. Daraus folgt für die gesamtwirtschaftliche Betrachtung, daß sich die in den präferenzierten Lieferungen enthaltene Berliner Wertschöpfung - und damit zugleich die Effizienz der Förderung - ungünstiger entwickelt hat als nach den steuerlich relevanten Berechnungen.

Wenn die Größenordnung der insgesamt erzielten Effekte der Novellierung bislang noch gering ist, so dürfte dies unter anderem damit zu erklären sein, daß sich unternehmenspolitische Absichten - zum Beispiel wegen bestehender vertraglicher Verpflichtungen, wegen planerischer Erfordernisse oder wegen temporärer Engpässe auf dem regionalen Arbeits- und Vorleistungsmarkt - häufig nur auf mittlere Frist realisieren lassen. Sie schlagen sich deshalb zumindest teilweise erst nach Jahren in den betrieblichen Daten nieder und sind kurzfristig statistisch nicht nachzuweisen.

Hinzu kommen jedoch zwei weitere Gründe: Einmal reagieren vor allem solche Unternehmen, die aufgrund ihres Fertigungsprogramms und ihrer wirtschaftlichen Bedeutung in der Lage sind, sich stärker in der Stadt zu engagieren, vielfach kaum auf die Anreize der neugestalteten Herstellerpräferenz.

Zum anderen expandieren Unternehmen mit geringer Wertschöpfungsquote - das sind in der Regel auswärtige Unternehmen, die in Berlin standardisierte Massenproduktionen betreiben - nach wie vor weit überdurchschnittlich. Auch die Neuansiedlungen finden zu einem nicht unerheblichen Teil in äußerst kapitalintensiven Bereichen mit relativ geringer Fertigungstiefe statt.

Derartige Entwicklungen sind schon seit längerem zu beobachten und sicherlich keine Folge der Novellierung der Herstellerpräferenz im Jahre 1982. Erwartet wurde jedoch damals, daß durch die teilweise erhebliche Verringerung der Fördersätze mit entsprechenden Präferenzeinbußen die Anziehungskraft des Standorts Berlin auf flache Fertigungen abnimmt und die Effizienz der eingesetzten Steuermittel insofern steigt. Diese Erwartungen sind - von dem Niveaueffekt aufgrund der Umstellung des Präferenzsystems einmal abgesehen - weitgehend enttäuscht worden.

Zwar wirkt sich die Präferenzreform bei den "Verlierern" erst nach Auslaufen der Übergangsregelung im Jahre 1987 voll aus. Die vorliegenden Daten über die Investitionstätigkeit und die Aussagen der Unternehmer im Rahmen der Expertengespräche weisen indes darauf hin, daß die Produktion in Berlin auch künftig eher ausgeweitet als eingeschränkt werden wird. Selbst bei einer reduzierten Sockelförderung von 3 vH - und unveränderter Abnehmerpräferenz nach § 2 BerlinFG von 4,2 vH - ist es also für die Hersteller von Massenerzeugnissen interessanter, in Berlin zu expandieren als an anderen Standorten. Bei Kakaohalberzeugnissen und Röstkaffee (Anhang C) ist allerdings zu berücksichtigen, daß die 1982 vorgenommene Senkung der Herstellerpräferenz durch die gleichzeitige Anhebung der - geminderten - Beitragsbemessungsgrenze für die Präferenz des westdeutschen Abnehmers weitgehend kompensiert wurde. Die anhaltend überdurchschnittliche Steigerung der Lieferungen von Produkten mit geringer Berliner Wertschöpfung ist vielfach verbunden mit einer Konzentration der entsprechenden Fertigungen auf Berlin.

Dies gilt insbesondere für Röstkaffee und Zigaretten; dort hat sich der Anteil Berlins an der gesamten zum Absatz bestimmten Inlandsproduktion - nur für diesen Teil der industriellen Leistung liegen Informationen vor - innerhalb der betrachteten vier Jahre wertmäßig um jeweils 14 vH-Punkte erhöht und lag 1986 bei 68 vH bzw. 59 vH (Tabelle 3.2). Aber auch bei einzelnen Schokoladen-Enderzeugnissen hat die Produktion in Berlin absolut wie im Vergleich mit dem übrigen Bundesgebiet kräftig, teilweise sprunghaft zugenommen; beim quantitativ bedeutendsten Erzeugnis, der massiven Tafelschokolade, stammen inzwischen mehr als 40 vH der deutschen Produktion aus Berlin.

Von den im Inland produzierten Kakaohalberzeugnissen kamen schon vor der Novellierung insgesamt mehr als vier Fünftel aus Berlin. Gleichwohl ist die zum Absatz bestimmte Produktion dieser Erzeugnisse hier auch in den letzten Jahren nochmals schneller gestiegen als im übrigen Bundesgebiet. Bemerkenswert erscheint dabei, daß insbesondere die Produktion der extrem wertschöpfungsarmen Kakaomasse kontinuierlich und sehr kräftig ausgeweitet wurde; sie hat sich in der Zeit von 1982 bis 1986 mengenmäßig verdoppelt und wertmäßig sogar verdreifacht. Absolut wie relativ rückläufig war dagegen nach 1982 die wertschöpfungsintensivere Produktion von Schokoladenmassen. Diese Verschiebung in der Produktstruktur dürfte nicht zuletzt darauf zurückzuführen sein, daß eine Mindestwertschöpfungsquote von 10 vH als generelle Voraussetzung für die Präferenzgewährung von Unternehmen der Kakaoverarbeitung seit der Novellierung nicht mehr gefordert wird.

Anders ist die Situation bei bestimmten Fleischerzeugnissen und bei Spirituosen, deren Produktion in Berlin - absolut wie im Vergleich zum Bundesgebiet - deutlich zurückgegangen ist. Diese Entwicklung ist zweifellos durch überdurchschnittliche Kürzungen bei den Absatzpräferenzen für die entsprechenden Unternehmen bestimmt. Besonders deutlich wird der Zusammenhang bei den Spirituosen. Dort hat die Novellierung vor allem bei Herstellern mit einer Berliner Wertschöpfungsquote von weniger als 10 vH drastische Präferenzeinbußen mit sich gebracht; wie erwähnt haben mehrere Unternehmen der Spirituosenindustrie mit Schwerpunkt im unteren Preissegment ihre Fertigungsstätten in Berlin daraufhin geschlossen. Diese Abwanderung von wertschöpfungsarmen Produktionen hat zu einer Abnahme der Lieferungen, aber auch zu einer Verlagerung der Produktion von Niedrigpreisprodukten zu höherwertigen Erzeugnissen geführt - eine Strukturveränderung, die sowohl in dem beschriebenen Anstieg der durchschnittlichen Wertschöpfungsquote zum Ausdruck kommt, als auch darin, daß der Anteil Berlins an der inländischen

Produktionsmenge wesentlich stärker zurückgegangen ist als der Anteil am Produktionswert (Tabelle 3.2).

Generell gilt, daß der Anteil Berlins an der Inlandsproduktion bei den meisten Erzeugnissen mit geringer Wertschöpfungsquote und hoher Konzentration auf den Standort Berlin mengenmäßig größer ist als wertmäßig. Dies zeigt sich besonders deutlich bei Kabeln, Duft- und Hygiene-Wässern sowie gewirkten und gewebten Stoffen. Auch diese Relation ist ein Indiz dafür, daß in Berlin eher die billigeren, in großen Serien aufgelegten Sorten eines Produktes, im übrigen Bundesgebiet dagegen teurere, in kleineren Mengen produzierte Sorten gefertigt werden.

Als Folge der zunehmenden Konzentration der Inlandsproduktion verschiedener Konsumgüter auf Berlin und einem - aus beiden Absatzpräferenzen zusammen resultierenden - Wettbewerbsvorsprung der ansässigen Firmen drängen weitere Produzenten mit einzelnen, meist flachen Fertigungsstufen in die Stadt. Entsprechende Verlagerungsabsichten wurden vor allem von solchen Unternehmen geäußert, die auf stagnierenden Märkten mit starkem internationalem Preiswettbewerb anbieten.

Tabelle 3.2

Entwicklung der zum Absatz bestimmten Produktion ausgewählter Erzeugnisse in Berlin[1]

Nr. der Systematik	Erzeugnis	Produktionswert 1986 (in Mill. DM)	durchschnittliche jährliche Veränderung 1982 bis 1986 (in vH)		Anteil Berlins am Bundesgebiet insgesamt (in vH)									
			Produktionsmenge	wert	Produktionsmenge					Produktionswert				
					1982	1983	1984	1985	1986	1982	1983	1984	1985	1986
2843 70	Leitmaterial	111	+ 3,6	+ 0,3	37,8	42,8	43,7	36,8	37,9	.	.	.	.	.
3626	Kabel	931	- 3,6	+ 1,1	46,3	46,7	47,3	46,0	46,0	35,6	34,9	36,4	36,0	35,3
4971	Alkoholische Duft- und Hygienewässer	51	+ 3,7	+ 3,2	26,3	24,3	22,9	26,1	25,9	8,8	9,5	8,6	8,6	9,2
4976 21	Flüssige Haarwaschmittel	110	+ 1,9	+ 0,4	29,8	28,8	30,9	29,7	28,2	27,7	28,0	27,9	27,0	26,4
5051	Geräte und Einrichtungen der ADV und der digitalen Technik	2 762	-	+ 22,7	-	-	-	-	-	23,4	27,6	27,0	28,1	23,2
6391	Gewirkter oder gewebter Stoff	212	+ 1,1	+ 2,5	30,3	44,8	34,3	30,2	28,7	20,4	21,6	22,5	22,2	21,9
6827 21	Kakaomasse	252	+ 22,3	+ 38,0	86,1	78,8	83,6	88,0	90,2	87,0	76,0	84,6	89,9	91,3
6827 23	Kakaobutter	565	- 0,1	+ 7,1	89,1	89,2	89,1	84,6	88,3	89,3	89,3	88,0	83,2	89,7
6827 25	Kakaopulver	190	+ 2,2	+ 14,4	72,2	72,8	72,5	72,9	73,2	62,0	66,6	66,2	71,9	74,9
6827 31	Massive Tafelschokolade	577	+ 3,7	+ 4,1	35,4	37,4	36,5	39,1	44,2	37,0	37,7	36,8	37,8	41,3
6827 32	Sonstige massive Schokoladenerzeugnisse	46[2]	+ 96,7[3]	+ 120,1[3]	4,7					2,8	23,8	23,6	22,5	.
6827 33	Gefüllte Tafelschokolade	120	+ 11,1	+ 8,4	14,0	25,9	25,6	24,8	24,9	13,8	23,5	20,2	19,9	19,3
6827 51/2	Schokoladenüberzugsmasse, Schokoladenmasse	243	- 7,8	+ 2,9	70,7	74,1	68,9	65,8	54,3	70,5	71,3	64,5	61,8	54,7
6827 82	Marzipan- und andere Rohmassen	83	- 1,9	+ 1,1	43,7	44,4	44,2	44,2	45,5	48,1	46,3	44,9	42,2	43,9
6853 55	Sonstige Fleischkonserven	60	- 3,6	+ 10,7	44,1	36,0	44,1	38,8	38,1	38,8	29,2	31,1	27,9	27,6
6853 85	Sonstige Fleischwaren	187	+ 0,8	- 10,7	24,5	26,6	26,3	24,4	24,6	25,6	25,9	21,4	19,3	18,7
6865 11	Röstkaffee	3 326	+ 8,7	+ 15,5	58,2	56,1	67,3	68,0	72,9	54,1	55,4	62,0	64,3	68,1
6865 15	Röstkaffee, entkoffeiniert	462	+ 10,8	+ 17,0	61,1	66,0	79,2	83,7	79,5	50,0	58,6	72,8	80,0	74,5
6875	Spirituosen	206	- 11,8	- 6,9	26,5	26,2	25,9	21,9	18,3	15,5	14,5	15,2	14,5	12,8
6911	Zigaretten	3 014	+ 8,9	+ 10,3	44,5	47,7	53,1	52,8	56,1	43,9	45,9	51,8	53,7	59,1

1) Erzeugnisse mit regelmäßig geringer Wertschöpfung und einem Berliner Anteil an der Inlandsproduktion von mindestens 25 vH. - 2) 1985. - 3) 1982 bis 1985.

Quellen: Statistisches Bundesamt, Wiesbaden; Statistisches Landesamt, Berlin.

4 Ansatzpunkte zur Weiterentwicklung der Herstellerpräferenz

4.1 Neugestaltung von Förderungsintervallen und Kürzungssätzen im Bereich überproportionaler Präferenzierung

Die laufenden Untersuchungen zur Wirkungsweise der Berlinförderung zeigen, daß die Herstellerpräferenz nach §§ 1,1a BerlinFG von den meisten Unternehmen in engem Zusammenhang mit den anderen Maßnahmen zur Förderung der Berliner Wirtschaft gesehen wird. Dies gilt insbesondere für die Abnehmerpräferenz nach § 2 BerlinFG, die nach der Novellierung der Herstellerpräferenz vor allem bei Unternehmen mit geringen Wertschöpfungsquoten an Bedeutung gewonnen hat.

Vor diesem Hintergrund ist eine isolierte Diskussion von Vorschlägen zur Änderung der Herstellerpräferenz, durch die sich die Präferenzposition einzelner Unternehmen oder ganzer Branchen wesentlich verändert, problematisch. Dies gilt in besonderem Maße für die Frage, inwieweit die Förderung im unteren Bereich der Wertschöpfungsskala über eine Verkürzung der Förderstufen, eine Änderung der Präferenzsätze oder eine Verschiebung der Mindestwertschöpfungsquote effizienter gestaltet werden kann. Die hiervon betroffenen Unternehmen stellen regelmäßig Massenprodukte her, die auf stagnierenden oder nur noch wenig expandierenden Märkten abgesetzt werden und lediglich geringe Renditen erzielen; Umfang und Struktur der steuerlichen Vergünstigungen haben daher bei diesen Firmen eine größere Bedeutung für Standortentscheidungen als bei anderen. Die hohe Sensibilität gegenüber Präferenzänderungen ist deshalb besonders hervorzuheben, weil die entsprechenden Unternehmen inzwischen einen wesentlichen Teil der Arbeitsplätze im Berliner verarbeitenden Gewerbe stellen: Bei den rund 100 umsatzsteuerlich begünstigten Unternehmen mit Wertschöpfungsquoten unter 33 vH - also im Bereich überproportionaler Förderung - sind schätzungsweise 25 000 Arbeitnehmer tätig, mehr als 15 vH aller Industriebeschäftigten. Hinzu kommen mindestens 3 000 Arbeitskräfte, die für diese Unternehmen Vorprodukte herstellen, Dienstleistungen erbringen oder Transporte durchführen.

Wenn dennoch bereits an dieser Stelle Überlegungen zur Umgestaltung der Herstellerpräferenz angestellt werden, so vor allem wegen der aktuellen, fiskalpolitisch begründeten Diskussion über die Kürzung des für die Absatzförderung insgesamt zur Verfügung stehenden Mittelvolumens.

Ausgehend von den Ergebnissen der Wirkungsanalyse müssen solche Überlegungen vor allem darauf zielen, den anhaltenden Sog auf wertschöpfungsarme Produktionen mit geringen Arbeitsplatzeffekten, aber überdurchschnittlich hohen Präferenzkosten einzudämmen und damit zugleich
die wachsende Abhängigkeit Berlins von diesen Industrien zu verringern.
Dazu muß die Sockelpräferenz reduziert werden. Das Ausmaß der Präferenzsatz-Kürzung ist allerdings so zu bemessen, daß die Gefahr der
Abwanderung oder Stillegung bereits in der Stadt produzierender Betriebe
möglichst klein gehalten wird.

Im Zuge einer Umstrukturierung der Förderung im unteren Bereich der
Wertschöpfungsskala sollten auch mehr Anreize zur Vertiefung der Produktion und zur Errichtung von Arbeitsplätzen in den produktionsbe-
gleitenden und dispositiven Bereichen geschaffen werden. Im Rahmen der
gegenwärtigen Regelung bestehen für die meisten Unternehmen mit
flachen Fertigungen kaum Möglichkeiten, das Präferenzvolumen durch
betriebliche Maßnahmen zu erhöhen. Erforderlich ist daher insbesondere,
daß die Förderintervalle verkleinert werden.

Ideal wäre in dieser Hinsicht eine durchgehend proportionale Regelung mit
einem Präferenzsatz von 11 vH der Wertschöpfungsquote (Tabelle 4.1,
Variante I). Bei einem solchen Tarifgefüge schlägt sich jede Erhöhung
(Verringerung) der Wertschöpfung direkt in einer Zunahme (Abnahme) der
Präferenz nieder. Außerdem sind Unternehmen, deren Wertschöpfungsquote unterhalb des geltenden Minimums von 10 vH liegt, automatisch in
das Fördersystem einbezogen. Der Übergang zum Proportionaltarif impli-
ziert freilich auch, daß die betroffenen Unternehmen bis zu zwei Drittel
ihrer gegenwärtigen Präferenzsumme (bei Wertschöpfungsquoten unter
10 vH je nach Regelung des § 4 BerlinFG noch mehr) einbüßen. Die
verbleibende Steuervergünstigung gleicht nur noch bei einem kleinen Teil
der Unternehmen die Berlin-spezifischen Kosten aus; mit einer größeren
Zahl von Abwanderungen und Betriebsschließungen müßte gerechnet werden.

Weitaus geringer ist die Gefahr präferenzinduzierter Arbeitsplatzverluste,
wenn die gegenwärtige Sockelpräferenz um einen vH-Punkt - auf 2 vH -
gesenkt und gleichzeitig die bestehenden Präferenzsatz-Stufen verkürzt
werden. Allerdings dürften auch in diesem Fall die zusätzlichen Kosten

des Standorts Berlin nicht mehr bei allen Unternehmen ausgeglichen werden. Dies gilt vor allem für solche Produktionen, deren Verkaufserlöse in jüngster Zeit aufgrund drastisch gefallener Rohstoffpreise zurückgegangen sind. Im Zuge dieser Entwicklung hat die auf den mengenmäßigen Output bezogene Präferenz - teilweise ganz erheblich - abgenommen, während die entsprechenden Kosten, insbesondere die Frachten, unverändert geblieben sind. Immerhin: Die parallel zu den Erlöseinbußen gestiegenen Wertschöpfungsquoten führen unter der Voraussetzung verkleinerter Tarifstufen zu höheren Fördersätzen - ein Effekt, der den Präferenzverlust aufgrund der verringerten Sockelförderung zumindest bei einem Teil der Unternehmen mildert. Davon einmal abgesehen verbleibt die Abnehmerpräferenz in unveränderter Höhe bei einer zunehmenden Zahl von Firmen - meist über entsprechende gesellschaftsrechtliche Konstruktionen - faktisch beim Lieferanten.

Für die Gestaltung der Präferenzsatzstaffel im Anpassungsbereich gibt es bei einer Basisförderung von 2 vH grundsätzlich mehrere Möglichkeiten. Im Hinblick auf einen möglichst frühen Übergang der Stufenregelung in die Proportionalzone und unter Praktikabilitätsgesichtspunkten bieten sich jedoch vor allem zwei Varianten an:

o   Im ersten Modell (Variante II) beträgt der Präferenzsatz für Unternehmen mit Wertschöpfungsquoten zwischen 10 vH und 15 vH in Anlehnung an das geltende System einheitlich 2 vH. Im Wertschöpfungsbereich zwischen 15 vH und 21 vH steigt der Satz in Intervallen von 2 vH-Punkten um jeweils 0,1 vH. Danach beträgt er generell 11 vH der Wertschöpfungsquote.

o   Im zweiten Modell (Variante III) steigt der Präferenzsatz von Anfang an in Intervallen von 2 vH-Punkten um jeweils 0,1 vH; der Basissatz von 2 vH gilt also lediglich für Unternehmen mit Wertschöpfungsquoten zwischen 10 vH und 12 vH. Die Proportionalzone wird bei einer Wertschöpfungsquote von 23 vH erreicht.

Ein Vergleich beider Modelle zeigt, daß die stufenlose Präferenzierung bei Variante II etwas früher erreicht wird als bei Variante III. Die Unternehmen am unteren Ende der Wertschöpfungsskala haben indes nach wie vor keine Möglichkeiten zur Verbesserung ihrer Präferenzposition. Eher zu erreichen ist dies unter den Bedingungen von Variante III; sie hat überdies den Vorteil, daß die Kürzung der Sockelpräferenz um 1 vH lediglich die Unternehmen mit Wertschöpfungsquoten von weniger als 12 vH in vollem Umfang trifft.

Grundsätzlich ist in beiden Modellen anstelle des Stufentarifs auch ein stark abgeflachter linearer Tarif denkbar. Für die Variante III würde der Präferenzsatz beispielsweise nach der Formel: "Wertschöpfungsquote x 0,05 + 1,5" berechnet werden. Eine derartige Gestaltung des Tarifs - wie sie verschiedentlich bereits diskutiert wird - hat den Vorteil, daß sich im Sockelbereich jede Änderung der Wertschöpfungsquote unmittelbar im Präferenzsatz niederschlägt.

Nicht befriedigend gelöst ist in beiden Modellen die Präferenzierung von Unternehmen mit Wertschöpfungsquoten von weniger als 10 vH. Sie muß auch bei einem Sockel von 2 vH - wie bereits jetzt im Fall von Röstkaffee und Kakaohalberzeugnissen - durch branchen- bzw. unternehmensspezifische Vorschriften geregelt werden. Dies gilt auch für die Präferenzierung von Unternehmen, die zwar regelmäßig eine Wertschöpfungsquote von mehr als 10 vH erreichen, gelegentlich jedoch wegen starker Preisschwankungen unter die Mindestquote fallen. In diesen Fällen sollte die Sockelpräferenz gewährt werden, sofern es sich um eine vorübergehende Erscheinung handelt und die Mindestwertschöpfungsquote in den folgenden Jahren wieder überschritten wird.

Das gesamte Präferenzvolumen würde unter den Bedingungen der Variante I (durchgehender Proportionaltarif von 11 vH der Wertschöpfungsquote) am stärksten zurückgehen, und zwar - gerechnet auf Basis 1986 - um 200 Mill. DM. Nach der Variante II veringern sich die Steuerausfälle um 140 Mill. DM, nach der Variante III um 120 Mill. DM.

Insgesamt wird die Variante III den verschiedenen Zielen einer Neugestaltung der Herstellerpräferenz im unteren Wertschöpfungsbereich am ehesten gerecht, und zwar weitgehend unabhängig davon, welche Tarifform gewählt wird - Stufentarif oder Lineartarif. Ausschlaggebend ist, daß dadurch Unternehmen mit Wertschöpfungsquoten unterhalb 15 vH Anreizmöglichkeiten zur Erhöhung der Wertschöpfung geschaffen werden und zum anderen der Proportionaltarif schon vergleichsweise früh erreicht wird.

Tabelle 4.1

Präferenzsätze nach § 1 BerlinFG[1] und Alternativen zur geltenden Regelung

Berliner Wertschöpfungsquote in vH	Präferenzsatz in vH				Veränderung gegenüber der geltenden Regelung in vH-Punkten		
	geltende Regelung	Variante I[2]	Variante II	Variante III	Variante I	Variante II	Variante III
10 bis unter 11	3,0	1,2	2,0	2,0	– 1,8	– 1,0	– 1,0
11 " " 12	3,0	1,3	2,0	2,0	– 1,7	– 1,0	– 1,0
12 " " 13	3,0	1,4	2,0	2,1	– 1,6	– 1,0	– 0,9
13 " " 14	3,0	1,5	2,0	2,1	– 1,5	– 1,0	– 0,9
14 " " 15	3,0	1,6	2,0	2,2	– 1,4	– 1,0	– 0,9
15 " " 16	3,1	1,7	2,1	2,2	– 1,4	– 1,0	– 0,9
16 " " 17	3,1	1,8	2,1	2,3	– 1,3	– 1,0	– 0,8
17 " " 18	3,1	1,9	2,2	2,3	– 1,2	– 0,9	– 0,8
18 " " 19	3,2	2,0	2,2	2,4	– 1,2	– 0,9	– 0,8
19 " " 20	3,2	2,1	2,3	2,4	– 1,1	– 0,9	– 0,8
20 " " 21	3,2	2,3	2,3	2,5	– 0,9	– 0,9	– 0,7
21 " " 22	3,3	2,4	2,4	2,5	– 0,9	– 0,9	– 0,8
22 " " 23	3,3	2,5	2,5	2,6	– 0,8	– 0,8	– 0,7
23 " " 24	3,3	2,6	2,6	2,6	– 0,7	– 0,7	– 0,7
24 " " 25	3,4	2,7	2,7	2,7	– 0,7	– 0,7	– 0,7
25 " " 26	3,4	2,8	2,8	2,8	– 0,6	– 0,6	– 0,6
26 " " 27	3,4	2,9	2,9	2,9	– 0,5	– 0,5	– 0,5
27 " " 28	3,5	3,0	3,0	3,0	– 0,5	– 0,5	– 0,5
28 " " 29	3,5	3,1	3,1	3,1	– 0,4	– 0,4	– 0,4
29 " " 30	3,5	3,2	3,2	3,2	– 0,3	– 0,3	– 0,3
30 " " 31	3,6	3,3	3,3	3,3	– 0,2	– 0,2	– 0,2
31 " " 32	3,6	3,5	3,5	3,5	– 0,1	– 0,1	– 0,1
32 " " 33	3,6	3,6	3,6	3,6	-	-	-

1) Für Lieferungen nach § 1a BerlinFG jeweils 1 vH-Punkt mehr. – 2) Berechnet für die Intervall-Mitten; Sprünge in den Präferenzsätzen durch Rundungen.

Quellen: BerlinFG; Berechnungen des DIW.

135

4.2 Stärkere Berücksichtigung der Beschäftigung hochqualifizierter Arbeitnehmer in der Wertschöpfungsberechnung

Um den Strukturwandel

- von der Herstellung einfacher, ausgereifter Erzeugnisse mit insgesamt stagnierendem Absatz zu forschungsintensiven, zukunftsträchtigen Produkten einerseits,

- von der reinen Fertigung zu fertigungsbegleitenden und dispositiven Tätigkeiten andererseits

zu beschleunigen, wurde im Rahmen der Präferenzreform von 1982 die Mehrfachgewichtung hoher Einkommen bei der Wertschöpfungsberechnung fernabsatzorientierter Unternehmen eingeführt. Wie die vorliegende Wirkungsanalyse gezeigt hat, ist dieser Ansatz erfolgversprechend; die konkrete Ausgestaltung erschwert es allerdings einem Teil der steuerbegünstigten Unternehmen, die strukturpolitisch motivierten Anreize voll zu nutzen. Dabei handelt es sich um Unternehmen, die zwar hochqualifizierte Arbeitskräfte beschäftigen, diesen aber Gehälter bezahlen, die nicht oder nur wenig über der Bemessungsgrenze der Sozialversicherung liegen. Benachteiligt sind insbesondere kleine und junge Unternehmen bzw. Unternehmen in Branchen mit relativ niedrigem Lohnniveau. Die zusätzliche Einstellung qualifizierter Kräfte wird zumindest bei ihnen nicht oder nicht genügend gefördert.

In dieser Situation liegt es nahe, die Abschneidegrenze für Einkommen, die bei der Mehrfachgewichtung berücksichtigt werden können, zu senken. Sie sollte zwar an die Beitragsbemessungsgrenze gebunden bleiben, da diese mit den Durchschnittseinkommen steigt, jedoch als Prozentanteil der Bezugsgröße formuliert werden. Eine zieladäquate Fixierung der Abschneidegrenze ist mit den verfügbaren Daten allerdings nicht möglich. Nähere Hinweise sind erst von den Ergebnissen der gegenwärtig laufenden Auswertung der Beschäftigtenstatistik der Bundesanstalt für Arbeit zu erwarten; sie liefert Informationen über die Einkommen von Beschäftigten unterschiedlicher Qualifikation und Tätigkeit.

Gleichwohl wird es schwierig sein, einen Wert zu finden, der den Einkommensunterschieden zwischen den einzelnen Unternehmen und Branchen genügend Rechnung trägt und zugleich sicherstellt, daß o die Beschäftigung qualifizierter Nachwuchskräfte - vor allem bei jungen Unternehmen - sich in der Höhe der Herstellerpräferenz spürbar niederschlägt,

o Arbeitskräfte aus dem Produktionsbereich, die aus strukturellen Erwägungen heraus keine Zielgruppe der Mehrfachgewichtung sind, vor allem bei Überstunden aus der Präferenzierung ausgeklammert bleiben.

Vor diesem Hintergrund wäre zu erwägen, von der gegenwärtigen Regelung einer Mehrfachgewichtung von Einkommensspitzen abzugehen und stattdessen an die gesamten Einkommen der beschäftigten Hochschul- und Fachhochschulabsolventen anzuknüpfen. Damit wäre diejenige Personengruppe erfaßt, die in zunehmendem Maße die anspruchsvollen und zukunftsträchtigen Arbeitsplätze besetzt, in Berlin jedoch nach wie vor einen wesentlich geringeren Anteil aller Beschäftigten stellt als in anderen Industrieregionen.

Betrachtet man die Struktur der Arbeitskräfte im verarbeitenden Gewerbe der Stadt, so zeigt sich, daß von einer derartigen Regelung eine geringere Zahl von Beschäftigten betroffen wäre als nach geltendem Recht; im Jahre 1985 standen den 13 000 Arbeitnehmern mit einem Einkommen von mehr als 64 800 DM, das entsprach der Beitragsbemessungsgrenze für die Rentenversicherung, lediglich rund 10 000 Hochschul- und Fachhochschulabsolventen gegenüber.

Eine erste Modellberechnung zeigt, daß die gesamten Einkommen dieser Beschäftigten dreifach auf die Wertschöpfung angerechnet werden können, ohne daß gegenüber der geltenden Regelung zusätzliche Steuerausfälle entstehen. Die Verteilung der in der Mehrfachgewichtung begründeten Präferenzen dürfte sich allerdings deutlich ändern, und zwar vor allem zugunsten der Unternehmen im Investitionsgütersektor.

4.3 Attraktivere Ausgestaltung der Bemessungsgrundlage für die Anrechnung aus Berlin bezogener Waren

Die Untersuchung hat ergeben, daß viele Unternehmen ihre Warenbezüge aus Berlin deshalb nicht ausweiten, weil die finanziellen Effekte bei der Herstellerpräferenz zu gering sind. Diesem Hemmnis sollte zunächst dadurch entgegengewirkt werden, daß der durch die Vorleistungsquote ermittelte anrechenbare Warenwert zumindest der betrieblichen Wertschöpfung des Vorleisters entspricht. Eine entsprechende Anpassung der Vorleistungsquote ist auf dreifache Weise möglich: Einmal können statt der Lohn- und Gehaltssumme die gesamten Personalkosten, also die Löhne und Gehälter sowie die Personalnebenkosten, zugrundegelegt werden. Zum zweiten ist eine Erhöhung des Gewichtungsfaktors von derzeit 1,5 auf 2,0 denkbar. Schließlich ist ein Berechnungsverfahren vorstellbar, das die gesamten Personalkosten mit dem Faktor 2,0 gewichtet.

Die folgenden Modellrechnungen zu diesen drei Varianten beruhen auf Angaben des Jahres 1985. Hierzu wurden alle Unternehmen herangezogen, die Angaben zur Struktur der betrieblichen Wertschöpfung im Jahr 1985 gemacht haben, unabhängig davon, ob sie an andere Berliner Unternehmer liefern oder nicht. Die verschiedenen Varianten sind ungerundet dargestellt, um sie mit der betrieblichen Wertschöpfungsquote besser vergleichen zu können.

Nach der ersten Modellvariante, die neben den Arbeitslöhnen auch die Personalnebenkosten in der Abgrenzung nach § 6b BerlinFG berücksichtigt, ergibt sich im Durchschnitt der Industrie eine Vorleistungsquote von etwa 29 vH; sie stimmt fast mit der betrieblichen Wertschöpfungsquote überein (Tabelle 4.2).

Die nach Wirtschaftsgruppen differenzierende Betrachtung zeigt, daß die betriebliche Wertschöpfungsquote im Produktionsgüter- und Investitionsgütergewerbe bereits durch die Berücksichtigung sämtlicher Personalkosten in der Bemessungsgrundlage (Variante I) erreicht wird. Dagegen ist in der Verbrauchsgüterindustrie eine Erhöhung des Gewichtungsfaktors auf 2 für eine zuverlässige Schätzung erforderlich (Variante II). In der Nahrungs- und Genußmittelindustrie ergibt sich erst durch die doppelte

Anrechnung aller Personalkosten ein akzeptabler Näherungswert (Variante III).

In den für Berlin wichtigen Vorleistungsbranchen, die vornehmlich dem Investitionsgüter- und Verbrauchsgütersektor angehören, ist das Bild uneinheitlich (Tabelle A 4.1). In den meisten Branchen kommt die auf der Basis aller Personalkosten (Variante I) berechnete Vorleistungsquote der betrieblichen Wertschöpfungsquote am nächsten. Das gilt für die Branchen Stahlverformung, Stahlbau, Elektrotechnik, Feinmechanik/Optik und Druckerei. Die Variante II (doppelte Gewichtung der Lohn- und Gehaltssumme) gibt dagegen die Wertschöpfung in der Papierverarbeitung am besten wieder. Bei doppelter Gewichtung der gesamten Personalkosten (Variante III) wird die Berliner Leistung nur in drei Branchen genauer erfaßt als bisher und als bei den anderen Varianten, und zwar in den Branchen EBM-Waren, Kunststoffe und Textil.

Bemerkenswerte Erkenntnisse vermittelt ein betriebsgrößenspezifischer Vergleich: Die betriebliche Wertschöpfungsquote wird in allen Größenklassen mit Ausnahme der Großbetriebe auch bei Einbeziehung der Ausgaben für die Zukunftssicherung in die Bemessungsgrundlage (Variante I) unterschätzt. Für Unternehmen mit 50 bis unter 1 000 Beschäftigten liefert Variante II die beste Annäherung an die betriebliche Wertschöpfung. Für Kleinbetriebe ist dagegen Variante III (gesamte Personalkosten x 2) am ehesten geeignet.

Überschlägigen Berechnungen zufolge werden die Kosten für die Herstellerpräferenz unter Beibehaltung der bisherigen Rundungsvorschrift je nach Variante unterschiedlich stark steigen - um 10 Mill. DM bei Variante I, um 20 Mill. DM bei Variante II und um 30 Mill. DM bei Variante III.

In Anbetracht der insgesamt noch immer geringen Bedeutung der Berliner Vorleistungen in der Wertschöpfung der überregional orientierten Unternehmen, im Hinblick auf die Verbesserung der Wettbewerbsposition kleinerer Firmen sowie bei den vergleichsweise geringen zusätzlichen Kosten wäre es wünschenswert, ein möglichst großzügiges Anrechnungsverfahren - in diesem Falle Variante III - zu wählen. Da jedoch in diesem Falle die Wertschöpfungsquote der Großunternehmen weit überzeichnet würde und überdies nicht auszuschließen ist, daß es bei überhöhten Anrechnungsquoten zu präferenzinduzierten Auslagerungen bestimmter Tätigkeiten aus den begünstigten Unternehmen kommt, sollte sich eine Neufassung der Vorschriften für die Berechnung der Vorleistungsquoten an Variante II (Arbeitslöhne x 2) orientieren.

Tabelle 4.2

Betriebliche Wertschöpfungsquote, Vorleistungsquote nach § 6c BerlinFG und Alternativen zur bestehenden Regelung

Modellrechnungen für diejenigen Unternehmen,
die Angaben zur Struktur der betrieblichen Wertschöpfung im Jahr 1985 gemacht haben

Wirtschaftsgruppe Größenklasse Unternehmenssitz	Zahl der Unter-nehmen	betriebliche Wertschöp-fungsquote in vH	Vorleistungsquoten (in vH)			
			§ 6c BerlinFG (Arbeits-löhne x 1,5)	Variante I (gesamte Personal-kosten x 1,5)	Variante II (Arbeits-löhne x 2,0)	Variante III (gesamte Personal-kosten x 2,0)
Grundstoffe und Produktionsgüter	44	33,8	25,8	34,0	34,3	45,4
Investitionsgüter	132	33,5	28,5	35,4	38,0	47,2
Verbrauchsgüter	95	36,5	26,4	31,3	35,1	41,7
Nahrungs- und Genußmittel	44	14,3	9,3	11,8	12,4	15,8
Verarbeitendes Gewerbe insgesamt	315	29,3	23,5	29,4	31,3	39,2
davon:						
Unternehmen mit ... Beschäftigten						
1 bis 19	29	39,3	27,0	30,6	36,0	40,8
20 bis 49	79	34,8	24,5	29,0	32,7	38,7
50 bis 99	64	32,5	23,2	27,2	31,0	36,3
100 bis 199	61	23,0	17,3	20,7	23,1	27,5
200 bis 499	40	29,2	21,4	26,5	28,5	35,3
500 bis 999	23	24,2	17,6	22,0	23,5	29,3
über 1 000	19	31,6	26,9	34,2	35,9	45,6
davon:						
Unternehmen mit Sitz ...						
... außerhalb Berlins	119	24,7	19,4	24,4	25,8	32,5
... in Berlin	196	45,8	38,3	47,6	51,1	63,5

Quelle: Erhebung des DIW.

141

5 Zusammenfassung

1. Eine zentrale Stellung innerhalb des Präferenzsystems für die Berliner Wirtschaft nimmt die Förderung des Fernabsatzes ein: Um Standorterschwernisse auszugleichen und die Wettbewerbsfähigkeit der Berliner Wirtschaft auf auswärtigen Märkten zu stärken, werden Lieferungen in Berlin hergestellter Waren und ausgewählter Dienstleistungen in das übrige Bundesgebiet umsatzsteuerlich begünstigt, sowohl beim Berliner Hersteller als auch beim westdeutschen Abnehmer.

2. Die Präferenz des Berliner Herstellers, die sogenannte Herstellerpräferenz, ist im Dezember 1982 geändert worden. Das neue System wurde erstmals im Kalenderjahr 1985 wirksam, und zwar auf der Basis der Wertschöpfungsquoten von 1983. Kernpunkte der Novellierung waren

   - die Umstellung der Wertschöpfungsberechnung vom subtraktiven auf das additive Verfahren,

   - die stärkere Bindung des Präferenzsatzes an die Berliner Wertschöpfung der begünstigten Unternehmen,

   - die an die Wertschöpfung der liefernden Firmen anknüpfende Anrechnung aus der Stadt bezogener Vorleistungen,

   - die Einführung einkommensabhängiger Zuschläge auf die betriebliche Wertschöpfung.

3. Mit der Reform der Herstellerpräferenz sollte das gegebene Präferenzvolumen effizienter eingesetzt werden: Die Anziehungskraft Berlins auf extrem flache Produktionen mit geringen Beschäftigungswirkungen sollte eingedämmt, die Standortgunst für Unternehmen mit hoher Fertigungstiefe und Leitungsfunktionen in der Stadt dagegen verbessert werden.

   Erwartet wurde außerdem, daß die bereits hier produzierenden Unternehmen die neugeschaffenen finanziellen Anreize nutzen, indem sie

   - ihr Produktionsvolumen ausweiten,

- die Wertschöpfung in ihren Berliner Produktionsstätten erhöhen,

- mehr hochqualifizierte Arbeitskräfte in der Stadt beschäftigen und

- in stärkerem Maße Vorleistungen - Waren wie Dienste - aus Berlin beziehen.

4. Aufgabe der Untersuchung war es, in Erfahrung zu bringen, inwieweit die Ziele der Novellierung bereits in den ersten Jahren nach der Umgestaltung erreicht wurden. Die Analyse stützt sich auf eine breit angelegte schriftliche Befragung, an der mehr als die Hälfte aller Industrieunternehmen in der Stadt teilgenommen hat sowie auf persönliche Gespräche mit Entscheidungsträgern ausgewählter Unternehmen in Berlin und im übrigen Bundesgebiet.

5. Den Ergebnissen der Untersuchung zufolge betrug die nach dem additiven Verfahren berechnete Wertschöpfungsquote 1983 im Durchschnitt des verarbeitenden Gewerbes 41 vH; sie war damit um 13 vH-Punkte niedriger als die subtraktiv ermittelte Quote. Die Präferenzreform war kostenneutral. Ohne Übergangsregelung wären die Steuerausfälle aufgrund §§ 1 ff BerlinFG sogar zurückgegangen. Die Verteilung der steuerlichen Vergünstigungen hat sich jedoch durch die Novellierung spürbar verändert: Berliner Unternehmen haben zu Lasten außerhalb der Stadt ansässiger Unternehmen, kleine und mittlere Unternehmen zu Lasten großer Unternehmen, die Unternehmen des Investitionsgüterbereichs zu Lasten des Nahrungs- und Genußmittelsektors von der Neuregelung profitiert.

6. Knapp die Hälfte der Unternehmen gab an, Maßnahmen im Zusammenhang mit der Novellierung eingeleitet und/oder geplant zu haben. Zwischen den "Gewinnern" und den "Verlierern" der Reform konnten keine gravierenden Unterschiede im Verhalten festgestellt werden.

Eindeutig die größte Bedeutung innerhalb der Maßnahmen hat der Bezug von Waren, Werk- und Dienstleistungen aus Berlin. Vielfach scheitert die Auftragsvergabe an Berliner Vorleister allerdings daran, daß Umfang, Qualität oder Preis des Angebots in der Stadt nicht den Vorstellungen der Abnehmer entsprechen. Ein erheblicher Teil der Unternehmen führt die Zunahme von Produktion und Beschäftigung - auch im Rahmen von Verlagerungen nach Berlin - auf die geänderte Absatzförderung zurück; hier dürfte jedoch vielfach eher die günstige konjunkturelle Situation zum Befragungszeitpunkt ausschlaggebend gewesen sein. Von den Maßnahmen, die auf eine Veränderung der Tätigkeitsstruktur in den Unternehmen zielen, hatte den Angaben der Unternehmen zufolge die Einstellung neuer Mitarbeiter in Forschung und Entwicklung die größte Bedeutung. Dabei hat die mehrfache Anrechenbarkeit der Einkommen von Arbeitnehmern mit Arbeitslöhnen oberhalb der Beitragsbemessungsgrenze zur Rentenversicherung bei der Berechnung der Wertschöpfung meist eine unterstützende Funktion. Im Rahmen der steuerrechtlichen Gestaltungsspielräume nutzen immer mehr Unternehmen, die einem überregionalen Unternehmensverbund angehören, die Möglichkeit zur Verlagerung von Gewinnen nach Berlin.

7. Gewichtigster Bestandteil der Berliner Wertschöpfung im Sinne des § 6a BerlinFG sind die direkten und indirekten Personalkosten. Sie machen (1985) mehr als die Hälfte des Wertschöpfungsvolumens aus. Ein Zehntel der Wertschöpfung entfallen auf die Abschreibungen. Die Bedeutung der Gewinne ist mit 5 vH relativ gering. Der Wertschöpfungsbeitrag aller Hinzurechnungen beträgt ein Fünftel. Überraschend hoch ist dabei die Bedeutung der Zuschläge für Arbeitslöhne, die oberhalb der Beitragsbemessungsgrenze für die Rentenversicherung liegen (13 vH); die Bezüge aus Berlin schlagen mit 6 vH zu Buche.

8. Betriebliche Wertschöpfung, Tätigkeitsstruktur und Vorleistungsbezug haben sich bei denjenigen Unternehmen, die nach eigenen Angaben auf die Novellierung reagieren, tendenziell eher im Sinne der Zielsetzung der Novellierung entwickelt als bei Unternehmen, die nicht auf die Änderung der Förderungsvorschriften reagieren wollten oder konnten. Dies läßt den Schluß zu, daß die in der neuen Herstellerpräferenz verankerten Anreize grundsätzlich in die gewünschte Richtung wirken.

In der Gesamtbetrachtung werden die bei einem Teil der Unternehmen beobachteten positiven Effekte bislang allerdings nicht sichtbar:

- Die zentrale Zielgröße der Novellierung, die Wertschöpfungsquote, ist in den Jahren 1983 bis 1985 - und wohl auch in den Jahren danach - gefallen, und zwar schneller als im übrigen Bundesgebiet.

- Der Anteil aus Berlin bezogener Waren an der Wertschöpfung hat sich zwischen 1983 und 1985 sowohl in der Industrie insgesamt als auch in den meisten Branchen kaum erhöht.

- Der Beitrag produktionsorientierter Dienste aus Berlin zur industriellen Wertschöpfung hat zumindest bis 1985 nicht signifikant zugenommen.

Wenn die Größenordnung der insgesamt erzielten Effekte der Novellierung bislang noch gering ist, so dürfte dies unter anderem damit zu erklären sein, daß sich unternehmenspolitische Absichten teilweise erst auf mittlere Frist realisieren lassen. Hinzu kommen jedoch zwei weitere Gründe: Einmal reagieren vor allem solche Unternehmen, die aufgrund ihres Fertigungsprogramms und ihrer wirtschaftlichen Bedeutung in der Lage sind, sich stärker in der Stadt zu engagieren, vielfach kaum auf die Anreize der neugestalteten Herstellerpräferenz. Zum anderen expandieren Unternehmen mit geringer Wertschöpfungsquote - das sind in der Regel auswärtige Unternehmen, die in Berlin standardisierte Massenproduktionen betreiben - nach wie vor weit überdurchschnittlich. Auch die Neuansiedlungen finden zu einem nicht unerheblichen Teil in äußerst kapitalintensiven Bereichen mit relativ geringer Fertigungstiefe statt.

9. Überlegungen zu einer effizienteren Gestaltung der Herstellerpräferenz müssen vor allem darauf zielen, den anhaltenden Sog auf wertschöpfungsarme Produktionen mit geringen Arbeitsplatzeffekten, aber überdurchschnittlich hohen Präferenzkosten einzudämmen und damit zugleich die wachsende Abhängigkeit Berlins von diesen Industrien zu verringern. Dazu muß die Sockelpräferenz reduziert werden. Das Ausmaß der Präferenzsatz-Kürzung ist so zu

bemessen, daß die Gefahr der Abwanderung oder Stillegung bereits in der Stadt produzierender Betriebe klein gehalten wird. Vorgeschlagen wird eine Sockelpräferenz von 2 vH, die stufenlos steigt und die Proportionalstufe möglichst früh erreicht.

Verbesserungswürdig erscheint auch die Förderung des Vorleistungsbezugs aus Berlin. Die Präferenzeffekte zusätzlicher Warenbezüge sind bei der geltenden Anrechnungsregelung häufig zu gering, um Impulse auszulösen. Um hier mehr zu bewirken - aber auch, um die Wertschöpfung kleiner Vorleister besser zu erfassen -, sollte die Vorleistungsquote nach der Formel "Arbeitslöhne x 2 in vH des Umsatzes" errechnet werden.

Um die Einstellung qualifizierter Arbeitskräfte - vor allem bei kleinen und mittleren Unternehmen - stärker zu fördern als bisher, sollte schließlich erwogen werden, von der gegenwärtigen Regelung einer Mehrfachgewichtung von Einkommensspitzen abzugehen und stattdessen an die gesamten Einkommen der beschäftigten Hochschul- und Fachhochschulabsolventen anzuknüpfen. Damit wäre diejenige Personengruppe begünstigt, die in zunehmendem Maße die anspruchsvollen und zukunftsträchtigen Arbeitsplätze besetzt, in Berlin jedoch nach wie vor einen wesentlich geringeren Anteil aller Beschäftigten stellt als in anderen Industrieregionen.

Anmerkungen

1) Vgl. Gesetz zur Förderung der Berliner Wirtschaft (Berlinförderungs-gesetz - BerlinFG) in der Fassung der Bekanntmachung vom 10.12.1986 (BGBl. 1986 I, S. 2415). Ausgenommen von der Änderung waren lediglich die Sondervergünstigungen für die Überlassung von in Berlin hergestellten Filmen in Höhe von 6 vH (§1, Abs. 5 BerlinFG) und für die Ausführung bestimmter Dienstleistungen in Höhe von 10 vH (§ 1, Abs. 6 BerlinFG) des Entgelts.

2) Die Einzelheiten für die Inanspruchnahme der Herstellerpräferenz sind geregelt im Erlaß des Berliner Senators für Finanzen betr. Umsatzsteuervergünstigungen nach dem Berlinförderungsgesetz (Ber-linFG) vom 09. April 1985 (StZBl., Berlin 1985, S. 1052).

3) Zur Bedeutung dieses Industriebereichs in Berlin vgl. Peter Ring: Informations- und Kommunikationstechnik: Ein wichtiger Markt für die Berliner Industrie. In: Wochenbericht des DIW, Nr. 37/87, S. 495 ff.

4) Vgl. Berliner Wirtschaft nutzt Anreize der neuen Absatzförderung. Erste Erfahrungen mit der novellierten Herstellerpräferenz. Bearbei-ter: Peter Ring. In: Wochenbericht des DIW. Nr. 4/84, S. 41 ff.

5) Vgl. Oberfinanzdirektion Berlin, Statistik über die umsatzsteuerlichen Vergünstigungen nach dem Berlinförderungsgesetz (BerlinFG) für 1985 und 1986, als Manuskript vervielfältigt.

6) Die betriebliche Wertschöpfung entspricht der Bruttowertschöpfung zu Faktorkosten im Sinne der Volkswirtschaftlichen Gesamtrechnung.

7) Anhaltspunkte über die Bedeutung beider Einflußfaktoren sind von einer Analyse der Entwicklung der Arbeitnehmerstrukturen in Berlin und in den Ballungsräumen des übrigen Bundesgebietes zu erwarten, die das DIW im Rahmen der Wirkungsanalyse des gesamten BerlinFG durchführt.

8) Die Übergangsregelung selbst schlug im Jahre 1986 mit etwa 100 Mill. DM und 1985 mit etwa 150 Mill. DM zu Buche.

9) Statistische Grundlage für die Ermittlung betrieblicher Wertschöp-fungsquoten im Bundesgebiet ist die Kostenstrukturstatistik des Sta-tistischen Bundesamtes. Vergleichsgröße des Berliner Wertschöp-fungsvolumens ist die dort ausgewiesene Nettowertschöpfung zu Faktorkosten - bestehend aus Bruttoeinkommen aus unselbständiger Arbeit, Fremdkapitalzinsen sowie Grundrente und Unternehmerein-kommen - zuzüglich Abschreibungen sowie Mieten und Pachten. Dem in der Wertschöpfungsberechnung nach dem BerlinFG verwendeten Umsatzbegriff entspricht weitgehend der um Verbrauchsteuern berei-nigte Bruttoproduktionswert.

10) Bei einer Interpretation der Ergebnisse - insbesondere der Unter-schiede im Niveau der Quoten - ist zu berücksichtigen, daß die Bundeswerte auf Angaben von Unternehmen mit 20 und mehr Be-

schäftigten beruhen, während die Erhebung des DIW Unternehmen aller Größenklassen umfaßt. Da zu vermuten ist, daß auch im Bundesdurchschnitt die Wertschöpfungsquote mit abnehmender Unternehmensgröße zunimmt, dürften die tatsächlichen Werte des Bundes über den hier ausgewiesenen liegen. Außerdem sind die nach Größenklassen differenzierten betrieblichen Wertschöpfungsquoten insofern nicht voll vergleichbar, als die Angaben der Kostenstruktur-statistik neben dem verarbeitenden Gewerbe auch den Bergbau enthalten.

11) Diese Diskrepanz ist auch von Bedeutung für die Berechnung des Bruttoinlandsproduktes im Rahmen der Volkswirtschaftlichen Gesamtrechnung. Das Statistische Landesamt Berlin muß sich bei der Berechnung der Wertschöpfungsquoten an der Entwicklung im gesamten Bundesgebiet orientieren. Vgl. dazu auch Peter Ring: Wirtschaftliche Leistung des verarbeitenden Gewerbes in Berlin (West) geringer als bisher gemessen. In: Wochenbericht des DIW, Nr. 3/1983.

12) Ähnlich wie in Berlin läßt sich auch im gesamten Bundesgebiet eine mit steigender Unternehmensgröße fallende Wertschöpfungsquote erkennen. Von 1983 bis 1985 sind die Quoten in allen Größenklassen etwa gleich stark zurückgegangen. Somit haben sich die bestehenden regionalen Diskrepanzen in den einzelnen Größenklassen kaum geändert. Besonders ausgeprägt war der Rückstand bei Berliner Unternehmen mit 100 bis unter 200 und 500 bis unter 1 000 Beschäftigten. Hier liegt die Berliner Wertschöpfungsquote um bis zu 30 vH unter der des Bundesgebietes.

13) Dieses Problem wird künftig an Dringlichkeit verlieren. Erwartet wird, daß die Zahl der Auszubildenden im Bundesgebiet vor allem aufgrund demographischer Einflüsse zwischen 1985 und 1990 um ein Viertel, zwischen 1990 und 2000 um weitere 10 vH zurückgeht. Vgl. Helberger, Christof und Helene Palamidis: Schüler- und Absolventenprognosen bis zum Jahre 2000. MittAB 4/1986, S. 519 - 535.

Anhang A:

Tabellen

Tabelle A.1.1

**Repräsentation der schriftlichen Befragung bei den monatlich
meldenden Unternehmen des verarbeitenden Gewerbes
nach Wirtschaftszweigen**

Wirtschaftszweig	Befragte Unternehmen 1985		Zahl der beteiligten Unternehmen	Beteiligung in vH, gemessen ...	
	Zahl	Beschäftigte		an der Zahl der Unternehmen	an der Zahl der Beschäftigten
Steine und Erden	32	1 852	27	84,4	90,5
Eisenschaffende Industrie, NE-Metalle	15	1 925	9	75,0	79,5
Giessereien	19	1 178	7	36,8	49,5
Drahtziehereien	8	337	6	75,0	74,8
Chemische Industrie	73	12 409	33	45,2	82,3
Holzbearbeitung, Papier- und Pappeerzeugung	9	716	7	87,5	68,8
Gummiverarbeitung	9	628	4	44,4	28,2
Stahlverformung	49	2 218	25	51,0	57,5
Stahl- und Leichtmetallbau, Schienenfahrzeugbau	43	3 906	30	69,8	76,3
Maschinenbau	113	16 334	67	59,3	87,2
Straßenfahrzeugbau	59	10 460	36	61,0	58,5
Elektrotechnik, Reparatur von Gebrauchsgütern	174	59 127	82	47,1	90,2
Feinmechanik, Optik	67	3 615	32	47,8	63,1
Eisen-, Blech- und Metallwaren	54	4 616	19	35,2	73,4
Büromaschinen, Datenverarbeitung	13	4 547	10	76,9	96,1
Musikinstrumente, Spielwaren	15	422	4	26,7	26,3
Feinkeramik, Glas	10	1 172	6	60,0	93,4
Holzverarbeitung	46	1 161	39	84,8	78,3
Papier- und Pappeverarbeitung	62	4 522	29	46,8	78,6
Druckerei, Vervielfältigung	102	5 991	53	52,0	66,3
Kunststoffwaren	60	3 625	24	40,0	60,6
Lederverarbeitung	7	189	4	57,1	70,9
Textilgewerbe	42	3 631	20	47,6	65,1
Bekleidungsgewerbe	96	4 382	40	41,7	53,8
Ernährungsgewerbe	194	17 165	123	63,4	74,6
Tabakverarbeitung	8	4 401	6	75,0	93,7
Verarbeitendes Gewerbe, insgesamt	1 379	170 529	742	53,8	80,0

Tabelle A2.1

Berliner Wertschöpfungsquote 1982 und 1983 nach dem
subtraktiven Verfahren für Wirtschaftsgruppen und Größenklassen

Wirtschaftsgruppe Größenklasse	Berliner Wertschöpfungsquote in vH	
	1982	1983
Grundstoffe und Produktionsgüter	67,1	66,5
Investitionsgüter	64,3	63,2
Verbrauchsgüter	39,0	38,4
Nahrungs- und Genußmittel	45,0	45,9
Verarbeitendes Gewerbe insgesamt	**59,3**	**58,6**
davon:		
Unternehmen mit ... Beschäftigten		
1 bis 19	44,7	45,9
20 bis 49	42,8	40,7
50 bis 99	41,1	41,5
100 bis 199	41,5	40,9
200 bis 499	55,6	47,4
500 bis 999	47,2	49,9
über 1000	67,8	67,2
Quelle: Erhebung des DIW.		

TABELLE A 2.2

VERGLEICH DER SUBTRAKTIV ERMITTELTEN WERTSCHOEPFUNGSQUOTEN
1982 MIT DEN ADDITIV ERMITTELTEN WERTSCHOEPFUNGSQUOTEN 1983
JEWEILS GEWICHTET MIT DEM WIRTSCHAFTLICHEN UMSATZ 1982
IN DEN WIRTSCHAFTSGRUPPEN DES VERARBEITENDEN GEWERBES

WIRTSCHAFTSGRUPPE	DURCHSCHNITTLICHE WERTSCHOEPFUNGSQUOTE		
	SUBTRAKTIVES VERFAHREN 1982 IN VH	ADDITIVES VERFAHREN 1983 IN VH	VERAEN-DERUNG IN VH-PUNKTEN
STEINE UND ERDEN	.	.	.
EISENSCH. INDUSTRIE	67.0	45.7	-21.3
NE-METALLE	19.2	15.6	-3.6
GIESSEREIEN	70.2	51.8	-18.3
DRAHTZIEHEREIEN	19.6	14.6	-5.0
CHEMISCHE INDUSTRIE	66.6	46.9	-19.8
HOLZBEARBEITUNG	65.7	62.0	-3.7
PAPIERERZEUGUNG	.	.	.
GUMMIVERARBEITUNG	55.4	64.8	9.4
STAHLVERFORMUNG	68.6	74.6	6.0
STAHLBAU	62.1	44.6	-17.4
MASCHINENBAU	56.8	64.4	7.6
STRASSENFAHRZEUGBAU	55.8	59.9	4.2
ELEKTROTECHNIK	62.6	52.4	-10.2
FEINMECHANIK OPTIK	71.6	80.8	9.2
EBM-WAREN	66.6	60.7	-5.9
BUEROMASCHINEN EDV	42.9	16.9	-26.0
MUSIKINSTRUMENTE	64.6	40.2	-24.4
FEINKERAMIK	.	.	.
GLAS	.	.	..
HOLZVERARBEITUNG	63.9	57.4	-6.5
PAPIERVERARBEITUNG	56.1	48.0	-8.1
DRUCKEREI	58.0	61.8	3.8
KUNSTSTOFFWAREN	61.9	57.0	-4.9
LEDERVERARBEITUNG	69.9	73.5	3.6
TEXTIL	35.3	30.8	-4.5
BEKLEIDUNG	44.7	42.8	-1.9
ERNAEHRUNG	26.2	19.0	-7.2
TABAKVERARBEITUNG	69.0	21.2	-47.8
VERARBEITENDES GEWERBE INSGESAMT	53.8	41.0	-12.8

TABELLE A 2.3

EINFLUSS DER VERAENDERUNG DER PRAEFERENZSATZSTAFFEL AUF DEN
PRAEFERENZSATZ FUER LIEFERUNGEN NACH PAR. 1 BERLINFG IN
DEN WIRTSCHAFTSGRUPPEN DES VERARBEITENDEN GEWERBES

WIRTSCHAFTSGRUPPE	DURCHSCHNITTLICHER PRAEFE-RENZSATZ AUF GRUNDLAGE DER ADDITIV ERMITTELTEN WERT-SCHOEPFUNGSQUOTE 1983 UND ...		
	...ALTER PRAEFE-RENZ-SATZ-STAFFEL IN VH	...NEUER PRAEFE-RENZ-SATZ-STAFFEL IN VH	VERAEN-DERUNG IN VH-PUNKTEN
STEINE UND ERDEN	.	.	.
EISENSCH. INDUSTRIE	4.5	5.0	0.5
NE-METALLE	4.5	3.1	-1.4
GIESSEREIEN	6.0	7.9	1.9
DRAHTZIEHEREIEN	4.5	3.0	-1.5
CHEMISCHE INDUSTRIE	4.8	5.1	0.3
HOLZBEARBEITUNG	5.8	7.1	1.3
PAPIERERZEUGUNG	.	.	.
GUMMIVERARBEITUNG	5.2	6.4	1.2
STAHLVERFORMUNG	5.0	6.8	1.8
STAHLBAU	5.8	7.6	1.8
MASCHINENBAU	5.1	6.2	1.1
STRASSENFAHRZEUGBAU	5.3	6.7	1.4
ELEKTROTECHNIK	5.0	5.7	0.7
FEINMECHANIK OPTIK	5.8	8.7	2.9
EBM-WAREN	5.1	6.5	1.3
BUEROMASCHINEN EDV	4.6	3.7	-0.9
MUSIKINSTRUMENTE	5.1	5.3	0.2
FEINKERAMIK	.	.	.
GLAS	.	.	.
HOLZVERARBEITUNG	5.0	6.7	1.7
PAPIERVERARBEITUNG	4.8	5.4	0.6
DRUCKEREI	5.1	6.1	1.0
KUNSTSTOFFWAREN	4.8	5.0	0.2
LEDERVERARBEITUNG	6.0	8.4	2.4
TEXTIL	4.6	4.0	-0.6
BEKLEIDUNG	4.6	4.8	0.2
ERNAEHRUNG	4.5	3.2	-1.3
TABAKVERARBEITUNG	4.5	3.3	-1.2
VERARBEITENDES GEWERBE INSGESAMT	4.8	4.8	0.0

TABELLE A 2.4

EINFLUSS DER VERAENDERUNG DER PRAEFERENZSATZSTAFFEL AUF DEN
PRAEFERENZSATZ FUER LIEFERUNGEN NACH PAR. 1A BERLINFG IN
DEN WIRTSCHAFTSGRUPPEN DES VERARBEITENDEN GEWERBES

WIRTSCHAFTSGRUPPE	DURCHSCHNITTLICHER PRAEFE-RENZSATZ AUF GRUNDLAGE DER ADDITIV ERMITTELTEN WERT-SCHOEPFUNGSQUOTE 1983 UND ...		
	...ALTER PRAEFE-RENZ-SATZ-STAFFEL IN VH	...NEUER PRAEFE-RENZ-SATZ-STAFFEL IN VH	VERAEN-DERUNG IN VH-PUNKTEN
STEINE UND ERDEN	.	.	.
GIESSEREIEN	6.0	9.6	3.6
CHEMISCHE INDUSTRIE	6.0	7.5	1.5
STAHLBAU	6.0	4.4	-1.6
MASCHINENBAU	6.0	7.2	1.2
STRASSENFAHRZEUGBAU	6.0	7.2	1.2
ELEKTROTECHNIK	6.0	6.9	0.9
FEINMECHANIK OPTIK	6.0	9.4	3.4
EBM-WAREN	6.0	8.6	2.6
BUEROMASCHINEN EDV	6.0	4.0	-2.0
MUSIKINSTRUMENTE	6.0	4.6	-1.4
PAPIERVERARBEITUNG	6.0	5.8	-0.2
DRUCKEREI	6.0	5.0	-1.0
KUNSTSTOFFWAREN	6.0	5.5	-0.5
TEXTIL	6.0	4.6	-1.4
BEKLEIDUNG	6.0	5.7	-0.3
ERNAEHRUNG	6.0	5.1	-0.9
TABAKVERARBEITUNG	6.0	4.3	-1.7
VERARBEITENDES GEWERBE INSGESAMT	6.0	5.8	-0.2

TABELLE A 2.5

EINFLUSS DER NOVELLIERUNG AUF VOLUMEN UND VERTEILUNG
DER PRAEFERENZ NACH PAR. 1, 1A BERLINFG IN DEN
WIRTSCHAFTSGRUPPEN DES VERARBEITENDEN GEWERBES

WIRTSCHAFTSGRUPPE	PRAEFERENZ 1984		
	IN DM 1000		VERAEN-DERUNG IN VH
	EFFEKTIV (NACH ALTER REGELUNG)	NACH DEM PRAEFE-RENZSATZ 1985	
STEINE UND ERDEN	.	.	. .
EISENSCH. INDUSTRIE	3924	3287	-16.2
NE-METALLE	16740	11564	-30.9
GIESSEREIEN	918	1276	39.0
DRAHTZIEHEREIEN	2655	1770	-33.3
CHEMISCHE INDUSTRIE	143144	146838	2.6
HOLZBEARBEITUNG	1980	2426	22.5
PAPIERERZEUGUNG	.	.	.
GUMMIVERARBEITUNG	544	674	23.7
STAHLVERFORMUNG	2294	2792	21.7
STAHLBAU	2174	2707	24.5
MASCHINENBAU	59811	71166	19.0
STRASSENFAHRZEUGBAU	39959	51874	29.8
ELEKTROTECHNIK	440601	459633	4.3
FEINMECHANIK OPTIK	6436	9629	49.6
EBM-WAREN	24813	27432	10.6
BUEROMASCHINEN EDV	138422	96233	-30.5
MUSIKINSTRUMENTE	494	432	-12.6
FEINKERAMIK	.	.	.
GLAS	.	.	.
HOLZVERARBEITUNG	412	554	34.6
PAPIERVERARBEITUNG	22961	24979	8.8
DRUCKEREI	9966	11266	13.0
KUNSTSTOFFWAREN	8986	8950	-0.4
LEDERVERARBEITUNG	372	518	39.3
TEXTIL	30585	26258	-14.1
BEKLEIDUNG	6050	6109	1.0
ERNAEHRUNG	146606	102241	-30.3
TABAKVERARBEITUNG	153042	85731	-44.0
VERARBEITENDES GEWERBE INSGESAMT	1260856	1168817	-7.3

TABELLE A 2.6

EINFLUSS DER NOVELLIERUNG AUF VOLUMEN UND VERTEILUNG
DER PRAEFERENZ NACH PAR. 1 BERLINFG IN DEN
WIRTSCHAFTSGRUPPEN DES VERARBEITENDEN GEWERBES

WIRTSCHAFTSGRUPPE	PRAEFERENZ 1984		VERAEN-DERUNG IN VH
	IN DM 1000		
	EFFEKTIV (NACH ALTER REGELUNG)	NACH DEM PRAEFE-RENZSATZ 1985	
STEINE UND ERDEN	.	.	.
EISENSCH. INDUSTRIE	3924	3287	-16.2
NE-METALLE	16740	11564	-30.9
GIESSEREIEN	672	883	31.5
DRAHTZIEHEREIEN	2655	1770	-33.3
CHEMISCHE INDUSTRIE	92042	82863	-10.0
HOLZBEARBEITUNG	1980	2426	22.5
PAPIERERZEUGUNG	.	.	.
GUMMIVERARBEITUNG	544	674	23.7
STAHLVERFORMUNG	2246	2672	19.0
STAHLBAU	2048	2615	27.7
MASCHINENBAU	48813	57937	18.7
STRASSENFAHRZEUGBAU	27737	37272	34.4
ELEKTROTECHNIK	353847	359915	1.7
FEINMECHANIK OPTIK	5482	8140	48.5
EBM-WAREN	23931	26163	9.3
BUEROMASCHINEN EDV	32054	25123	-21.6
MUSIKINSTRUMENTE	254	248	-2.4
FEINKERAMIK	.	.	.
GLAS	.	.	.
HOLZVERARBEITUNG	412	554	34.6
PAPIERVERARBEITUNG	22673	24701	8.9
DRUCKEREI	8664	10176	17.4
KUNSTSTOFFWAREN	7078	7201	1.7
LEDERVERARBEITUNG	372	518	39.3
TEXTIL	28341	24537	-13.4
BEKLEIDUNG	5282	5377	1.8
ERNAEHRUNG	145034	100898	-30.4
TABAKVERARBEITUNG	146082	79315	-45.7
VERARBEITENDES GEWERBE INSGESAMT	975814	889207	-8.9

TABELLE A 2.7

EINFLUSS DER NOVELLIERUNG AUF VOLUMEN UND VERTEILUNG
DER PRAEFERENZ NACH PAR. 1A BERLINFG IN DEN
WIRTSCHAFTSGRUPPEN DES VERARBEITENDEN GEWERBES

WIRTSCHAFTSGRUPPE	PRAEFERENZ 1984		
	IN DM 1000		VERAEN-DERUNG IN VH
	EFFEKTIV (NACH ALTER REGELUNG)	NACH DEM PRAEFE-RENZSATZ 1985	
STEINE UND ERDEN	.	.	.
GIESSEREIEN	246	393	59.7
CHEMISCHE INDUSTRIE	51102	63976	25.2
STAHLVERFORMUNG	48	120	150.0
STAHLBAU	126	92	-26.7
MASCHINENBAU	10998	13229	20.3
STRASSENFAHRZEUGBAU	12222	14602	19.5
ELEKTROTECHNIK	86754	99718	14.9
FEINMECHANIK OPTIK	954	1489	56.1
EBM-WAREN	882	1270	43.9
BUEROMASCHINEN EDV	106368	71109	-33.1
MUSIKINSTRUMENTE	.	.	.
PAPIERVERARBEITUNG	288	278	-3.4
DRUCKEREI	1302	1090	-16.3
KUNSTSTOFFWAREN	1908	1749	-8.3
TEXTIL	2244	1721	-23.3
BEKLEIDUNG	768	732	-4.6
ERNAEHRUNG	1572	1343	-14.6
TABAKVERARBEITUNG	6960	6416	-7.8
VERARBEITENDES GEWERBE INSGESAMT	285042	279610	-1.9

TABELLE A 2.8

EINFLUSS DER NOVELLIERUNG AUF DIE PRAEFERENZIERUNG DER IN
BERLIN ERBRACHTEN WERTSCHOEPFUNG, DIE IN DEN UMSAETZEN NACH
PAR. 1,1A BERLINFG ENTHALTEN IST

WIRTSCHAFTSGRUPPE	PRAEFERENZ JE EINHEIT BERLINER WERTSCHOEPFUNG 1984		
	EFFEKTIV (NACH ALTER REGELUNG)	NACH DEM PRAEFE- RENZSATZ 1985	VERAENDE- RUNG IN-VH PUNKTEN
STEINE UND ERDEN	.	.	..
EISENSCH. INDUSTRIE	12.9	11.8	-1.2
NE-METALLE	28.8	20.0	-8.8
GIESSEREIEN	8.8	12.2	3.4
DRAHTZIEHEREIEN	31.5	21.0	-10.5
CHEMISCHE INDUSTRIE	16.2	16.4	0.2
HOLZBEARBEITUNG	9.5	12.0	2.5
PAPIERERZEUGUNG	.	.	.
GUMMIVERARBEITUNG	10.9	13.1	2.1
STAHLVERFORMUNG	8.1	8.7	0.7
STAHLBAU	10.9	13.1	2.2
MASCHINENBAU	10.6	13.5	2.9
STRASSENFAHRZEUGBAU	13.3	17.2	3.9
ELEKTROTECHNIK	13.4	13.9	0.6
FEINMECHANIK OPTIK	8.5	12.7	4.3
EBM-WAREN	9.9	11.0	1.0
BUEROMASCHINEN EDV	40.7	28.3	-12.4
MUSIKINSTRUMENTE	21.2	18.5	-2.7
FEINKERAMIK	.	.	.
GLAS	.	.	.
HOLZVERARBEITUNG	8.3	11.2	2.9
PAPIERVERARBEITUNG	10.1	11.0	0.9
DRUCKEREI	13.0	13.4	0.4
KUNSTSTOFFWAREN	12.3	12.5	0.2
LEDERVERARBEITUNG	9.3	13.0	3.7
TEXTIL	15.2	13.0	-2.2
BEKLEIDUNG	14.6	14.5	-0.1
ERNAEHRUNG	35.1	24.9	-10.2
TABAKVERARBEITUNG	29.8	16.7	-13.1
VERARBEITENDES GEWERBE INSGESAMT	16.7	15.4	-1.3

Tabelle A 2.9

Unternehmen, die Möglichkeiten sehen, in Zukunft stärker als bisher Vorleistungen aus Berlin zu beziehen

Wirtschaftsgruppe Größenklasse Unternehmenssitz Reaktionstyp	Roh-stoffe	Vor-produkte	Hilfs- und Betriebs-stoffe	Warenum-schließungen für den Vertrieb	Werk-leistungen	Dienst-leistungen	mindestens eine dieser Vor-leistungen
Grundstoffe und Produktionsgüter	2	3	9	7	10	10	18
Investitionsgüter	11	45	40	27	60	53	92
Verbrauchsgüter	5	14	27	20	28	27	52
Nahrungs- und Genußmittel	4	6	12	17	4	7	25
Verarbeitendes Gewerbe insgesamt	22	68	88	71	102	97	187
davon:							
Unternehmen mit ... Beschäftigten							
1 bis 19	1	2	9	6	8	8	17
20 bis 49	5	17	14	13	28	16	40
50 bis 99	3	15	15	10	25	20	34
100 bis 199	6	12	24	15	13	21	39
200 bis 499	5	9	13	12	12	12	25
500 bis 999	2	7	5	6	4	8	14
über 1 000	0	6	7	9	12	11	17
davon:							
Unternehmen mit Sitz ...							
... außerhalb Berlins	9	27	36	30	38	38	72
... in Berlin	13	41	52	41	64	59	115
davon:							
Unternehmen, die im Zusammenhang mit der Novellierung ...							
... keine Maßnahmen durchgeführt oder geplant haben	7	19	27	20	32	32	64
... Maßnahmen durch-geführt oder geplant haben	15	53	61	51	70	65	123

Quelle: Erhebung des DIW.

Tabelle A 2.10

Gründe, warum keine weiteren Möglichkeiten zum Ausbau der Berliner Bezüge bestehen

Wirtschaftsgruppe Größenklasse Unternehmenssitz Reaktionstyp	Die benötigten Vorleistungen werden in Berlin nicht angeboten	Die benötigten Vorleistungen werden in Berlin nicht in genügendem Umfang angeboten	Die Angebote auswärtiger Unternehmen sind preiswerter	Die auswärtigen Anbieter sind bei kurzfristigen Auftragsvergaben bzw. -änderungen flexibler	Das bestehende Vorleistungspotential in Berlin ist ausgeschöpft	Mindestens einer dieser Gründe
Grundstoffe und Produktionsgüter	36	12	11	4	10	47
Investitionsgüter	98	35	50	11	27	134
Verbrauchsgüter	80	14	19	4	22	103
Nahrungs- und Genußmittel	30	17	19	2	12	48
Verarbeitendes Gewerbe insgesamt	**244**	**78**	**99**	**21**	**71**	**332**
davon:						
Unternehmen mit ... Beschäftigten						
1 bis 19	25	4	6	4	11	35
20 bis 49	66	17	20	3	14	80
50 bis 99	49	10	18	4	15	66
100 bis 199	41	20	29	4	16	69
200 bis 499	32	12	11	4	6	41
500 bis 999	16	8	8	0	6	22
über 1 000	14	7	7	2	3	18
davon:						
Unternehmen mit Sitz ...						
... außerhalb Berlins	88	40	39	6	26	124
... in Berlin	156	38	60	15	45	208
davon:						
Unternehmen, die im Zusammenhang mit der Novellierung ...						
... keine Maßnahmen durchgeführt oder geplant haben	124	33	42	9	45	176
... Maßnahmen durchgeführt oder geplant haben	120	45	57	12	25	155

Quelle: Erhebung des DIW.

161

TABELLE A 2.11

STRUKTUR DER BETRIEBLICHEN WERTSCHOEPFUNG 1983 (IN VH)

WIRTSCHAFTSGRUPPE GROESSENKLASSE UNTERNEHMENSSITZ	ZAHL DER UNTER- NEHMEN	BER- LINER AR- BEITS- LOEHNE	ZU- KUNFTS- SICHE- RUNG	ERHAL- TUNGS- AUF- WAND	MIETEN PACHTEN ERBBAU- ZINSEN	BER- LINER ZINSEN	BER- LINER AB- SCHREI- BUNGEN	BER- LINER GEWINN	INS- GESAMT
GRUNDSTOFFE UND PRODUKTIONSGUETER	43	52.7	14.0	5.6	1.9	3.7	13.3	8.9	100.0
INVESTITIONSGUETER	131	60.6	17.0	4.4	1.4	2.7	12.4	1.4	100.0
VERBRAUCHSGUETER	96	49.2	9.2	3.5	3.0	6.1	21.4	7.5	100.0
NAHRUNGS- UND GENUSSMITTEL	45	44.1	9.0	8.8	2.5	6.7	26.4	2.6	100.0
VERARBEITENDES GEWERBE INSGESAMT	315	56.2	14.8	5.1	1.8	3.7	15.2	3.2	100.0
DAVON: UNTERNEHMEN MIT ... BESCHAEFTIGTEN									
1 BIS 19	31	47.5	6.6	3.8	8.7	5.6	10.3	17.5	100.0
20 BIS 49	77	48.8	8.6	3.1	3.0	3.0	12.3	21.2	100.0
50 BIS 99	65	48.3	8.5	4.2	2.8	4.1	14.5	17.5	100.0
100 BIS 199	61	51.4	10.5	4.7	2.8	5.1	21.6	3.7	100.0
200 BIS 499	40	50.7	11.6	5.3	1.8	7.3	20.7	2.5	100.0
500 BIS 999	22	55.4	11.6	7.1	2.9	4.4	20.3	-1.7	100.0
UEBER 1000	19	58.9	17.3	4.8	1.3	2.7	12.5	2.5	100.0
DAVON: UNTERNEHMEN MIT SITZ ...									
... AUSSERHALB BERLINS	117	55.1	15.2	5.7	1.7	3.9	16.8	1.6	100.0
... IN BERLIN	198	58.5	14.0	3.9	1.8	3.2	12.2	6.3	100.0

NOCH TABELLE A 2.11

STRUKTUR DER BETRIEBLICHEN WERTSCHOEPFUNG 1985 (IN VH)

WIRTSCHAFTSGRUPPE GROESSENKLASSE UNTERNEHMENSSITZ	ZAHL DER UNTER- NEHMEN	BER- LINER AB- BEITS- LOEHNE	ZU- KUNFTS- SICHE- RUNG	ERHAL- TUNGS- AUF- WAND	MIETEN PACHTEN ERBBAU- ZINSEN	BER- LINER ZINSEN	BER- LINER AB- SCHREI- BUNGEN	BER- LINER GEWINN	INS- GESAMT
GRUNDSTOFFE UND PRODUKTICNSGUETER	43	51.0	16.5	6.1	1.9	3.4	12.6	8.6	100.0
INVESTITIONSGUETER	131	57.9	14.2	4.8	2.2	2.2	12.0	6.6	100.0
VERBRAUCHSGUETER	96	48.2	9.0	4.2	3.0	6.5	22.9	6.2	100.0
NAHRUNGS- UND GENUSSMITTEL	45	43.4	11.7	10.4	2.5	5.8	21.5	4.7	100.0
VERARBEITENDES GEWERBE INSGESAMT	315	54.3	13.7	5.6	2.3	3.2	14.2	6.7	100.0
DAVON:									
UNTERNEHMEN MIT ... BESCHAEFTIGTEN									
1 BIS 19	31	46.9	6.3	2.8	8.9	6.2	18.4	10.4	100.0
20 BIS 49	77	47.8	8.8	3.9	2.8	2.9	13.4	20.4	100.0
50 BIS 99	65	47.7	8.2	3.8	2.8	4.2	22.2	11.2	100.0
100 BIS 199	61	50.1	9.7	4.8	3.1	4.5	20.8	6.9	100.0
200 BIS 499	40	48.8	11.8	6.0	1.8	6.1	14.2	11.2	100.0
500 BIS 999	22	53.2	13.4	7.6	3.3	4.5	15.5	2.6	100.0
UEBER 1000	19	56.8	15.3	5.4	1.9	2.2	12.6	5.7	100.0
DAVON:									
UNTERNEHMEN MIT SITZ ...									
... AUSSERHALB BERLINS	117	53.4	13.9	6.4	2.4	3.4	14.7	5.9	100.0
... IN BERLIN	198	55.8	13.5	4.1	2.1	2.9	13.4	8.1	100.0

STRUKTUR DER BETRIEBLICHEN WERTSCHOEPFUNG 1983 (IN VH)

WIRTSCHAFTSGRUPPE	BER-LINER AR-BEITS-LOEHNE	ZU-KUNFTS-SICHE-RUNG	ERHAL-TUNGS-AUF-WAND	MIETEN PACHTEN ERBBAU-ZINSEN	BER-LINER ZINSEN	BER-LINER AB-SCHREI-BUNGEN	BER-LINER GEWINN	INS-GESAMT
STEINE UND ERDEN	63.0	13.2	7.4	1.7	10.5	14.3	-10.1	100.0
EISENSCH. INDUSTRIE	64.7	13.6	13.2	1.1	13.5	35.2	-41.3	100.0
NE-METALLE	54.0	10.7	4.8	1.1	1.9	24.4	3.1	100.0
GIESSEREIEN	49.6	9.3	4.2	1.3	13.0	20.2	2.4	100.0
DRAHTZIEHEREIEN	50.4	14.2	4.5	1.9	2.3	11.3	15.5	100.0
CHEMISCHE INDUSTRIE	37.5	7.5	9.0	.5	6.1	30.0	9.4	100.0
HOLZBEARBEITUNG	58.3	10.5	18.3	2.3	2.7	9.8	-1.9	100.0
PAPIERERZEUGUNG	54.6	6.7	4.4	8.0	4.0	29.1	-6.9	100.0
GUMMIVERARBEITUNG	52.8	9.2	4.2	3.2	3.4	16.2	11.1	100.0
STAHLVERFORMUNG	49.5	10.1	6.7	1.5	5.6	47.7	-20.2	100.0
STAHLBAU	69.6	14.6	3.2	.2	4.4	12.4	-5.8	100.0
MASCHINENBAU	37.7	9.8	6.2	1.5	1.2	28.9	16.0	100.0
STRASSENFAHRZEUGBAU	62.6	18.7	4.6	2.1	2.5	10.4	-.3	100.0
ELEKTROTECHNIK	63.8	20.1	2.3	1.7	2.0	10.0	-.3	100.0
FEINMECHANIK OPTIK	44.9	12.4	4.2	2.0	3.8	21.1	12.5	100.0
EBM-WAREN	52.4	14.6	4.2	7.1	1.6	9.2	16.1	100.0
BUEROMASCHINEN EDV	75.4	14.0	1.5	1.1	9.2	2.7	-2.8	100.0
MUSIKINSTRUMENTE	64.2	18.9	3.6	.8	2.5	11.7	-1.1	100.0
FEINKERAMIK					1.6			100.0
GLAS	52.9	11.5	3.2	2.3	.6	16.1	15.0	100.0
HOLZVERARBEITUNG	62.3	10.1	1.8	2.4	2.6	6.7	14.1	100.0
PAPIERVERARBEITUNG	49.7	8.5	3.5	3.1	5.5	15.5	14.9	100.0
DRUCKEREI	56.5	10.4	3.0	4.1	4.9	20.2	2.0	100.0
KUNSTSTOFFWAREN	37.3	7.0	3.0	1.2	7.6	36.7	4.2	100.0
LEDERVERARBEITUNG	69.9	10.1	1.5	2.2	3.5	4.8	9.0	100.0
TEXTIL	48.0	9.4	5.7	5.1	10.0	26.9	-2.3	100.0
BEKLEIDUNG	45.9	7.6	1.6	2.4	2.4	3.4	33.9	100.0
ERNAEHRUNG	41.1	9.5	7.8	2.4	9.0	21.7	8.6	100.0
TABAKVERARBEITUNG	48.7	8.1	10.3	2.6	3.2	33.6	-6.5	100.0
VERARBEITENDES GEWERBE INSGESAMT	56.2	14.8	5.1	1.8	3.7	15.2	3.2	100.0

NOCH TABELLE A 2.12

STRUKTUR DER BETRIEBLICHEN WERTSCHOEPFUNG 1985 (IN VH)

WIRTSCHAFTSGRUPPE	BER-LINER AR-BEITS-LOEHNE	ZU-KUNFTS-SICHE-RUNG	ERHAL-TUNGS-AUF-WAND	MIETEN PACHTEN ERBBAU-ZINSEN	BER-LINER ZINSEN	BER-LINER AB-SCHREI-BUNGEN	BER-LINER GEWINN	INS-GESAMT
STEINE UND ERDEN	56.4	12.1	9.0	1.2	.5	15.2	.8	100.0
EISENSCH. INDUSTRIE	43.0	8.6	10.5	3.6	11.8	19.7	2.9	100.0
NE-METALLE	64.1	13.0	5.4	2.4	3.0	12.6	-.6	100.0
GIESSEREIEN	46.2	8.1	7.1	1.8	17.1	16.4	3.4	100.0
DRAHTZIEHEREIEN	49.6	18.1	5.0	1.7	2.4	11.7	11.6	100.0
CHEMISCHE INDUSTRIE	38.9	7.6	10.0	.6	8.2	19.7	15.1	100.0
HOLZBEARBEITUNG	46.0	8.7	17.4	1.8	1.6	12.1	12.3	100.0
PAPIERERZEUGUNG	65.8	9.2	2.9	6.5	3.2	23.5	-11.2	100.0
GUMMIVERARBEITUNG	55.2	9.9	5.1	3.0	3.1	17.0	6.7	100.0
STAHLVERFORMUNG	56.0	10.9	6.9	1.3	4.1	19.4	1.0	100.0
STAHLBAU	65.5	13.2	3.2	2.1	3.6	11.5	1.4	100.0
MASCHINENBAU								100.0
STRASSENFAHRZEUGBAU	50.0	11.0	7.1	.3	1.2	18.1	12.4	100.0
ELEKTROTECHNIK	59.3	14.9	5.1	2.5	1.9	10.1	6.1	100.0
FEINMECHANIK OPTIK	58.1	12.1	2.5	1.6	1.4	9.7	14.6	100.0
EBM-WAREN	43.9	10.6	6.5	1.5	5.1	23.1	9.3	100.0
BUEROMASCHINEN EDV	45.5	14.9	2.7	1.5	1.6	18.4	15.3	100.0
MUSIKINSTRUMENTE	56.8	13.7	2.3	5.6	2.2	7.7	11.7	100.0
FEINKERAMIK	60.9	17.7	8.0	1.4	2.1	19.5	-9.5	100.0
GLAS	48.3	9.8	3.1	1.3	.6	36.0	1.0	100.0
HOLZVERARBEITUNG	56.3	9.4	2.0	2.2	1.6	5.1	23.4	100.0
PAPIERVERARBEITUNG	49.8	8.5	3.6	2.7	6.2	21.2	7.9	100.0
DRUCKEREI	58.4	10.8	3.4	2.8	3.8	15.7	5.3	100.0
KUNSTSTOFFWAREN	40.6	7.3	5.2	4.7	9.2	30.9	2.1	100.0
LEDERVERARBEITUNG	68.3	11.1	1.8	1.9	3.7	6.0	7.3	100.0
TEXTIL	41.4	8.3	5.0	1.8	9.1	29.8	4.5	100.0
BEKLEIDUNG	49.5	8.2	1.7	5.3	3.0	6.2	26.1	100.0
ERNAEHRUNG	41.3	9.1	8.3	2.5	7.1	17.8	14.0	100.0
TABAKVERARBEITUNG	46.4	15.3	13.4	2.5	3.9	26.7	-8.2	100.0
VERARBEITENDES GEWERBE INSGESAMT	54.3	13.7	5.6	2.3	3.2	14.2	6.7	100.0

TABELLE A 2.13

ENTWICKLUNG DER BETRIEBLICHEN WERTSCHOEPFUNGSQUOTE 1983 BIS 1985

WIRTSCHAFTSGRUPPE	BETRIEBLICHE WERTSCHOEPFUNGSQUOTE				
	IN VH			VERAENDERUNG IN VH- PUNKTEN	
	1983	1984	1985	1984/ 1983	1985/ 1984
STEINE UND ERDEN	.	.	.	.	.
EISENSCH. INDUSTRIE	28.1	28.3	32.0	0.2	3.7
NE-METALLE	13.7	14.9	17.2	1.2	2.3
GIESSEREIEN	49.1	59.8	59.7	10.7	0.0
DRAHTZIEHEREIEN	12.3	13.6	15.3	1.3	1.7
CHEMISCHE INDUSTRIE	35.5	34.6	34.2	-0.9	-0.4
HOLZBEARBEITUNG	62.8	61.4	63.5	-1.4	2.1
PAPIERERZEUGUNG	.	.	.	.	.
GUMMIVERARBEITUNG	53.1	47.9	45.4	-5.2	-2.4
STAHLVERFORMUNG	59.7	59.7	56.3	0.0	-3.4
STAHLBAU	52.0	50.1	48.3	-1.9	-1.7
MASCHINENBAU	50.8	50.5	48.7	-0.3	-1.8
STRASSENFAHRZEUGBAU	49.8	37.8	34.0	-12.0	-3.8
ELEKTROTECHNIK	40.4	38.9	36.7	-1.6	-2.2
FEINMECHANIK OPTIK	61.0	63.7	62.1	2.7	-1.5
EBM-WAREN	52.8	55.0	51.4	2.3	-3.6
BUEROMASCHINEN EDV	10.2	12.4	11.4	2.3	-1.0
MUSIKINSTRUMENTE	35.8	30.3	31.0	-5.5	0.7
FEINKERAMIK	.	.	.	.	.
GLAS	.	.	.	.	.
HOLZVERARBEITUNG	50.8	53.5	50.9	2.6	-2.6
PAPIERVERARBEITUNG	41.4	46.1	43.2	4.7	-2.9
DRUCKEREI	42.5	41.5	40.0	-1.0	-1.5
KUNSTSTOFFWAREN	54.9	54.9	51.5	0.0	-3.4
LEDERVERARBEITUNG	63.1	63.5	63.8	0.4	0.3
TEXTIL-	24.7	24.3	24.5	-0.4	0.2
BEKLEIDUNG	27.1	24.3	26.0	-2.9	1.7
ERNAEHRUNG	18.4	13.3	14.2	-5.1	0.9
TABAKVERARBEITUNG	18.3	20.9	14.6	2.5	-6.2
VERARBEITENDES GEWERBE INSGESAMT	31.7	31.0	29.1	-0.7	-1.9

TABELLE A 2.14

MODELLRECHNUNG: ENTWICKLUNG DER BETRIEBLICHEN WERTSCHOEPFUNGSQUOTE
1983 BIS 1985
BEI ANNAHME GLEICHBLEIBENDER UMSATZSTRUKTUREN

WIRTSCHAFTSGRUPPE

BETRIEBLICHE WERTSCHOEPFUNGSQUOTE
(GEWICHTET MIT DEM WIRTSCHAFTLICHEN
UMSATZ 1983)

	IN VH			VERAENDERUNG IN VH-PUNKTEN	
	1983	1984	1985	1984/ 1985	1985/ 1984
STEINE UND ERDEN	.	.	.	.	.
EISENSCH. INDUSTRIE	28.1	28.7	31.9	0.6	3.2
NE-METALLE	13.7	15.4	23.9	1.8	8.5
GIESSEREIEN	49.1	60.3	60.0	11.2	-0.3
DRAHTZIEHEREIEN	12.3	13.6	15.3	1.3	1.7
CHEMISCHE INDUSTRIE	35.5	34.6	34.0	-0.9	-0.7
HOLZBEARBEITUNG	62.8	61.4	63.5	-1.4	2.1
PAPIERERZEUGUNG	.	.	.	.	.
GUMMIVERARBEITUNG	53.1	46.2	45.6	-6.9	-0.6
STAHLVERFORMUNG	59.7	59.2	55.5	-0.5	-3.7
STAHLBAU	52.0	51.7	47.0	-0.3	-4.7
MASCHINENBAU	50.8	49.8	47.7	-1.1	-2.0
STRASSENFAHRZEUGBAU	49.8	38.3	34.7	-11.6	-3.6
ELEKTROTECHNIK	40.4	39.3	37.3	-1.1	-2.0
FEINMECHANIK OPTIK	61.0	63.0	60.2	2.1	-2.8
EBM-WAREN	52.8	56.4	57.0	3.7	0.6
BUEROMASCHINEN EDV	10.2	12.0	11.7	1.8	-0.2
MUSIKINSTRUMENTE	35.8	27.3	27.5	-8.5	0.2
FEINKERAMIK	.	.	.	.	.
GLAS	.	.	.	.	.
HOLZVERARBEITUNG	50.8	52.7	50.2	1.9	-2.5
PAPIERVERARBEITUNG	41.4	45.9	43.0	4.5	-3.0
DRUCKEREI	42.5	42.2	41.5	-0.3	-0.7
KUNSTSTOFFWAREN	54.9	55.8	52.5	1.0	-3.3
LEDERVERARBEITUNG	63.1	63.7	63.9	0.5	0.3
TEXTIL	24.7	27.0	26.9	2.4	-0.2
BEKLEIDUNG	27.1	24.2	26.6	-3.0	2.4
ERNAEHRUNG	18.4	15.8	16.1	-2.6	0.3
TABAKVERARBEITUNG	18.3	21.3	15.1	3.0	-6.2
VERARBEITENDES GEWERBE INSGESAMT	31.7	31.3	29.9	-0.4	-1.4

167

TABELLE A 2.15

ARBEITNEHMER, DEREN ARBEITSLOEHNE DIE BEITRAGSBEMESSUNGSGRENZE DER
GESETZLICHEN RENTENVERSICHERUNG FUER ANGESTELLTE UEBERSTEIGEN

WIRTSCHAFTSGRUPPE	BEGUENSTIGTE ARBEITNEHMER ABSOLUT			IN VH ALLER BESCHAEFTIGTEN		
	1983	1984	1985	1983	1984	1985
STEINE UND ERDEN	206	156	146	14.1	11.3	9.9
EISENSCH. INDUSTRIE	33	50	52	4.9	8.3	8.0
NE-METALLE	9	17	15	1.6	3.6	2.9
GIESSEREIEN	12	12	4	13.8	15.0	4.7
DRAHTZIEHEREIEN	12	12	7	·	·	·
CHEMISCHE INDUSTRIE	1525	1522	1569	17.6	17.1	16.7
HOLZBEARBEITUNG	12	6	7	7.0	3.6	4.8
PAPIERERZEUGUNG	5	5	4	4.3	4.2	2.8
GUMMIVERARBEITUNG	22	30	31	3.9	4.5	4.5
STAHLVERFORMUNG	20	29	27	4.6	6.3	3.9
STAHLBAU	·	·	·	·	·	·
MASCHINENBAU	1218	1133	1000	11.7	11.2	10.5
STRASSENFAHRZEUGBAU	302	425	393	12.3	17.6	16.1
ELEKTROTECHNIK	6464	6031	6108	15.6	14.2	14.0
FEINMECHANIK OPTIK	103	114	108	7.4	7.8	6.8
EBM-WAREN	162	204	243	5.5	7.0	6.8
BUEROMASCHINEN EDV	1208	1187	1172	41.6	35.4	34.8
MUSIKINSTRUMENTE	6	·	5	9.1	8.6	8.5
FEINKERAMIK	·	·	·	·	·	·
GLAS	·	·	·	·	·	·
HOLZVERARBEITUNG	4	·	·	3.2	3.1	2.8
PAPIERVERARBEITUNG	130	127	136	4.9	4.9	5.0
DRUCKEREI	89	65	99	6.5	6.7	6.4
KUNSTSTOFFWAREN	97	88	69	7.7	6.7	6.4
LEDERVERARBEITUNG	·	3	·	·	2.4	2.2
TEXTIL	63	54	62	3.2	2.6	2.5
BEKLEIDUNG	46	50	43	5.7	5.0	4.5
ERNAEHRUNG	338	317	269	4.7	4.4	4.1
TABAKVERARBEITUNG	477	450	369	12.0	11.2	9.0
VERARBEITENDES GEWERBE INSGESAMT	12698	12461	12237	13.4	12.6	12.1

TABELLE A 2.16

ANTEIL DER BETRIEBLICHEN WERTSCHOEPFUNG UND DER HINZURECHNUNGSBETRAEGE AM UMSATZ 1983 (IN VH)

WIRTSCHAFTSGRUPPE	BETRIEBLICHE WERTSCHOEP-FUNGS-QUOTE	HINZU-RECHNUNG HOHE LOEHNE	HINZU-RECHNUNG EINZEL-UNTER-NEHMEN	HINZU-RECHNUNG AUSZU-BILDENDE	LIEFE-RUNGEN AUS BERLIN	SONST. LEI-STUNGEN AUS BERLIN	WERT-SCHOEP-FUNGS-QUOTE NACH PAR. 6A BERLINFG
STEINE UND ERDEN	28.1	3.8	0.0	0.6	3.3	4.0	39.7
EISENSCH. INDUSTRIE	13.7	1.0	0.0	0.0	1.1	0.6	16.4
NE-METALLE	49.1	2.0	7.0	0.2	1.3	1.6	55.3
GIESSEREIEN	12.3	1.9	0.0	0.1	0.3	0.0	14.6
DRAHTZIEHEREIEN	36.1	9.8	0.0	0.5	0.7	0.5	47.5
CHEMISCHE INDUSTRIE	62.8	3.4	0.4	0.3	1.3	0.3	68.6
HOLZBEARBEITUNG	53.1	3.5	2.3	0.7	1.3	1.1	61.9
PAPIERERZEUGUNG	59.7	4.0	1.3	0.3	1.0	4.0	69.2
GUMMIVERARBEITUNG	52.0	4.9	0.0	0.2	1.0	1.3	59.1
STAHLVERFORMUNG	50.7	9.9	0.1	0.6	1.0	1.7	66.7
MASCHINENBAU	49.6	5.4	0.1	0.6	3.8	1.1	56.9
STRASSENFAHRZEUGBAU	40.9	7.1	0.0	0.9	0.9	0.1	52.5
ELEKTROTECHNIK	61.0	9.3	0.8	0.6	2.8	0.9	76.3
FEINMECHANIK OPTIK	52.8	2.8	0.0	0.6	3.3	1.3	61.6
EBM-WAREN	10.2	3.2	0.0	0.0	1.2	1.2	74.7
BUEROMASCHINEN EDV	35.8	3.3	1.1	0.7	1.0	0.3	42.7
MUSIKINSTRUMENTE	.	.	.	.	.	.	.
FEINKERAMIK	.	.	.	.	.	.	.
GLAS	.	.	.	.	.	.	.
HOLZVERARBEITUNG	50.8	2.0	2.0	0.6	0.7	0.5	57.0
PAPIERVERARBEITUNG	41.4	3.7	0.3	0.6	2.6	0.7	49.3
DRUCKEREI	45.9	6.1	0.7	0.2	2.3	3.8	59.1
KUNSTSTOFFWAREN	54.9	4.2	0.5	0.2	1.7	0.5	62.0
LEDERVERARBEITUNG	63.1	6.5	2.8	0.9	0.6	0.0	74.7
TEXTIL	24.7	1.1	0.0	0.1	1.1	3.0	30.8
BEKLEIDUNG	27.1	3.2	0.5	0.3	0.7	7.5	39.4
ERNAEHRUNG	18.4	1.0	0.1	0.1	0.9	0.3	20.7
TABAKVERARBEITUNG	16.3	1.0	0.0	0.1	0.6	0.2	27.1
VERARBEITENDES GEWERBE INSGESAMT	31.6	5.2	0.1	0.4	1.8	0.8	40.1

ANTEIL DER BETRIEBLICHEN WERTSCHOEPFUNG UND DER HINZURECHNUNGSBETRAEGE AM UMSATZ 1985 (IN VH)

WIRTSCHAFTSGRUPPE	BETRIEB- LICHE WERT- SCHOEP- FUNGS- QUOTE	HINZU- RECHNUNG HOHE LOEHNE	HINZU- RECHNUNG EINZEL- UNTER- NEHMEN	HINZU- RECHNUNG AUSZU- BILDENDE	LIEFE- RUNGEN AUS BERLIN	SONST. LEI- STUNGEN AUS BERLIN	WERT- SCHOEP- FUNGS- QUOTE NACH PAR. 6A BERLINFG
STEINE UND ERDEN	42.0	.	.	0.7	7.2	0.4	49.1
EISENSCH. INDUSTRIE	17.2	1.4	0.0	0.1	0.8	0.0	19.5
NE-METALLE	59.7	2.3	0.0	0.4	2.7	0.2	70.1
GIESSEREIEN	15.2	1.0	0.0	0.1	0.7	0.0	16.8
DRAHTZIEHEREIEN	30.2	2.5	0.0	0.3	0.7	0.0	40.4
CHEMISCHE INDUSTRIE	63.0	2.7	0.0	0.3	1.5	0.0	68.0
HOLZBEARBEITUNG	42.4	3.5	0.9	0.3	1.0	0.8	54.2
PAPIERERZEUGUNG	57.2	3.0	0.2	0.2	1.6	0.8	66.7
GUMMIVERARBEITUNG	46.3	3.7	0.1	0.3	1.0	1.1	55.0
STAHLVERFORMUNG	46.0	4.0	0.1	0.6	3.1	1.1	63.0
STAHLBAU	34.0	5.0	0.1	0.5	0.7	0.1	39.9
MASCHINENBAU	36.3	4.0	0.6	0.4	2.7	0.3	47.1
STRASSENFAHRZEUGBAU	62.1	6.1	0.1	0.8	4.2	1.2	78.7
ELEKTROTECHNIK	51.4	2.9	0.2	0.4	1.4	1.7	61.0
FEINMECHANIK OPTIK	11.4	2.6	1.2	0.1	1.9	0.0	16.4
EBM-WAREN	31.0	.	.	0.8	0.9	0.6	38.1
BUEROMASCHINEN EDV							
MUSIKINSTRUMENTE	50.9	1.1	1.7	0.7	0.6	0.3	06.0
FEINKERAMIK	43.2	3.0	0.3	0.7	2.6	1.1	51.0
GLAS	39.0	3.6	0.7	0.2	2.4	2.6	49.4
HOLZVERARBEITUNG	51.4	3.8	3.0	0.8	2.2	0.7	58.8
PAPIERVERARBEITUNG	63.8	0.9	0.2	0.4	0.8	0.4	75.3
DRUCKEREI	25.0	3.0	0.5	0.1	0.8	3.0	34.3
KUNSTSTOFFWAREN	26.0	3.0	0.0	0.1	0.8	0.0	36.9
LEDERVERARBEITUNG	14.1	0.8	0.0	0.1	0.5	0.2	16.0
TEXTIL	14.6	1.2	0.0	0.1	0.5	0.2	16.6
VERARBEITENDES GEWERBE INSGESAMT	29.1	4.5	0.1	0.4	1.8	0.9	36.8

TABELLE A 2.18

ANRECHENBARE LIEFERUNGEN NACH PAR. 6C BERLINFG
IN VH DER BESCHEINIGTEN LIEFERUNGEN
IN DEN WIRTSCHAFTSGRUPPEN DES VERARBEITENDEN GEWERBES

WIRTSCHAFTSGRUPPE	1982	1983	1984	1985
STEINE UND ERDEN	60.0	.	.	.
NE-METALLE	60.0	15.3	15.3	15.3
GIESSEREIEN	60.0	59.9	59.5	59.8
DRAHTZIEHEREIEN	60.0	57.6	57.3	57.6
CHEMISCHE INDUSTRIE	60.0	28.4	28.1	26.7
HOLZBEARBEITUNG	60.0	41.6	42.8	45.5
PAPIERERZEUGUNG	60.0	.	.	.
GUMMIVERARBEITUNG	60.0	60.0	59.8	59.5
STAHLVERFORMUNG	60.0	58.7	58.6	59.7
STAHLBAU	60.0	60.0	60.0	62.8
MASCHINENBAU	60.0	55.6	54.5	51.6
STRASSENFAHRZEUGBAU	60.0	51.9	51.5	51.1
ELEKTROTECHNIK	60.0	45.3	45.0	44.4
FEINMECHANIK OPTIK	60.0	70.3	68.3	68.4
EBM-WAREN	60.0	51.1	45.5	32.6
BUEROMASCHINEN EDV	60.0	33.4	42.7	52.3
MUSIKINSTRUMENTE	60.0	54.0	54.9	32.1
FEINKERAMIK	60.0	.	.	.
GLAS	60.0	.	.	.
HOLZVERARBEITUNG	60.0	48.5	48.0	48.7
PAPIERVERARBEITUNG	60.0	43.5	41.3	41.6
DRUCKEREI	60.0	60.9	60.4	57.9
KUNSTSTOFFWAREN	60.0	47.1	46.7	45.2
LEDERVERARBEITUNG	60.0	74.7	74.5	74.3
TEXTIL	60.0	21.1	21.9	21.3
BEKLEIDUNG	60.0	65.8	64.4	56.8
ERNAEHRUNG	60.0	16.8	16.7	17.3
VERARBEITENDES GEWERBE INSGESAMT	60.0	31.6	31.9	32.4

TABELLE 2.19

STRUKTUR DER BERLINER WERTSCHOEPFUNG NACH PAR. 6A BERLINFG 1983 (IN VH)

WIRTSCHAFTSGRUPPE GROESSENKLASSE UNTERNEHMENSSITZ REAKTIONSTYP	ZAHL DER UNTER-NEHMEN	BER-LINER AB-BETTS-LOEHNE	ZU-KUNFTS-SICHE-RUNG	HINZU-RECH-NUNG HOHE LOEHNE	HINZU-RECH-NUNG EINZEL-UNTER-NEHMEN	HINZU-RECH-NUNG AZUBI-VERGUE-TUNGEN	HINZU-RECH-NUNG HOHE AZUBI-VERGUE-TUNGEN	ERHAL-TUNGS-AUF-WAND	MIETEN-PACHTEN-ERBBAU-ZINSEN	BER-LINER ZINSEN	BER-LINER AB-SCHREI-BUNGEN	BER-LINER ITALER-GEWINN	LIZ-FERUN-GEN AUS BERLIN	SON-STIGE LEI-STUNGN AUS BERLIN	INS-GESAMT
GRUNDSTOFFE UND PRODUKTIONSGUETER	41	40.5	10.7	17.9	0.2	0.8	0.2	4.3	1.5	2.8	10.1	6.6	2.4	2.1	100.0
INVESTITIONSGUETER	128	47.3	13.3	13.8	0.1	1.3	0.1	3.5	1.7	2.7	9.6	1.1	5.7	1.7	100.0
VERBRAUCHSGUETER	95	40.2	7.6	7.2	0.9	0.7	0.1	2.9	2.4	5.0	17.5	6.7	3.7	5.8	100.0
NAHRUNGS- UND GENUSSMITTEL	45	38.9	7.9	6.5	0.2	0.2	0.1	7.7	2.2	5.9	23.3	2.3	3.6	1.2	100.0
VERARBEITENDES GEWERBE INSGESAMT	309	44.6	11.8	12.9	0.2	1.1	0.0	4.0	1.4	2.9	12.0	2.5	4.4	2.1	100.0
DAVON: UNTERNEHMEN MIT ... BESCHAEFTIGTEN															
1 BIS 19	30	37.2	5.5	4.4	6.3	0.1	0.0	2.9	7.2	4.6	6.0	13.0	6.9	3.8	100.0
20 BIS 49	75	40.8	7.1	7.4	2.4	0.4	0.0	2.6	2.6	2.3	9.9	16.2	4.7	3.5	100.0
50 BIS 99	65	38.3	6.8	7.8	1.7	0.6	0.0	3.8	2.2	3.2	11.5	13.9	3.2	5.9	100.0
100 BIS 199	59	41.1	8.3	7.8	0.7	0.5	0.1	3.2	2.2	3.8	17.6	3.3	4.0	6.3	100.0
200 BIS 499	39	43.0	9.0	8.6	0.2	0.5	0.1	4.5	2.5	6.1	17.9	2.0	2.9	1.4	100.0
500 BIS 999	22	45.4	9.5	10.0	0.0	0.6	0.0	5.8	2.0	4.6	16.0	-1.4	2.4	1.4	100.0
UEBER 1000	19	45.7	13.4	15.2	0.0	1.4	0.0	3.8	1.0	2.1	9.7	1.9	4.2	1.5	100.0
DAVON: UNTERNEHMEN MIT SITZ ...															
... AUSSERHALB BERLINS	113	44.2	12.2	12.1	0.1	1.2	0.0	4.6	1.4	3.2	13.5	1.2	4.7	1.7	100.0
... IN BERLIN	196	45.4	10.9	14.6	0.4	0.8	0.1	3.0	1.4	2.5	9.4	4.5	3.7	2.8	100.0
DAVON: UNTERNEHMEN, DIE IM ZUSAMMENHANG MIT DER NOVELLIERUNG ...															
... KEINE MASSNAHMEN DURCHGEFUEHRT ODER GEPLANT HABEN	156	46.4	13.2	11.6	0.2	1.3	0.0	4.3	1.3	3.3	11.6	-1.2	5.3	2.2	100.0
... MASSNAHMEN DURCHGEFUEHRT ODER GEPLANT HABEN	152	43.0	10.5	13.9	0.2	0.9	0.1	3.8	1.5	2.6	12.4	5.7	3.6	2.0	100.0

STRUKTUR DER BERLINER WERTSCHOEPFUNG NACH PAR. 6A BERLINFG 1985 (IN VH)

WIRTSCHAFTSGRUPPE / GROESSENKLASSE / UNTERNEHMENSSITZ / REAKTIONSTYP	ZAHL DER UNTER-NEHMEN	BER-LINER ARBEITS-LOEHNE	ZU-KUNFTS-SICHE-RUNG	HINZU-RECH-NUNG HOHE LOEHNE	HINZU-RECH-NUNG EINZELL-UNTER-NEHMEN	HINZU-RECH-NUNG AZUBI-VERGUE-TUNGEN	HINZU-RECH-NUNG HOHE AZUBI-VERGUE-TUNGEN	ERHAL-TUNGS-AUF-WAND	MIETEN FACHTEN ERBBAU-ZINSEN	BER-LINER ZINSEN	BER-LINER ABSCHREI-BUNGEN	BER-LINER GEWINN	LIE-FERUN-GEN AUS BERLIN	SON-STIGE LEI-STUNGN AUS BERLIN	INS-GESAMT
REAKTIONSTYP															
GRUNDSTOFFE UND PRODUKTIONSGUETER	41	38.8	12.6	17.6	0.1	0.9	0.2	4.6	1.4	2.6	9.5	6.4	3.2	2.7	100.0
INVESTITIONSGUETER	128	45.2	11.1	13.0	0.1	1.2	0.0	3.8	1.7	1.7	9.4	5.2	5.8	1.8	100.0
VERBRAUCHSGUETER	95	38.6	7.3	6.0	0.9	0.8	0.0	3.4	2.4	5.2	18.4	4.9	3.7	6.4	100.0
NAHRUNGS- UND GENUSSMITTEL	45	36.3	10.3	5.8	0.3	0.4	0.0	9.2	2.2	5.1	19.0	4.2	4.1	1.2	100.0
VERARBEITENDES GEWERBE INSGESAMT	309	42.5	10.9	12.3	0.2	1.0	0.0	4.4	1.8	2.6	11.3	5.2	5.0	2.4	100.0
DAVON: UNTERNEHMEN MIT ... BESCHAEFTIGTEN															
1 BIS 19	30	37.2	5.2	2.3	0.2	0.4	0.0	2.2	7.5	5.2	14.6	7.8	4.1	4.3	100.0
20 BIS 49	75	39.1	7.1	7.8	2.1	0.5	0.0	3.3	2.3	2.4	10.8	15.3	6.0	3.3	100.0
50 BIS 99	65	37.4	6.4	7.7	1.2	0.6	0.0	3.0	2.2	3.3	17.7	8.8	8.6	3.2	100.0
100 BIS 199	59	38.3	7.3	7.1	0.7	0.6	0.0	3.8	2.4	3.5	16.6	5.4	4.3	5.8	100.0
200 BIS 499	39	41.2	10.0	6.9	0.2	0.7	0.0	5.1	1.5	5.3	12.3	5.7	3.7	1.5	100.0
500 BIS 999	22	44.2	11.1	9.0	0.0	1.3	0.0	6.3	2.7	3.7	12.9	2.1	5.7	1.5	100.0
UEBER 1000	19	44.0	11.3	14.6	0.5	1.3	0.0	4.2	1.5	1.7	9.7	4.4	4.9	1.8	100.0
DAVON: UNTERNEHMEN MIT SITZ ...															
... AUSSERHALB BERLINS	113	42.7	11.1	11.2	0.1	1.0	.0	5.2	1.9	2.7	11.8	4.6	5.9	1.8	100.0
... IN BERLIN	196	43.3	10.5	14.2	0.4	1.0	.1	3.2	1.6	2.3	10.3	6.3	3.3	3.6	100.0
DAVON: UNTERNEHMEN, DIE IM ZUSAMMENHANG MIT DER NOVELLIERUNG ...															
... KEINE MASS-NAHMEN DURCH-GEFUEHRT ODER GEPLANT HABEN	156	44.3	11.1	10.7	0.2	1.4	0.0	5.2	1.4	2.2	10.9	3.8	5.4	2.5	100.0
... MASSNAHMEN DURCHGEFUEHRT ODER GEPLANT HABEN	152	41.7	10.7	13.4	0.2	0.7	0.1	3.8	2.1	2.3	11.6	6.5	4.6	2.3	100.0

TABELLE A 2.20

STRUKTUR DER BERLINER WERTSCHOEPFUNG NACH PAR. 6A BERLINFG 1983
IN DEN WIRTSCHAFTSGRUPPEN DES VERARBEITENDEN GEWERBES (IN VH)

WIRTSCHAFTSGRUPPE	BER-LINER AR-BEITS-LOEHNE	ZU-KUNFTS-SICHE-RUNG	HINZU-RECH-NUNG HOHE LOEHNE	HINZU-RECH-NUNG EINZEL-UNTER-NEHMEN	HINZU-RECH-NUNG AZUBI-VERGUE-TUNGEN	HINZU-RECH-NUNG AZUBI HOHE VERGUE-TUNGEN	ERHAL-TUNGS-AUF-WAND	MIETEN PACHTEN ERBBAU-ZINSEN	BER-LINER ZINSEN	BER-LINER AB-SCHREI-BUNGEN	BER-LINER GEWINN	LIEFE-RUNGEN AUS BERLIN	SON-STIGE LEI-STUNGEN AUS BERLIN	BER-LINER WERT-SCHOEP-FUNG INS-GESAMT
STEINE UND ERDEN	.	.	.	.	.	.	.	.	.	.	.	.	.	.
EISENSCH. INDUSTRIE	44.5	9.3	9.5	0.1	.	0.0	5.3	1.2	7.5	10.1	-7.2	8.2	10.1	100.0
NE-METALLE	54.0	11.3	6.2	0.0	1.4	0.0	11.0	0.9	11.2	29.3	-34.4	6.6	3.6	100.0
GIESSEREIEN	48.7	9.5	3.6	1.7	0.4	0.0	4.3	1.0	11.7	21.7	2.0	2.4	3.0	100.0
DRAHTZIEHEREIEN	41.7	7.8	13.0	0.1	0.0	0.2	3.5	1.5	11.0	17.0	11.6	2.2	3.0	100.0
CHEMISCHE INDUSTRIE	38.4	10.9	20.5	0.6	0.7	0.2	3.4	1.5	1.7	8.4	0.6	1.4	1.1	100.0
HOLZBEARBEITUNG	34.4	6.9	5.0	0.6	0.2	0.2	8.2	0.5	5.6	27.5	0.6	1.9	0.5	100.0
PAPIERERZEUGUNG	46.8	5.8	5.7	3.7	1.1	0.0	3.8	6.9	3.4	24.9	-0.9	2.0	1.8	100.0
GUMMIVERARBEITUNG	45.5	7.9	6.3	1.9	0.3	0.0	3.6	2.7	2.9	13.9	-3.0	2.4	3.7	100.0
STAHLVERFORMUNG	43.6	8.8	6.6	1.2	0.0	0.0	5.9	0.4	5.0	42.0	-17.0	1.7	2.2	100.0
STAHLBAU	53.0	11.1	14.5	0.2	1.0	0.0	2.5	0.2	3.3	9.3	-14.4	5.7	2.2	100.0
MASCHINENBAU	33.0	8.6	9.4	0.3	0.8	0.0	5.4	1.7	1.9	25.3	-14.3	5.3	0.2	100.0
STRASSENFAHRZEUGBAU	48.8	14.7	13.0	0.3	0.2	0.0	3.6	1.9	1.6	8.0	-10.3	4.9	1.7	100.0
ELEKTROTECHNIK	51.0	16.0	12.2	1.1	0.5	0.0	3.6	0.4	3.3	8.0	-0.7	1.9	1.7	100.0
FEINMECHANIK OPTIK	38.4	10.1	21.5	0.2	0.2	0.0	2.9	0.4	1.1	16.1	-10.7	7.0	1.9	100.0
EBM-WAREN	36.2	11.7	7.7	2.0	0.5	0.0	1.2	5.9	2.1	6.3	-11.1	7.0	2.0	100.0
BUEROMASCHINEN EDV	63.0	.	.	.	.	.	.	.	.	2.2	-2.4	1.8	2.6	100.0
MUSIKINSTRUMENTE	.	.	.	.	.	.	.	.	.	.	.	.	.	.
FEINKERAMIK	.	.	.	.	.	.	.	.	.	.	.	.	.	.
GLAS	.	.	.	.	.	.	.	.	.	.	.	.	.	.
HOLZVERARBEITUNG	55.6	9.0	3.6	3.6	1.0	0.0	1.6	2.1	2.3	5.9	12.6	1.2	1.6	100.0
PAPIERVERARBEITUNG	41.7	7.1	7.5	0.4	1.2	0.0	3.0	2.4	4.6	13.0	12.5	3.2	1.5	100.0
DRUCKEREI	44.0	8.2	10.4	1.4	0.3	0.0	2.3	2.7	6.9	15.8	-1.3	3.9	6.4	100.0
KUNSTSTOFFWAREN	33.1	6.2	6.8	0.6	0.2	0.0	2.7	3.7	6.9	32.5	3.0	2.8	0.8	100.0
LEDERVERARBEITUNG	59.1	8.5	9.2	3.7	1.2	0.2	1.3	1.0	2.9	4.1	7.0	0.8	0.6	100.0
TEXTIL	38.4	6.2	3.2	0.8	0.7	0.1	4.6	1.8	8.0	21.5	-1.8	3.6	11.7	100.0
BEKLEIDUNG	31.7	5.2	0.0	1.2	0.2	0.1	1.1	3.5	1.7	2.4	23.4	1.7	19.1	100.0
ERNAEHRUNG	36.5	8.5	0.0	0.4	0.2	0.1	6.9	2.1	8.0	19.3	-1.6	4.1	1.3	100.0
TABAKVERARBEITUNG	42.4	7.1	6.7	0.1	0.2	0.1	8.9	2.3	2.8	29.2	-5.6	2.9	1.0	100.0
VERARBEITENDES GEWERBE INSGESAMT	44.6	11.8	12.5	0.2	1.1	0.0	4.0	1.4	2.9	12.0	2.0	4.4	2.1	100.0

174

STRUKTUR DER BERLINER WERTSCHOEPFUNG NACH PAR. 6A BERLINFG 1985
IN DEN WIRTSCHAFTSGRUPPEN DES VERARBEITENDEN GEWERBES (IN VH)

WIRTSCHAFTSGRUPPE	BER-LINER AR-BEITS-LOEHNE	ZU-KUNFTS-SICHE-RUNG	HINZU-RECH-NUNG HOHE LOEHNE	HINZU-RECH-NUNG EINZEL-UNTER-NEHMEN	HINZU-RECH-NUNG AZUBI-VERGUE-TUNGEN	HINZU-RECH-NUNG HOHE AZUBI-VERGUE-TUNGEN	ERHAL-TUNGS-AUF-WAND	MIETEN PACHTEN ERBBAU-ZINSEN	BER-LINER ZINSEN	BER-LINER AB-SCHREI-BUNGEN	BER-LINER GEWINN	LIEFE-RUNGEN AUS BERLIN	SON-STIGE LEI-STUNGEN AUS BERLIN	BER-LINER WERT-SCHOEP-FUNG INS-GESAMT
STEINE UND ERDEN	36.8	7.9	.	0.1	1.0	0.0	5.9	0.3	3.4	9.9	0.5	14.7	11.1	100.0
EISENSCH. INDUSTRIE	37.9	7.6	7.4	0.0	0.0	0.0	9.2	3.2	10.4	17.4	4.0	3.9	0.2	100.0
NE-METALLE	54.6	11.1	7.2	1.2	0.1	0.0	6.5	2.1	2.6	10.7	-0.1	3.8	4.0	100.0
GIESSEREIEN	42.2	7.4	4.7	0.1	0.3	0.4	3.8	1.6	15.6	15.0	3.1	2.1	1.0	100.0
DRAHTZIEHEREIEN	37.7	13.9	6.0	0.1	0.1	0.2	3.2	1.3	1.0	8.7	8.0	1.1	1.0	100.0
CHEMISCHE INDUSTRIE	36.0	7.0	20.5	0.7	0.3	0.0	9.2	0.6	7.6	18.3	14.0	2.2	0.1	100.0
HOLZBEARBEITUNG	57.3	6.0	4.0	1.0	0.4	0.0	2.0	5.7	2.8	20.5	-7.7	2.9	1.5	100.0
PAPIERERZEUGUNG	47.3	6.5	0.0	1.5	0.3	0.0	4.1	2.6	2.5	14.6	5.0	2.5	3.6	100.0
GUMMIVERARBEITUNG	49.1	9.6	6.0	0.2	1.2	0.0	6.0	1.1	3.5	17.0	1.2	6.0	3.3	100.0
STAHLVERFORMUNG	50.5	10.2	6.1	0.2	1.3	0.0	2.0	1.6	2.8	8.8	0.7	0.2	2.4	100.0
STAHLBAU	42.6	9.3	13.5	0.7	1.3	0.0	6.0	0.2	1.0	15.5	10.6	1.9	0.8	100.0
MASCHINENBAU	46.0	11.7	11.3	0.7	0.7	0.0	4.0	2.0	1.5	7.9	7.9	0.7	1.7	100.0
STRASSENFAHRZEUGBAU	45.9	9.5	12.6	0.7	1.3	0.0	2.0	1.3	1.1	7.6	11.0	5.3	1.6	100.0
ELEKTROTECHNIK	37.0	8.9	12.2	0.1	1.3	0.0	1.9	1.2	4.3	19.5	1.5	4.2	2.7	100.0
FEINMECHANIK OPTIK	31.6	10.4	9.7	0.7	0.2	0.0	1.9	1.0	1.1	12.8	10.7	11.7	0.8	100.0
EBM-WAREN	46.3	11.1	17.7	3.2	2.2	0.1	1.9	0.6	1.8	6.3	9.0	2.4	1.6	100.0
BUEROMASCHINEN EDV			9.4	3.0	1.3	0.0	1.8	2.0	1.5	4.6	21.3	1.2	1.7	100.0
MUSIKINSTRUMENTE														100.0
FEINKERAMIK														100.0
GLAS	51.1	8.5	2.0	3.0	1.3	0.0	1.8	2.0	1.5	4.6	21.3	1.2	1.7	100.0
HOLZVERARBEITUNG	41.8	7.1	6.9	0.6	1.4	0.0	3.7	2.3	5.2	17.8	6.7	5.1	2.2	100.0
PAPIERVERARBEITUNG	47.1	8.3	7.3	1.3	0.4	0.0	2.7	2.3	3.1	12.6	12.6	5.3	3.3	100.0
DRUCKEREI	35.5	6.4	6.4	0.9	1.1	0.0	4.6	4.1	8.0	27.0	1.3	3.8	1.1	100.0
KUNSTSTOFFWAREN	57.8	9.4	9.0	4.2	1.2	0.1	1.5	1.6	3.1	5.1	0.2	0.7	0.5	100.0
LEDERVERARBEITUNG	30.1	6.0	2.7	0.4	0.2	0.0	3.7	3.7	6.7	21.7	3.3	2.3	21.2	100.0
TEXTIL	34.9	5.8	9.6	0.4	1.1	0.0	1.2	3.7	2.1	4.4	18.4	2.2	15.2	100.0
BEKLEIDUNG	36.4	8.0	4.5	0.1	0.3	0.0	7.3	2.2	6.3	15.7	12.3	4.8	1.3	100.0
ERNAEHRUNG	41.0	13.5	7.1	0.1	0.4	0.1	11.8	2.2	3.4	23.5	-7.2	3.0	1.1	100.0
TABAKVERARBEITUNG														100.0
VERARBEITENDES GEWERBE INSGESAMT	42.9	10.9	12.3	0.2	1.0	0.0	4.4	1.8	2.6	11.3	5.2	5.0	2.4	100.0

TABELLE A 2.21

ENTWICKLUNG DER BERLINER WERTSCHOEPFUNGSQUOTEN 1983 BIS 1985

WIRTSCHAFTSGRUPPE	BERLINER WERTSCHOEPFUNGSQUOTE				
	IN VH			VERAENDERUNG IN VH-PUNKTEN	
	1993	1984	1985	1984/ 1983	1985/ 1984
STEINE UND ERDEN	.	.	.	.	.
EISENSCH. INDUSTRIE	39.7	41.8	49.1	2.1	7.3
NE-METALLE	16.5	17.7	19.5	1.3	1.7
GIESSEREIEN	55.3	69.2	70.1	13.9	0.9
DRAHTZIEHEREIEN	14.6	16.6	16.7	2.0	0.1
CHEMISCHE INDUSTRIE	46.6	45.1	45.0	-1.6	-0.1
HOLZBEARBEITUNG	68.6	65.9	68.5	-2.6	2.6
PAPIERERZEUGUNG	.	.	.	.	.
GUMMIVERARBEITUNG	62.0	53.3	52.2	-8.7	-1.1
STAHLVERFORMUNG	69.2	69.0	64.6	-0.2	-4.4
STAHLBAU	58.9	58.1	55.1	-0.9	-3.0
MASCHINENBAU	66.8	66.2	63.1	-0.6	-3.1
STRASSENFAHRZEUGBAU	56.9	44.4	39.9	-12.5	-4.5
ELEKTROTECHNIK	51.8	49.5	46.7	-2.3	-2.7
FEINMECHANIK OPTIK	77.1	80.4	78.7	3.3	-1.7
EBM-WAREN	61.5	63.8	61.0	2.3	-2.8
BUEROMASCHINEN EDV	14.7	17.9	16.4	3.2	-1.5
MUSIKINSTRUMENTE	42.8	37.1	38.1	-5.7	0.9
FEINKERAMIK	.	.	.	.	.
GLAS	.	.	.	.	.
HOLZVERARBEITUNG	57.0	59.5	56.0	2.5	-3.5
PAPIERVERARBEITUNG	49.3	54.5	51.5	5.2	-3.0
DRUCKEREI	52.5	51.3	49.3	-1.2	-2.0
KUNSTSTOFFWAREN	62.0	61.5	58.9	-0.5	-2.6
LEDERVERARBEITUNG	74.8	76.0	75.2	1.2	-0.7
TEXTIL	30.8	33.9	34.3	3.1	0.4
BEKLEIDUNG	39.3	36.3	36.9	-3.0	0.6
ERNAEHRUNG	21.6	16.8	17.3	-4.7	0.4
TABAKVERARBEITUNG	21.1	23.3	16.6	2.2	-6.8
VERARBEITENDES GEWERBE INSGESAMT	40.0	39.2	36.9	-0.8	-2.3

176

TABELLE A 2.22

MODELLRECHNUNG: ENTWICKLUNG DER BERLINER WERTSCHOEPFUNGSQUOTEN
1983 BIS 1985
BEI ANNAHME GLEICHBLEIBENDER UMSATZSTRUKTUREN

WIRTSCHAFTSGRUPPE

BERLINER WERTSCHOEPFUNGSQUOTE
(GEWICHTET MIT DEM WIRTSCHAFTLICHEN
UMSATZ 1983)

| | IN VH | | | VERAENDERUNG IN VH-PUNKTEN | |
	1983	1984	1985	1984/ 1985	1985/ 1984
STEINE UND ERDEN	.	.	.	.	.
EISENSCH. INDUSTRIE	39.7	41.5	49.1	1.8	7.6
NE-METALLE	16.5	18.5	26.8	2.0	8.3
GIESSEREIEN	55.3	69.6	70.2	14.3	0.7
DRAHTZIEHEREIEN	14.6	16.6	16.7	2.0	0.1
CHEMISCHE INDUSTRIE	46.6	45.1	44.5	-1.5	-0.6
HOLZBEARBEITUNG	68.6	65.9	68.5	-2.6	2.6
PAPIERERZEUGUNG	.	.	.	.	.
GUMMIVERARBEITUNG	62.0	51.8	51.8	-10.2	0.0
STAHLVERFORMUNG	69.2	68.4	64.0	-0.8	-4.4
STAHLBAU	58.9	59.7	54.2	0.7	-5.5
MASCHINENBAU	66.8	65.5	61.9	-1.3	-3.6
STRASSENFAHRZEUGBAU	56.9	45.0	40.8	-11.9	-4.2
ELEKTROTECHNIK	51.8	50.0	47.6	-1.8	-2.5
FEINMECHANIK OPTIK	77.1	79.4	75.9	2.2	-3.4
EBM-WAREN	61.5	65.5	67.3	3.9	1.8
BUEROMASCHINEN EDV	14.7	17.5	16.9	2.8	-0.6
MUSIKINSTRUMENTE	42.8	33.5	34.1	-9.0	0.2
FEINKERAMIK	.	.	.	.	.
GLAS	.	.	.	.	.
HOLZVERARBEITUNG	57.0	58.8	55.3	1.7	-3.5
PAPIERVERARBEITUNG	49.3	54.1	51.0	4.8	-3.1
DRUCKEREI	52.5	52.2	51.5	-0.3	-0.7
KUNSTSTOFFWAREN	62.0	62.4	59.9	0.4	-2.5
LEDERVERARBEITUNG	74.9	74.8	74.7	0.0	-0.1
TEXTIL	30.8	32.7	33.1	1.9	0.4
BEKLEIDUNG	39.4	36.5	38.0	-2.9	1.5
ERNAEHRUNG	21.5	18.9	19.0	-2.7	0.1
TABAKVERARBEITUNG	21.1	23.8	17.1	2.7	-6.7
VERARBEITENDES GEWERBE INSGESAMT	40.0	39.4	37.8	-0.6	-1.7

Tabelle A 2.23

Entwicklung der Lieferungen nach §§ 1, 1a BerlinFG der an der Untersuchung beteiligten Unternehmen des verarbeitenden Gewerbes 1982 bis 1986

Wirtschaftsgruppe Größenklasse Unternehmenssitz	Zahl der Unternehmen	in Mill. DM					Struktur in vH				
		1982*	1983	1984	1985	1986*	1982*	1983	1984	1985	1986*
Grundstoffe und Produktionsgüter	51	2 837,9	3 099,8	3 454,9	3 662,4	3 843,1	13,3	13,6	14,2	13,1	13,8
Investitionsgüter	147	11 880,1	12 843,0	12 843,5	15 299,2	14 725,3	55,9	56,3	52,8	54,6	52,9
Verbrauchsgüter	115	1 422,9	1 724,5	1 975,2	2 285,9	2 339,0	6,7	7,6	8,1	8,2	8,4
Nahrungs- und Genußmittel	52	5 117,9	5 139,9	6 030,4	6 797,2	6 916,4	24,1	22,5	24,8	24,2	24,9
Verarbeitendes Gewerbe insgesamt	365	21 258,9	22 807,2	24 304,0	28 044,7	27 823,9	100,0	100,0	100,0	100,0	100,0
davon: Unternehmen mit ... Beschäftigten											
1 bis 19	37	64,7	64,5	71,4	89,9	76,5	0,3	0,3	0,3	0,3	0,3
20 bis 49	93	586,5	708,6	765,6	867,7	854,4	2,8	3,1	3,2	3,1	3,1
50 bis 99	70	714,7	755,2	755,2	916,8	961,0	3,4	3,3	3,1	3,3	3,5
100 bis 199	72	1 869,2	2 023,3	2 588,7	2 714,1	2 730,3	8,8	8,9	10,7	9,7	9,8
200 bis 499	47	2 411,8	2 515,2	2 759,3	3 100,7	3 427,8	11,3	11,0	11,4	11,1	12,3
500 bis 999	25	4 321,6	4 227,2	4 780,9	5 334,6	5 260,1	20,3	18,5	19,7	19,0	18,9
über 1 000	21	11 290,5	12 513,2	12 582,9	15 020,9	14 513,9	53,1	54,9	51,8	53,6	52,2
davon: Unternehmen mit Sitz ...											
... außerhalb Berlins	143	16 808,7	18 054,9	19 304,6	22 419,8	21 976,2	79,1	79,2	79,4	79,9	79,0
... in Berlin	222	4 450,2	4 752,3	4 999,4	5 624,9	5 847,7	20,9	20,8	20,6	20,1	21,0

*Geschätzt.

Quelle: Erhebung des DIW.

TABELLE A 2.24

ENTWICKLUNG DER LIEFERUNGEN NACH PAR. 1, 1A BERLINFG DER AN DER UNTERSUCHUNG BETEILIGTEN UNTERNEHMEN DES VERARBEITENDEN GEWERBES 1982 BIS 1986 NACH WIRTSCHAFTSGRUPPEN

WIRTSCHAFTSGRUPPE	IN MILL. DM					STRUKTUR IN VH				
	1982*	1983	1984	1985	1986*	1982*	1983	1984	1985	1986#
STEINE UND ERDEN	.	.	.			.				
EISENSCH. INDUSTRIE	252.1	250.1	336.0	266.6	289.8	1.2	1.1	1.4	1.0	1.0
NE-METALLE	270.5	310.0	372.0	389.8	394.7	1.3	1.4	1.5	1.4	1.4
GIESSEREIEN	21.3	23.1	26.3	26.2	31.9	0.1	0.1	0.1	0.1	0.1
DRAHTZIEHEREIEN	33.1	58.0	59.0	57.0	55.9	0.2	0.3	0.2	0.2	0.2
CHEMISCHE INDUSTRIE	2113.2	2487.6	2460.0	2750.9	2892.3	9.9	10.0	10.2	9.8	10.4
HOLZBEARBEITUNG	35.9	36.0	34.0	28.6	30.3	0.2	0.2	0.1	0.1	0.1
PAPIERERZEUGUNG	.	.	.			.				
GUMMIVERARBEITUNG	9.5	9.6	10.6	11.7	12.4	0.0	0.0	0.0	0.0	0.0
STAHLVERFORMUNG	37.5	34.0	43.3	52.1	56.5	0.2	0.1	0.2	0.2	0.4
STAHLBAU	68.0	61.6	67.6	69.2	79.1	0.3	0.3	0.3	0.2	0.3
MASCHINENBAU	1149.1	1161.3	1100.1	1302.6	1387.4	5.4	5.2	4.5	4.6	5.0
STRASSENFAHRZEUGBAU	599.3	624.4	776.5	875.0	836.4	2.8	2.7	3.2	3.1	3.0
ELEKTROTECHNIK	7322.5	7506.8	7863.3	9034.7	9175.2	34.4	32.5	32.4	32.2	33.0
FEINMECHANIK OPTIK	94.4	94.9	114.2	128.3	131.4	0.4	0.4	0.5	0.5	0.5
EBM-WAREN	347.4	351.4	416.5	475.4	471.3	1.6	1.5	1.7	1.7	1.7
BUEROMASCHINEN EDV	1986.0	2988.6	2460.0	3361.9	2585.9	9.3	13.1	10.1	12.0	9.3
MUSIKINSTRUMENTE	15.9	13.3	12.2	12.4	9.3	0.1	0.1	0.1	0.0	0.0
FEINKERAMIK	.	.	.			.				
GLAS	.	.	.			.				
HOLZVERARBEITUNG	10.1	6.8	8.3	9.4	12.8	0.0	0.0	0.0	0.0	0.0
PAPIERVERARBEITUNG	561.3	650.7	706.4	795.8	860.2	2.6	2.9	2.9	2.8	3.1
DRUCKEREI	200.8	222.5	257.7	341.0	339.2	0.9	1.0	1.1	1.2	1.2
KUNSTSTOFFWAREN	54.9	74.7	133.1	123.5	152.8	0.3	0.3	0.5	0.4	0.5
LEDERVERARBEITUNG	6.0	6.1	6.2	6.5	5.9	0.0	0.0	0.0	0.0	0.0
TEXTIL	400.5	565.6	662.4	786.7	733.2	1.9	2.5	2.7	2.8	2.6
BEKLEIDUNG	131.6	139.3	137.9	147.9	159.2	0.6	0.6	0.6	0.5	0.6
ERNAEHRUNG	3031.5	2930.2	3444.5	3862.8	4162.8	14.3	14.8	14.2	13.8	15.0
TABAKVERARBEITUNG	2362.4	2209.7	2585.9	2934.4	2753.6	11.1	9.7	10.6	10.5	9.9
VERARBEITENDES GEWERBE INSGESAMT	21258.9	22607.2	24304.0	28044.7	27823.9	100.0	100.0	100.0	100.0	100.0

*GESCHAETZT.

Entwicklung der Präferenzen nach §§ 1, 1a BerlinFG (ohne Übergangsregelung)
der an der Untersuchung beteiligten Unternehmen des verarbeitenden Gewerbes 1982 bis 1986

Wirtschaftsgruppe Größenklasse Unternehmenssitz	Zahl der Unternehmen	in Mill. DM					Struktur in vH				
		1982*	1983	1984	1985	1986*	1982*	1983	1984	1985	1986*
Grundstoffe und Produktionsgüter	48	155,6	171,6	189,7	203,8	211,9	13,8	13,9	14,6	14,7	15,8
Investitionsgüter	141	627,3	721,4	716,2	859,4	805,0	55,7	58,3	55,0	62,0	60,0
Verbrauchsgüter	103	65,9	82,4	92,9	108,7	112,7	5,9	6,7	7,1	7,8	8,4
Nahrungs- und Genußmittel	47	277,2	261,5	302,7	213,4	212,8	24,6	21,1	23,3	15,4	15,9
Verarbeitendes Gewerbe insgesamt	339	1 126,0	1 236,9	1 301,5	1 385,3	1 342,4	100,0	100,0	100,0	100,0	100,0
davon: Unternehmen mit ... Beschäftigten											
1 bis 19	32	3,1	3,1	3,4	3,0	2,9	0,3	0,3	0,3	0,2	0,2
20 bis 49	84	27,8	33,6	34,6	32,1	31,2	2,5	2,7	2,7	2,3	2,3
50 bis 99	65	35,5	37,8	37,8	40,8	44,5	3,2	3,1	2,9	2,9	3,3
100 bis 199	65	83,5	91,4	113,8	101,3	100,0	7,4	8,8	8,7	7,3	7,5
200 bis 499	47	120,5	128,0	139,9	153,3	161,8	10,7	10,3	10,8	11,1	12,1
500 bis 999	25	229,6	221,8	250,9	202,0	202,4	20,4	17,9	19,3	14,6	15,1
über 1 000	21	626,0	721,2	721,1	852,8	799,6	55,6	58,3	55,4	61,6	59,6
davon: Unternehmen mit Sitz ...											
... außerhalb Berlins	127	879,1	971,9	1 022,1	1 004,0	948,6	78,1	78,6	78,5	72,5	70,7
... in Berlin	212	246,9	265,0	279,4	381,3	393,8	21,9	21,4	21,5	27,5	29,3

*Geschätzt.

Quelle: Erhebung des DIW.

ENTWICKLUNG DER PRAEFERENZEN NACH PAR. 1, 1A BERLINFG (OHNE UEBERGANGSREGELUNG) DER AN DER UNTERSUCHUNG BETEILIGTEN UNTERNEHMEN DES VERARBEITENDEN GEWERBES 1982 BIS 1986 NACH WIRTSCHAFTSGRUPPEN

WIRTSCHAFTSGRUPPE	IN MILL. DM					STRUKTUR IN VH				
	1982*	1983	1984	1985	1986*	1982*	1983	1984	1985	1986*
STEINE UND ERDEN	12.0	12.9	16.8	11.9	13.8	1.1	1.0	1.3	0.9	1.0
EISENSCH. INDUSTRIE	12.2	14.1	16.7	12.1	12.4	1.1	1.1	1.3	0.9	0.9
NE-METALLE	0.8	0.8	0.9	1.3	1.7	0.1	0.1	0.1	0.1	0.1
GIESSEREIEN	1.5	2.6	2.7	1.7	1.7	0.1	0.2	0.2	0.1	0.1
DRAHTZIEHEREIEN	·	·	·	·	·	·	·	·	·	·
CHEMISCHE INDUSTRIE	120.8	131.4	142.8	163.8	168.4	10.7	10.6	11.0	11.8	12.5
HOLZBEARBEITUNG	2.1	2.1	2.0	2.1	2.1	0.2	0.2	0.2	0.2	0.2
PAPIERERZEUGUNG	0.5	0.5	0.5	0.8	0.8	0.0	0.0	0.0	0.1	0.1
GUMMIVERARBEITUNG	2.1	1.8	2.3	3.3	4.7	0.2	0.1	0.2	0.2	0.4
STAHLVERFORMUNG	3.7	3.3	3.6	4.0	4.9	0.3	0.3	0.3	0.3	0.4
STAHLBAU	60.8	62.7	58.7	84.7	87.5	5.4	5.1	4.5	6.1	6.5
MASCHINENBAU	28.9	32.5	40.0	58.6	48.8	2.6	2.6	3.1	4.2	3.6
STRASSENFAHRZEUGBAU	·	·	·	·	·	·	·	·	·	·
ELEKTROTECHNIK	414.8	423.1	441.7	535.7	514.4	36.8	34.2	33.9	38.7	38.3
FEINMECHANIK OPTIK	5.5	5.6	6.7	11.3	11.6	0.5	0.5	0.5	0.8	0.9
EBM-WAREN	20.7	21.0	24.8	32.9	32.1	1.8	1.7	1.9	2.4	2.4
BUEROMASCHINEN EDV	90.8	171.5	153.4	128.8	101.1	8.1	13.9	10.6	9.3	7.5
MUSIKINSTRUMENTE	0.7	0.6	0.5	0.4	0.3	0.1	0.0	0.0	0.0	0.0
FEINKERAMIK	·	·	·	·	·	·	·	·	·	·
GLAS	·	·	·	·	·	·	·	·	·	·
HOLZVERARBEITUNG	0.5	0.3	0.4	0.6	0.9	0.0	0.0	0.0	0.0	0.1
PAPIERVERARBEITUNG	25.3	30.9	32.9	38.5	43.6	2.2	2.5	2.5	2.8	3.2
DRUCKEREI	9.7	11.2	12.3	21.8	20.5	0.9	0.9	0.9	1.6	1.5
KUNSTSTOFFWAREN	2.6	4.0	6.7	6.8	8.2	0.2	0.3	0.5	0.5	0.6
LEDERVERARBEITUNG	0.4	0.4	0.4	0.5	0.5	0.0	0.0	0.0	0.0	0.0
TEXTIL	18.5	26.3	30.6	29.0	27.0	1.6	2.1	2.3	2.1	2.0
BEKLEIDUNG	6.1	6.6	6.6	7.0	6.8	0.5	0.5	0.5	0.5	0.5
ERNAEHRUNG	135.4	130.8	145.7	115.7	121.0	12.0	10.6	11.2	8.4	9.0
TABAKVERARBEITUNG	141.7	130.7	153.0	97.7	91.8	12.6	10.6	11.8	7.1	6.8
VERARBEITENDES GEWERBE INSGESAMT	1126.0	1236.9	1301.5	1385.3	1342.4	100.0	100.0	100.0	100.0	100.0

*GESCHAETZT.

TABELLE A 2.27

LIEFERUNGEN NACH PAR. 60 BERLINFG DER AN DER UNTERSUCHUNG BETEILIGTEN UNTERNEHMEN DES VERARBEITENDEN GEWERBES

WIRTSCHAFTSGRUPPE	IN MILL. DM				STRUKTUR IN VH				VERAENDERUNG IN VH		
	1982	1983	1984	1985	1982	1983	1984	1985	1983/1982	1984/1983	1985/1984
STEINE UND ERDEN	5.3	11.0	11.9	12.6	0.6	1.1	1.1	1.1	107.4	7.9	6.4
NE-METALLE	17.8	18.6	20.2	21.3	1.9	1.8	1.8	1.9	4.3	8.8	5.3
GIESSEREIEN	0.7	0.7	0.6	0.7	0.1	0.1	0.1	0.1	1.5	-8.6	5.5
DRAHTZIEHEREIEN	.	.	.	.	.	.	.	.	.	.	.
CHEMISCHE INDUSTRIE	30.4	33.1	39.6	45.2	3.2	3.3	3.6	4.0	8.7	19.8	14.1
HOLZBEARBEITUNG	7.7	5.3	5.8	6.2	0.8	0.5	0.5	0.5	-32.1	10.7	6.0
PAPIERERZEUGUNG	.	.	.	.	.	.	.	.	.	.	.
GUMMIVERARBEITUNG	2.0	2.4	2.6	3.3	0.2	0.2	0.2	0.3	17.3	9.2	24.6
STAHLVERFORMUNG	14.3	15.4	18.2	19.9	1.5	1.5	1.7	1.8	7.8	17.9	5.6
STAHLBAU	15.8	14.7	12.2	21.6	1.7	1.5	1.1	1.9	-7.3	-16.8	77.0
MASCHINENBAU	30.9	34.7	35.4	52.1	3.2	3.4	3.2	4.6	12.2	2.2	47.0
STRASSENFAHRZEUGBAU	1.0	1.1	1.0	1.0	0.1	0.1	0.1	0.1	12.5	-8.1	0.3
ELEKTROTECHNIK	81.0	74.3	110.0	100.0	8.5	7.3	10.0	8.8	-8.3	46.0	-5.1
FEINMECHANIK OPTIK	2.5	2.9	3.0	3.9	0.3	0.3	0.3	0.3	14.6	4.6	27.8
EBM-WAREN	25.7	27.8	36.0	59.6	2.7	2.7	3.3	5.2	8.1	29.6	65.4
BUEROMASCHINEN EDV	5.4	9.4	6.5	7.2	0.6	0.9	0.6	0.6	75.2	-10.0	-14.8
MUSIKINSTRUMENTE	0.4	0.5	0.4	0.5	0.0	0.0	0.0	0.0	5.8	-20.4	38.3
FEINKERAMIK	.	.	.	.	.	.	.	.	.	.	.
GLAS	.	.	.	.	.	.	.	.	.	.	.
HOLZVERARBEITUNG	6.0	6.7	7.4	7.9	0.6	0.7	0.7	0.7	10.5	10.9	7.0
PAPIERVERARBEITUNG	27.3	30.7	34.2	38.1	2.9	3.0	3.1	3.3	12.7	11.5	11.2
DRUCKEREI	74.1	84.5	87.6	97.0	7.8	8.3	8.0	8.5	14.1	3.7	10.7
KUNSTSTOFFWAREN	28.4	30.1	34.6	41.2	3.0	3.0	3.2	3.6	5.9	13.9	19.1
LEDERVERARBEITUNG	1.1	1.1	1.2	1.3	0.1	0.1	0.1	0.1	0.0	4.5	8.4
TEXTIL	16.6	19.3	18.5	21.5	1.7	1.9	1.7	1.9	15.7	-3.6	15.9
BEKLEIDUNG	1.7	1.7	1.5	2.0	0.2	0.2	0.1	0.2	-3.1	-8.4	30.4
ERNAEHRUNG	500.7	524.1	541.9	517.5	52.5	51.8	49.4	45.5	4.7	3.4	-4.5
VERARBEITENDES GEWERBE INSGESAMT	954.2	1012.2	1096.4	1137.1	100.0	100.0	100.0	100.0	6.1	8.3	3.7

TABELLE A 2.28

SONSTIGE LEISTUNGEN NACH PAR. 6C BERLINFG DER AN DER UNTERSUCHUNG BETEILIGTEN UNTERNEHMEN DES VERARBEITENDEN GEWERBES

WIRTSCHAFTSGRUPPE	IN MILL. DM				STRUKTUR IN VH				VERAENDERUNG IN VH		
	1982	1983	1984	1985	1982	1983	1984	1985	1983/ 1982	1984/ 1983	1985/ 1984
EISENSCH. INDUSTRIE	1.0	1.1	1.3	1.4	0.9	1.0	1.1	1.0	13.3	20.0	2.9
DRAHTZIEHEREIEN	0.0	0.0	0.0	0.0	0.0	0.0	0.0	0.0	-18.8	23.1	6.3
CHEMISCHE INDUSTRIE	14.4	18.5	19.9	27.4	12.8	16.1	16.6	19.6	28.9	7.3	37.5
STAHLVERFORMUNG	1.3	1.4	5.2	14.1	1.1	1.2	4.3	10.1	6.7	265.4	171.0
STAHLBAU	9.6	11.6	12.0	15.0	8.5	10.1	10.0	10.7	20.8	3.8	24.8
MASCHINENBAU	0.6	0.6	0.6	0.6	0.5	0.5	0.5	0.4	0.0	0.0	0.0
STRASSENFAHRZEUGBAU	13.6	15.7	19.8	20.1	12.1	13.7	16.5	14.4	15.6	25.6	1.6
ELEKTROTECHNIK	0.6	0.6	0.7	0.9	0.6	0.6	0.6	0.7	2.7	3.1	36.5
EBM-WAREN	10.4	10.6	9.8	10.2	9.3	9.2	8.2	7.3	1.7	-7.8	4.2
BUEROMASCHINEN EDV	0.2	0.3	0.4	0.5	0.2	0.2	0.4	0.4	15.4	73.3	14.8
MUSIKINSTRUMENTE	4.5	5.0	5.2	5.2	4.0	4.3	4.6	3.8	-12.6	-8.8	172.6
PAPIERVERARBEITUNG	0.0	0.0	0.1	0.4	0.2	0.0	0.1	0.3	10.5	11.6	-5.4
DRUCKEREI	0.0	0.0	0.2	0.3	0.0	0.0	0.1	0.3	33.3	3950.0	177.8
KUNSTSTOFFWAREN	2.5	3.0	3.6	3.4	2.2	2.6	3.0	2.3	43.9	19.5	-13.3
TEXTIL	13.1	15.4	16.3	17.4	11.6	13.4	13.6	12.5	17.2	6.1	6.8
BEKLEIDUNG	0.0	0.4	1.5	1.9	0.0	0.3	1.2	1.4	0.0	294.2	28.8
ERNAEHRUNG											
VERARBEITENDES GEWERBE INSGESAMT	112.7	115.0	119.5	135.6	100.0	100.0	100.0	100.0	2.0	4.3	16.4

HOEHE DER VORLEISTUNGSQUOTE NACH PAR. 6C BERLINFG UND ABWEICHUNG
DER VORLEISTUNGSQUOTE VON DER BETRIEBLICHEN WERTSCHOEPFUNGSQUOTE

WIRTSCHAFTSGRUPPE	VORLEISTUNGSQUOTE IN VH			DIFFERENZ VORLEISTUNGSQUOTE ./. BETRIEBLICHE WERTSCHOEPFUNGSQUOTE IN VH-PUNKTEN		
	1983	1984	1985	1983	1984	1985
STEINE UND ERDEN	30.0	25.0	30.0	1.9	-3.3	-2.0
EISENSCH. INDUSTRIE	15.0	15.0	15.0	1.3	0.1	-2.2
NE-METALLE	40.0	55.0	60.0	-9.1	-4.8	-0.3
GIESSEREIEN	10.0	10.0	10.0	-2.3	-3.6	-0.3
DRAHTZIEHEREIEN	30.0	30.0	30.0	-5.5	-4.6	-4.2
CHEMISCHE INDUSTRIE	40.0	40.0	40.0	-22.8	-21.4	-23.5
HOLZBEARBEITUNG	45.0	40.0	45.0	-8.1	-7.9	-0.4
PAPIERERZEUGUNG	50.0	50.0	50.0	-9.7	-9.7	-6.3
GUMMIVERARBEITUNG	40.0	40.0	45.0	-12.0	-10.1	-3.3
STAHLVERFORMUNG	55.0	55.0	50.0	4.2	4.5	1.3
STAHLBAU	30.0	30.0	30.0	-19.8	-7.8	-4.0
MASCHINENBAU	40.0	30.0	30.0	-0.4	1.1	-1.7
STRASSENFAHRZEUGBAU	60.0	40.0	35.0	-1.0	-3.7	-7.1
ELEKTROTECHNIK	40.0	60.0	55.0	-12.8	-20.0	-16.4
FEINMECHANIK OPTIK	10.0	35.0	35.0	-0.2	-2.4	-1.4
EBM-WAREN	45.0	10.0	10.0	9.2	-0.3	-1.0
BUEROMASCHINEN EDV	10.0	30.0	30.0			
MUSIKINSTRUMENTE	45.0					
FEINKERAMIK						
GLAS						
HOLZVERARBEITUNG	50.0	50.0	45.0	-0.8	-3.5	-5.9
PAPIERVERARBEITUNG	35.0	35.0	35.0	-6.4	-11.1	-8.2
DRUCKEREI	40.0	40.0	40.0	-2.5	-1.5	-0.0
KUNSTSTOFFWAREN	35.0	30.0	35.0	-19.9	-24.9	-16.5
LEDERVERARBEITUNG	70.0	65.0	70.0	6.9	1.5	6.2
TEXTIL	20.0	20.0	20.0	-4.7	-4.3	-4.5
BEKLEIDUNG	20.0	20.0	20.0	-1.1	-4.3	-6.0
ERNAEHRUNG	15.0	10.0	10.0	-3.4	-3.3	-4.2
TABAKVERARBEITUNG	15.0	15.0	15.0	-3.3	-5.9	0.4
VERARBEITENDES GEWERBE INSGESAMT	30.0	30.0	25.0	-1.7	-1.0	-4.1

Tabelle A 3.1

Entwicklung der betrieblichen Wertschöpfungsquoten[1] in der Bundesrepublik Deutschland 1976 bis 1985 in vH

Wirtschaftsgruppe	1976	1977	1978	1979	1980	1981	1982	1983	1984	1985
Grundstoffe und Produktionsgüter	30,1	29,4	30,7	30,0	27,4	24,9	24,9	25,7	25,6	25,4
Investitionsgüter	42,6	42,4	42,5	42,2	41,8	41,4	41,4	41,2	40,5	40,1
Verbrauchsgüter	40,9	40,3	41,0	40,4	39,8	39,4	38,9	38,7	36,8	37,4
Nahrungs- und Genußmittel	23,1	21,7	22,7	22,2	22,1	21,1	21,1	21,0	19,8	19,8
Verarbeitendes Gewerbe insgesamt	**36,1**	**35,7**	**36,4**	**35,8**	**34,6**	**33,4**	**33,4**	**33,6**	**32,9**	**32,9**

1) Nettowertschöpfung zu Faktorkosten, Abschreibungen, Mieten und Pachten in vH des verbrauchsteuerbereinigten Bruttoproduktionswertes.

Quellen: Statistisches Bundesamt; Berechnungen des DIW.

185

Tabelle A 3.2

**Vergleich der betrieblichen Wertschöpfungsquoten
in Berlin und in der Bundesrepublik Deutschland 1983 bis 1985**

Wirtschaftsgruppe	Wertschöpfungsquote im Bundesgebiet 1) in vH			Wertschöpfungsquote in Berlin in vH der Wertschöpfungsquote im Bundesgebiet		
	1983	1984	1985	1983	1984	1985
Steine und Erden	42,3	37,9	37,2	.	.	.
Eisenschaffende Industrie	34,4	28,7	29,1	81,7	98,6	110,0
NE-Metalle	21,8	21,5	23,0	62,8	69,3	74,8
Giessereien	50,8	44,4	44,0	96,7	134,7	135,7
Drahtziehereien	28,9	24,1	29,3	42,6	56,4	52,2
Chemische Industrie	34,5	31,2	30,8	102,9	110,9	111,0
Holzbearbeitung	29,6	28,4	28,1	212,2	216,2	226,0
Papier- und Pappeerzeugung	32,1	27,6	29,3	.	.	.
Gummiverarbeitung	44,6	39,7	39,9	119,1	120,7	113,8
Stahlverformung	46,7	45,0	44,6	127,8	132,7	126,2
Stahl- und Leichtmetallbau, Schienenfahrzeugbau	41,3	41,2	41,1	125,9	121,6	117,5
Maschinenbau	42,1	41,6	41,8	120,7	121,4	116,5
Straßenfahrzeugbau	36,1	35,3	35,3	138,0	107,1	96,3
Elektrotechnik, Reparatur von Gebrauchsgütern	44,4	43,9	43,8	91,0	88,6	83,8
Feinmechanik, Optik	50,0	48,3	46,9	122,0	131,9	132,4
Eisen-, Blech- und Metallwaren	42,1	40,9	41,0	125,4	134,5	125,4
Büromaschinen, Datenverarbeitung	42,8	38,4	36,0	23,8	32,3	31,7
Musikinstrumente, Spielwaren	46,7	45,2	44,6	76,7	67,0	69,5
Feinkeramik	55,5	55,5	52,4	.	.	.
Glas	41,1	40,8	40,4	.	.	.
Holzverarbeitung	39,5	39,0	38,9	128,6	137,2	130,8
Papier- und Pappeverarbeitung	34,6	34,1	33,5	119,7	135,2	129,0
Druckerei, Vervielfältigung	45,5	48,8	48,1	93,4	85,0	83,2
Kunststoffwaren	37,1	36,4	36,7	148,0	150,8	140,3
Lederverarbeitung	36,8	32,9	31,7	171,5	193,0	201,3
Textilgewerbe	34,5	33,8	33,1	71,6	71,9	74,0
Bekleidungsgewerbe	35,2	33,8	33,0	77,0	71,9	78,8
Ernährungsgewerbe	20,9	19,6	19,9	88,0	67,9	71,4
Tabakverarbeitung	24,6	23,7	17,8	74,4	88,2	82,0
Verarbeitendes Gewerbe, insgesamt	**33,6**	**32,9**	**32,9**	**94,3**	**94,2**	**88,4**

1) Nettowertschöpfung zu Faktorkosten, Abschreibungen, Mieten und Pachten in vH des verbrauchsteuerbereinigten Bruttoproduktionswertes.

Quellen: Statistisches Bundesamt; Erhebung des DIW.

BETRIEBLICHE WERTSCHOEPFUNGSQUOTE, VORLEISTUNGSQUOTE
NACH PAR. 6C BERLINFG UND ALTERNATIVEN ZUR BESTEHENDEN REGELUNG

WIRTSCHAFTSGRUPPE	BETRIEBLICHE WERTSCHOEP-FUNGSQUOTE 1985	VORLEISTUNGSQUOTE (NICHT GERUNDET)			
		PAR.6C BERLINFG	VARIANTE I	VARIANTE II	VARIANTE III
			IN VH		
STEINE UND ERDEN	.	.	.	.	.
EISENSCH. INDUSTRIE	32.0	27.1	32.9	36.1	43.8
NE-METALLE	17.2	11.1	13.3	14.8	17.7
GIESSEREIEN	59.7	57.5	69.1	76.6	92.2
DRAHTZIEHEREIEN	15.3	10.6	12.5	14.1	16.6
CHEMISCHE INDUSTRIE	34.4	25.4	34.7	33.9	46.3
HOLZBEARBEITUNG	63.5	37.0	44.2	49.3	59.0
PAPIERERZEUGUNG	.	.	.	.	.
GUMMIVERARBEITUNG	45.4	44.9	51.1	59.8	68.2
STAHLVERFORMUNG	57.5	47.8	56.4	63.7	75.2
STAHLBAU	48.3	40.6	48.5	54.1	64.6
MASCHINENBAU	48.6	47.8	57.4	63.7	76.6
STRASSENFAHRZEUGBAU	34.0	25.5	31.1	34.0	41.5
ELEKTROTECHNIK	36.7	32.6	40.8	43.5	54.5
FEINMECHANIK OPTIK	62.1	54.1	65.3	72.2	87.1
EBM-WAREN	51.4	33.9	42.0	45.2	56.1
BUEROMASCHINEN EDV	15.3	8.7	11.3	11.6	15.1
MUSIKINSTRUMENTE	31.0	26.4	32.8	35.2	43.7
FEINKERAMIK	.	.	.	.	.
GLAS	.	.	.	.	.
HOLZVERARBEITUNG	50.9	43.0	50.1	57.3	66.8
PAPIERVERARBEITUNG	43.1	32.1	37.6	42.8	50.1
DRUCKEREI	40.0	35.0	41.5	46.7	55.4
KUNSTSTOFFWAREN	51.4	31.3	37.0	41.7	49.3
LEDERVERARBEITUNG	63.8	65.4	76.0	87.1	101.3
TEXTIL	25.0	15.5	18.6	20.7	24.8
BEKLEIDUNG	26.0	19.3	22.5	25.7	30.0
ERNAEHRUNG	14.1	8.7	10.6	11.6	14.2
TABAKVERARBEITUNG	14.6	10.2	13.6	13.6	18.1
VERARBEITENDES GEWERBE INSGESAMT	29.3	23.5	29.4	31.3	39.2

<u>Anhang B:</u>

Fragebogen

Deutsches Institut für Wirtschaftsforschung

König-Luise-Straße 5, 1000 Berlin 33

Abteilung Berlin

Fernsprecher (030) 829 91–672

Firmen Kennziffer:

Umsatzsteuerpräferenz nach §§ 1, 1a Berlinförderungsgesetz (BerlinFG)
Eine Wirkungsanalyse der Novellierung vom Dezember 1982

Ihre Angaben werden **streng vertraulich** behandelt!

---

1. Haben bzw. hatten Sie Lieferungen von Gegenständen, Werklieferungen, Werk- oder Dienstleistungen nach Westdeutschland?

   ja ☐

   nein ☐

   Falls nein, sind die folgenden Fragen von Ihnen nicht zu beantworten. Senden Sie den Fragebogen bitte dennoch an uns zurück!

2. Nahmen bzw. nehmen Sie Umsatzsteuerpräferenzen nach §§ 1, 1a BerlinFG in Anspruch?

   ja ☐ , und zwar

       die Präferenz nach § 1 BerlinFG ☐

       die Präferenz nach § 1a BerlinFG ☐

   nein ☐ , und zwar aus folgenden Gründen:

   _____

   _____

   Falls nein, weiter mit Frage 8

191

Novellierung und betriebliche Maßnahmen

3. Hat sich die Wertschöpfungsquote Ihres Unternehmens oder Betriebes in Berlin aufgrund des neuen Berechnungsverfahrens geändert?

nein, die Wertschöpfungsquote hat sich nicht geändert ☐

ja, die Wertschöpfungsquote . . .

... ist jetzt höher ☐

... ist jetzt niedriger und beträgt mindestens 10% ☐

... ist jetzt niedriger und liegt unter 10% ☐

4. Hat sich die Höhe der Umsatzsteuerpräferenz aufgrund des neuen Berechnungsverfahrens geändert?

a) Präferenz nach § 1 BerlinFG

nein, der Kürzungssatz hat sich nicht geändert ☐

ja, der Kürzungssatz . . .

... ist jetzt höher ☐

... ist jetzt niedriger ☐

b) Präferenz nach § 1a BerlinFG

nein, der Kürzungssatz hat sich nicht geändert ☐

ja, der Kürzungssatz . . .

... ist jetzt höher ☐

... ist jetzt niedriger ☐

5. Haben Sie Maßnahmen durchgeführt oder geplant, die in Zusammenhang mit der Novellierung der Herstellerpräferenz stehen?

ja ☐ , und zwar

seit 1983 durchgeführt ☐

für die Zukunft geplant ☐

nein ☐ , und zwar aus folgenden Gründen:

_____

_____

Falls nein, weiter mit Frage 8

6. Welche der folgenden Maßnahmen haben Sie seit 1983 durchgeführt oder für die Zukunft geplant und welche Bedeutung hat dabei die Novellierung der Herstellerpräferenz?
(Mehrfachnennungen möglich)

Maßnahme	Maßnahme wurde durchgeführt oder ist geplant	Bei der Entscheidung über die Maßnahme hat die Novellierung...		
		...große Bedeutung	...geringe Bedeutung	...keine Bedeutung
Ausweitung des Produktionsvolumens	☐	☐	☐	☐
Einschränkung des Produktionsvolumens	☐	☐	☐	☐
Änderung der Produktionsschwerpunkte bei unveränderter Produktpalette	☐	☐	☐	☐
Änderungen des Produktionsprogramms, und zwar				
— Ausweitung der Produktpalette	☐	☐	☐	☐
— Einschränkung der Produktpalette	☐	☐	☐	☐
Änderungen bei den Bezügen, und zwar				
— verstärkter Bezug von Waren aus Berlin	☐	☐	☐	☐
— verstärkter Bezug von Werk- und Dienstleistungen aus Berlin	☐	☐	☐	☐
— verstärkte Eigenfertigung anstelle des Bezugs von Vorleistungen	☐	☐	☐	☐
Änderungen der Fertigungsprozesse, und zwar				
— Rationalisierungsmaßnahmen bei im wesentlichen unveränderten Produktionsverfahren	☐	☐	☐	☐
— Anwendung neuer Produktionsverfahren	☐	☐	☐	☐
Ausweitung der Beschäftigung	☐	☐	☐	☐
Verminderung der Beschäftigung	☐	☐	☐	☐
Ausweitung der Beschäftigung in besonderen Tätigkeitsfeldern, und zwar				
— in der Verwaltung	☐	☐	☐	☐
— in Forschung und Entwicklung	☐	☐	☐	☐
— in der Fertigungsvorbereitung und -kontrolle	☐	☐	☐	☐
— im Vertrieb	☐	☐	☐	☐
— in anderen Dienstleistungen	☐	☐	☐	☐
Ausweitung der Ausbildungsplätze	☐	☐	☐	☐

Maßnahme	Maßnahme wurde durchgeführt oder ist geplant	Bei der Entscheidung über die Maßnahme hat die Novellierung...		
		...große Bedeutung	...geringe Bedeutung	...keine Bedeutung
Nur für Unternehmen mit Betriebsstätten auch außerhalb Berlins:				
Verlagerung von Tätigkeiten nach Berlin, und zwar				
— Produktion	☐	☐	☐	☐
— allgemeine Verwaltung	☐	☐	☐	☐
— Forschung und Entwicklung	☐	☐	☐	☐
— Fertigungsvorbereitung und -kontrolle	☐	☐	☐	☐
— Vertrieb	☐	☐	☐	☐
— andere Dienstleistungen	☐	☐	☐	☐
Auslagerung von Tätigkeiten aus Berlin nach Westdeutschland bzw. ins Ausland, und zwar				
— Produktion	☐	☐	☐	☐
— Vertrieb	☐	☐	☐	☐
— andere Dienstleistungen	☐	☐	☐	☐
andere Maßnahmen:				
_____	☐	☐	☐	☐
_____	☐	☐	☐	☐

7. Welcher spezielle Teil der neuen Umsatzsteuerpräferenz war bzw. ist bei der Durchführung oder Planung Ihrer Maßnahmen von Bedeutung? (Mehrfachnennungen möglich)

Folgende gesetzliche Neuregelungen waren bzw. sind ...	...von großer Bedeutung	...von geringer Bedeutung	...ohne Bedeutung
Herabsetzung des Sockelpräferenzsatzes von 4,5 vH auf 3 vH bei Präferenzen nach § 1 BerlinFG	☐	☐	☐
verfeinerte Staffelung des erhöhten Kürzungsanspruchs	☐	☐	☐
Übergang von der subtraktiven zur additiven Berechnung der Wertschöpfung	☐	☐	☐
Mehrfachgewichtung hoher Arbeitslöhne	☐	☐	☐
Mehrfachgewichtung der Vergütungen von Auszubildenden	☐	☐	☐
Anrechnung von Warenbezügen aus Berlin nach Maßgabe der Vorleistungsquote	☐	☐	☐
Erweiterung der anrechenbaren Berliner Vorleistungen auf Warenumschließungen des Vertriebs	☐	☐	☐
Erweiterung der anrechenbaren Berliner Vorleistungen auf bestimmte Dienstleistungen	☐	☐	☐
Umstellung vom gleichbleibenden auf den gestaffelten Kürzungsanspruch bei den Innenumsatzpräferenzen nach § 1a BerlinFG	☐	☐	☐
erweiterter Begriff der gesamten wirtschaftlichen Leistung als Bezugsgröße der Wertschöpfungsquote	☐	☐	☐

8. Wie beurteilen Sie die künftige Entwicklung von Umsatz und Wertschöpfungsquote Ihres Unternehmens oder Betriebes in Berlin?

	Umsatz	Wert- schöpfungs- quote
steigend	☐	☐
gleichbleibend	☐	☐
fallend	☐	☐
nicht einschätzbar	☐	☐

Bezüge von Berliner Unternehmen oder Betrieben

9. Haben Sie 1985 Gegenstände, Werklieferungen oder sonstige Leistungen (Werk- oder Dienstleistungen) von anderen Berliner Unternehmen oder Betrieben bezogen?

nein ☐

ja ☐

Falls ja, nennen Sie bitte die fünf wichtigsten aus Berlin bezogenen Vorleistungen und ihren Anteil am gesamten Einkaufsvolumen.

	Aus Berlin bezogene Vorleistungen:	Anteil am gesamten Einkaufsvolumen (geschätzt)
1.	_____	_____ vH
2.	_____	_____ vH
3.	_____	_____ vH
4.	_____	_____ vH
5.	_____	_____ vH

10. Sehen Sie Möglichkeiten, künftig stärker als bisher folgende Vorleistungen aus Berlin zu beziehen?

Art der Vorleistung	ja	nein	Vorleistung wird nicht benötigt
Rohstoffe	☐	☐	☐
Vorprodukte	☐	☐	☐
Hilfs- und Betriebsstoffe	☐	☐	☐
Warenumschließungen für den Vertrieb	☐	☐	☐
Werkleistungen	☐	☐	☐
Dienstleistungen	☐	☐	☐

Nur für solche Vorleistungen, bei denen Sie keine weiteren Bezugsmöglichkeiten sehen:

Warum sehen Sie keine weiteren Bezugsmöglichkeiten?

— Die benötigten Vorleistungen werden in Berlin nicht angeboten.   ☐

— Die benötigten Vorleistungen werden in Berlin nicht in genügendem Umfang bzw. genügender Qualität angeboten.   ☐

— Die Angebote auswärtiger Unternehmen sind preiswerter.   ☐

— Die auswärtigen Anbieter sind bei kurzfristigen Auftragsvergaben bzw. -änderungen flexibler.   ☐

— andere Gründe:

_____

_____

Lieferungen oder sonstige Leistungen an Berliner Unternehmen oder Betriebe

11. Liefern Sie Gegenstände oder sonstige Leistungen (Werk- oder Dienstleistungen) an andere Berliner Unternehmen oder Betriebe, die Sie als Vorleistung im Sinne des § 6c BerlinFG bescheinigen?

ja   ☐

nein   ☐

Falls nein, weiter mit Frage 16.

12. Nennen Sie bitte die fünf wichtigsten Lieferungen oder sonstigen Leistungen Ihres Unternehmens oder Betriebes in Berlin. Geben Sie bitte für jede dieser Lieferungen oder sonstigen Leistungen den Anteil am Umsatz an, der 1985 mit Berliner Unternehmen oder Betrieben getätigt wurde.

Die 5 wichtigsten Lieferungen oder sonstigen Leistungen unseres Unternehmens oder Betriebes in Berlin sind:	Davon wurden .... vH des Umsatzes mit Berliner Unternehmen oder Betrieben im Sinne des § 6c BerlinFG getätigt (geschätzt)
1. _____	_____ vH
2. _____	_____ vH
3. _____	_____ vH
4. _____	_____ vH
5. _____	_____ vH

13. Haben Sie in den letzten drei Jahren Maßnahmen durchgeführt, um Ihre Lieferungen oder sonstigen Leistungen im Sinne des § 6c BerlinFG an andere Berliner Unternehmen oder Betriebe auszuweiten?

nein ☐

ja ☐, und zwar folgende:

_____

_____

_____

14. Wie hat sich das Volumen Ihrer Lieferungen oder sonstigen Leistungen im Sinne des § 6c BerlinFG an andere Berliner Unternehmen oder Betriebe in den vergangenen drei Jahren entwickelt?

Das Liefervolumen ist . . . .

. . . . . gestiegen ☐

. . . . gleichgeblieben ☐

. . . . . gefallen ☐

15. Sofern Ihre Lieferungen oder sonstigen Leistungen im Sinne des § 6c BerlinFG an andere Berliner Unternehmen oder Betriebe in den vergangenen drei Jahren gestiegen sind, worauf führen Sie diese Entwicklung vor allem zurück?

Allgemeine Verbesserung der wirtschaftlichen Situation ☐

Novellierung der Umsatzsteuerpräferenz ☐

Andere Einflußgrößen:

_____

_____

_____

16. Wie beurteilen Sie die künftige Entwicklung Ihrer Lieferungen oder sonstigen Leistungen im Sinne des § 6c BerlinFG an andere Berliner Unternehmen oder Betriebe?

Das Liefervolumen wird . . . . .

. . . . . steigen ☐

. . . . gleichbleiben ☐

. . . . . fallen ☐

Die Entwicklung ist nicht einschätzbar. ☐

17. Haben Sie für die Zukunft besondere Maßnahmen geplant, um Ihre Lieferungen oder sonstigen Leistungen im Sinne des § 6c BerlinFG an andere Berliner Unternehmen oder Betriebe auszuweiten?

nein ☐

ja ☐, und zwar folgende:

_____

_____

_____

Berechnungsverfahren

18. Sind Sie bei der Anwendung des neuen Berechnungsverfahrens auf größere Schwierigkeiten gestoßen?

nein ☐

ja ☐, und zwar bei folgenden Berechnungsschritten:

_____

_____

_____

19. Haben Sie Vorschläge zur Verbesserung des Verfahrens?

nein ☐

ja ☐, und zwar folgende:

_____

_____

_____

Für eventuelle Rückfragen

Dieser Fragebogen wurde bearbeitet von

Herrn/Frau: _____   Telefon: _____

Deutsches Institut für Wirtschaftsforschung

Abteilung Berlin

Königin-Luise-Straße 5, 1000 Berlin 33   Fernsprecher (030) 829 91–672

Anhang zum Fragebogen:

Umsatzsteuerpräferenz nach §§ 1, 1a Berlinförderungsgesetz (BerlinFG)
Eine Wirkungsanalyse der Novellierung vom Dezember 1982

Daten zur Absatzförderung nach §§ 1, 1a BerlinFG

			1983	1984	1985
A	Umsätze, für die ein Kürzungsanspruch bei der Umsatzsteuer in Anspruch genommen wurde (ohne MWSt.)				
1.	Umsätze nach § 1, Abs. 1 bis 4 BerlinFG (Lieferungen, Werklieferungen, Werkleistungen, Vermietung und Verpachtung von Gegenständen)	(Mill.DM)	_____	_____	_____
2.	Umsätze nach § 1, Abs. 5 BerlinFG (Überlassung von Filmen)	(Mill.DM)	_____	_____	_____
3.	Umsätze nach § 1, Abs. 6 BerlinFG (Dienstleistungen)	(Mill.DM)	_____	_____	_____
4.	Innenumsätze nach § 1a Berlin FG	(Mill.DM)	_____	_____	_____

			1982	1983*	1984*
B	**Die Wertschöpfung nach der alten Regelung**				
1.	Wirtschaftlicher Umsatz (Zeile 10 des amtlichen Formulars zur Berechnung der Berliner Wertschöpfung)	(TDM)	_____	_____	_____
2.	Kürzungsbetrag aufgrund Berliner Vorleistungen (Zeile 18 des amtlichen Formulars)				
	a) 60 vH des Wertes der Lieferungen	(TDM)	_____	_____	_____
	b) 100 vH des Wertes der Werkleistungen	(TDM)	_____	_____	_____
3.	Wirtschaftlicher Materialeinsatz (Zeile 19 des amtlichen Formulars)	(TDM)	_____	_____	_____
4.	Wertschöpfungsquote (bei einer Quote von über 50 vH: Zeile 21 des amtlichen Formulars; ansonsten Schätzung)	(vH)	_____	_____	_____

* Bitte in jedem Fall dann ausfüllen, wenn sich die Präferenzposition Ihres Unternehmens durch die neue Regelung verschlechtert hat und Sie die Übergangsregelung in Anspruch nehmen

199

C	Die Wertschöpfung nach der neuen Regelung (evtl. Kopien des amtlichen Formulars beifügen)		1983	1984	1985

1. Bestandteile der Berliner Wertschöpfung

a) Gesamter Gewinn
(Zeile 8 des amtlichen Formulars zur
Berechnung der Berliner
Wertschöpfung)   (TDM)

b) Berliner Gewinn
(Zeile 9 des amtlichen Formulars)   (TDM)

c) Berliner Arbeitslöhne
(Zeile 10 des amtlichen Formulars)   (TDM)

d) Summe der Arbeitslöhne,
die die Beitragsbemessungsgrenze in
der gesetzlichen Rentenversicherung
übersteigen
(Zeile 12 des amtlichen Formulars)   (TDM)

e) Anzahl der Arbeitnehmer,
deren Arbeitslöhne die Beitragsbemessungsgrenze in der gesetzlichen Rentenversicherung übersteigen
(Zeile 13 des amtlichen Formulars)   (Anzahl)

f) Summe der Ausbildungsvergütungen,
die 20 vH der Beitragsbemessungsgrenze **nicht** übersteigen × 3
(Zeile 18 des amtlichen Formulars)   (TDM)

g) Anzahl der Auszubildenden,
bei denen die Ausbildungsvergütungen
20 vH der Beitragsbemessungsgrenze
in der gesetzlichen Rentenversicherung
übersteigen
(Zeile 19 des amtlichen Formulars)   (Anzahl)

h) Nur für Einzelunternehmen und
Personengesellschaften:
210 vH der Beitragsbemessungsgrenze
in der gesetzlichen Rentenversicherung
(Zeile 21 des amtlichen Formulars)   (TDM)

i) Aufwendungen für die Zukunftssicherung der Berliner Arbeitnehmer
(Zeile 22 des amtlichen Formulars)   (TDM)

j) Berliner Zinsen
(Zeile 23 des amtlichen Formulars)   (TDM)

k) Berliner Abschreibungen
(Zeile 24 des amtlichen Formulars)   (TDM)

		1983	1984	1985
l) Erhaltungsaufwand (Zeile 25 des amtlichen Formulars)	(TDM)	_____	_____	_____
m) Mieten/Pachten/Erbbauzinsen (Zeile 26 des amtlichen Formulars)	(TDM)	_____	_____	_____
n) Anrechenbarer Wert der Berliner Vorleistungen aus Lieferungen (Zeile 27 des amtlichen Formulars)	(TDM)	_____	_____	_____
o) Anrechenbarer Wert der Berliner Vorleistungen aus sonstigen Leistungen (Zeile 28 des amtlichen Formulars)	(TDM)	_____	_____	_____
2. Berliner Wertschöpfung (Zeile 29 des amtlichen Formulars)	(TDM)	_____	_____	_____
3. Wirtschaftlicher Umsatz (Zeile 41 des amtlichen Formulars)	(TDM)	_____	_____	_____
4. Berliner Wertschöpfungsquote (Zeile 42 des amtlichen Formulars)	(vH)	_____	_____	_____

D Lieferungen von Gegenständen und sonstige Leistungen an Berliner Unter- nehmen oder Betriebe (evtl. geschätzte Werte)		1982	1983	1984	1985
1. Lieferungen von Gegenständen an Berliner Abnehmer, für die Sie eine Herstellung in Berlin bescheinigen (seit 1983: im Sinne des § 6c, Abs. 1, Nr. 1 BerlinFG)	(TDM)	_____	_____	_____	_____
2. Sonstige Leistungen an Berliner Abnehmer, für die Sie eine Ausführung in Berlin bescheinigen (seit 1983: im Sinne des § 6c, Abs. 1, Nr. 2 BerlinFG)	(TDM)	_____	_____	_____	_____
3. Entgeltminderungen (im Sinne des § 6c, Abs. 2 Berlin FG)	(TDM)	X	_____	_____	_____
4. Vorleistungsquote (im Sinne des § 6c, Abs. 3 BerlinFG)	(vH)	X	_____	_____	_____

Firmen Kennziffer:

Umsatzsteuerpräferenz nach §§ 1, 1a Berlinförderungsgesetz
Eine Wirkungsanalyse der Novellierung vom Dezember 1982

Ihre Angaben werden **streng vertraulich** behandelt!

---

1. Seit wann ist Ihr Unternehmen in Berlin tätig?

   Unser Unternehmen ist seit dem Jahre _____ in Berlin tätig.

2. Liefern Sie Gegenstände bzw. erbringen Sie Werkleistungen für andere Berliner Unternehmen oder Betriebe, die Sie als Vorleistung im Sinne des § 6c BerlinFG bescheinigen?

   ja   ☐
   nein ☐

3. Falls Ihr Umsatz 450 000 DM nicht übersteigt, nutzen Sie die Möglichkeit, aus Vereinfachungsgründen die pauschale Vorleistungsquote von 40 vH zu bescheinigen?

   ja   ☐
   nein ☐

4. Nennen Sie bitte die drei wichtigsten Produkte bzw. Werkleistungen Ihres Unternehmens in Berlin. Geben Sie bitte für jede(s) dieser Produkte bzw. Werkleistungen den Anteil am Umsatz an, den Sie 1985 als Vorleistung im Sinne des § 6c BerlinFG bescheinigt haben.

Die 3 wichtigsten Produkte bzw. Werkleistungen unseres Unternehmens in Berlin sind:	...vH des Umsatzes wurden als Vorleistung im Sinne des § 6c BerlinFG bescheinigt (geschätzt)
1. _____	_____ vH
2. _____	_____ vH
3. _____	_____ vH

5. Haben Sie in den letzten drei Jahren Maßnahmen durchgeführt, um Ihre Lieferungen bzw. Werkleistungen im Sinne des § 6c BerlinFG an Berliner Unternehmen oder Betriebe auszuweiten?

nein ☐

ja ☐ , und zwar folgende:

_____

_____

6. Wie haben sich Ihr gesamter Umsatz sowie Ihre Lieferungen bzw. Werkleistungen im Sinne des § 6c BerlinFG an andere Berliner Unternehmen oder Betriebe in den vergangenen drei Jahren entwickelt?

Das Volumen ist...	gesamter Umsatz	Lieferungen bzw. Werkleistungen im Sinne des § 6c BerlinFG
...gestiegen	☐	☐
...gleichgeblieben	☐	☐
...gefallen	☐	☐

7. Sofern das Volumen Ihrer Lieferungen bzw. Werkleistungen im Sinne des § 6c BerlinFG in den vergangenen drei Jahren gestiegen ist, welche Bedeutung hatten die folgenden Einflußgrößen für diese Entwicklung?

Die Einflußgröße hatte für die Entwicklung...

Einflußgröße:	...große Bedeutung	...geringe Bedeutung	...keine Bedeutung
Allgemeine Verbesserung der wirtschaftlichen Situation	☐	☐	☐
Novellierung der Umsatzsteuerpräferenz	☐	☐	☐
Maßnahmen in unserem Berliner Betrieb	☐	☐	☐
Andere Einflußgrößen:			
_____	☐	☐	☐
_____	☐	☐	☐

8. Wie beurteilen Sie die Entwicklung Ihres gesamten Umsatzes sowie ihrer Lieferungen bzw. Werkleistungen im Sinne des § 6c BerlinFG in den nächsten drei Jahren?

Das Volumen . . .	gesamter Umsatz	Lieferungen bzw. Werkleistungen im Sinne des § 6c BerlinFG
. . .wird steigen	☐	☐
. . .wird gleichbleiben	☐	☐
. . .wird fallen	☐	☐
. . .ist nicht abschätzbar	☐	☐

9. Haben Sie für die Zukunft besondere Maßnahmen geplant, um Ihre Lieferungen bzw. Werkleistungen im Sinne des § 6c BerlinFG an andere Berliner Unternehmen oder Betriebe auszuweiten?

nein ☐

ja ☐ , und zwar folgende:

_____

_____

10. Haben Sie darüber hinaus besondere Maßnahmen geplant, um Ih e Produkte bzw. Werkleistungen auch an westdeutsche oder ausländische Unternehmen zu liefern?

ja ☐ , und zwar folgende:

_____

_____

nein ☐ , und zwar aus folgenden Gründen:

_____

_____

11. Haben Sie Vorschläge zum Verfahren der Anrechnung Ihrer Leistungen bei Berliner Abnehmern?

nein ☐

ja ☐ , und zwar folgende:

_____

_____

Daten zu den Vorleistungen nach § 6c BerlinFG

		1982	1983	1984	1985
Gesamter wirtschaftlicher Umsatz	(TDM)	———	———	———	———
Material- und Wareneinsatz (evtl. geschätzte Werte)	(TDM)	———	———	———	———
Vorleistungsquote für das jeweilige Wirtschaftsjahr (im Sinne des § 6c BerlinFG)	(vH)	X	———	———	———
Angaben zur Berechnung der Vorleistungsquote:					
— Arbeitslöhne (im Sinne des § 6b, Abs. 2 BerlinFG)	(TDM)	X	———	———	———
— Wirtschaftlicher Umsatz (im Sinne des § 6a, Abs. 3 BerlinFG)	(TDM)	X	———	———	———
Beschäftigte	(Anzahl)	———	———	———	———

Für eventuelle Rückfragen

Dieser Fragebogen wurde bearbeitet von

Herrn/Frau: _____   **Telefon:** _____

Deutsches Institut für Wirtschaftsforschung

Königin-Luise-Straße 5, 1000 Berlin 33

Abteilung Berlin

Fernsprecher (030) 829 91–672

Firmen Kennziffer:

Umsatzsteuerpräferenz nach §§ 1, 1a Berlinförderungsgesetz
Eine Wirkungsanalyse der Novellierung vom Dezember 1982

Ihre Angaben werden **streng vertraulich** behandelt!

---

1. Seit wann ist Ihr Unternehmen in Berlin tätig?

   Unser Unternehmen ist seit dem Jahre _____ in Berlin tätig.

2. Erbringen Sie Dienstleistungen für andere Berliner Unternehmen oder Betriebe, die Sie als Vorleistung im Sinne des § 6c BerlinFG bescheinigen?

   ja ☐

   nein ☐

3. Nennen Sie bitte die drei wichtigsten Dienstleistungen Ihres Unternehmens in Berlin. Geben Sie bitte für jede dieser Leistungen den Anteil am Umsatz an, den Sie 1985 als Vorleistung im Sinne des § 6c BerlinFG bescheinigt haben.

Die 3 wichtigsten Dienstleistungen unseres Unternehmens in Berlin sind:	. . .vH des Umsatzes wurden als Vorleistung im Sinne des § 6c BerlinFG bescheinigt (geschätzt)
1. _____	_____ vH
2. _____	_____ vH
3. _____	_____ vH

206

4. Haben Sie in den letzten drei Jahren Maßnahmen durchgeführt, um Ihre Dienstleistungen im Sinne des § 6c BerlinFG für andere Berliner Unternehmen oder Betriebe auszuweiten?

nein ☐

ja ☐ , und zwar folgende:

_____

_____

5. Wie haben sich Ihr gesamter Umsatz sowie Ihre Dienstleistungen im Sinne des § 6c BerlinFG für andere Berliner Unternehmen oder Betriebe in den vergangenen drei Jahren entwickelt?

Das Volumen ist...	gesamter Umsatz	Dienstleistungen im Sinne des § 6c BerlinFG
...gestiegen	☐	☐
...gleichgeblieben	☐	☐
...gefallen	☐	☐

6. Sofern das Volumen Ihrer Dienstleistungen im Sinne des § 6c BerlinFG in den vergangenen drei Jahren gestiegen ist, welche Bedeutung hatten die folgenden Einflußgrößen für diese Entwicklung?

	Die Einflußgröße hatte für die Entwicklung...		
Einflußgröße:	...große Bedeutung	...geringe Bedeutung	...keine Bedeutung
Allgemeine Verbesserung der wirtschaftlichen Situation	☐	☐	☐
Novellierung der Umsatzsteuerpräferenz	☐	☐	☐
Maßnahmen in unserem Berliner Betrieb	☐	☐	☐
Andere Einflußgrößen:			
_____	☐	☐	☐
_____	☐	☐	☐

7. Wie beurteilen Sie die Entwicklung Ihres gesamten Umsatzes sowie Ihrer Dienstleistungen im Sinne des § 6c BerlinFG in den nächsten drei Jahren?

	gesamter Umsatz	Dienstleistungen im Sinne des § 6c BerlinFG
Das Volumen . . .		
. . .wird steigen	☐	☐
. . .wird gleichbleiben	☐	☐
. . .wird fallen	☐	☐
. . .ist nicht abschätzbar	☐	☐

8. Haben Sie für die Zukunft besondere Maßnahmen geplant, um Ihre Dienstleistungen im Sinne des § 6c BerlinFG für andere Berliner Unternehmen oder Betriebe auszuweiten?

nein ☐

ja ☐ , und zwar folgende:

_____

_____

9. Haben Sie darüber hinaus besondere Maßnahmen geplant, um Ihre Dienstleistungen auch für westdeutsche oder ausländische Unternehmen zu erbringen?

ja ☐ , und zwar folgende:

_____

_____

nein ☐ , und zwar aus folgenden Gründen:

_____

_____

10. Können Sie sich vorstellen, daß andere von Ihnen derzeit oder künftig angebotene Dienstleistungen verstärkt abgesetzt werden könnten, wenn diese als Leistungen im Sinne des § 6c BerlinFG bei Ihren Berliner Kunden angerechnet würden?

nein ☐

ja ☐ , und zwar folgende Leistungen:

_____

_____

11. Haben Sie Vorschläge zum Verfahren der Anrechnung Ihrer Leistungen bei Berliner Abnehmern?

nein ☐

ja ☐ und zwar folgende:

_____

_____

Daten zu den Vorleistungen nach § 6c BerlinFG

		1982	1983	1984	1985
Gesamter wirtschaftlicher Umsatz	(TDM)				
Beschäftigte	(Anzahl)				
Arbeitslöhne, für die eine Zulage nach § 28 BerlinFG gewährt wurde	(TDM)				

Für eventuelle Rückfragen

Dieser Fragebogen wurde bearbeitet von

Herrn/Frau: _____   Telefon: _____

Anhang C Auswirkungen der Novellierung der Herstellerpräferenz auf die Präferenzierung der Röstkaffee-Lieferungen

Nach der alten Fassung des § 6, Abs. 2, Satz 2 BerlinFG wurde für die beiden Warengruppen Kupfer und Kupferlegierungen sowie für Fleisch eine Präferenz auch dann gewährt, wenn keine Wertschöpfungsberechnung vorlag. Mit der Novellierung sind Trinkbranntweine und Halbfabrikate, Röstkaffee und Kakaohalberzeugnisse in die Ausnahmeregelung einbezogen worden.

Grund für diese Erweiterung war die Befürchtung, daß die Mindestwertschöpfungsquote von 10 vH bei den betreffenden Erzeugnissen durch die Umstellung von der subtraktiven auf die additive Wertschöpfungsberechnung nicht mehr erreicht und dadurch eine unangemessene Benachteiligung der Produktion dieser Waren eintreten würde.

Bei den Kaffeeröstern wurde zudem die Begrenzung der Bemessungsgrundlage durch Höchstbeträge (Plafondierung) für § 1 und § 2 BerlinFG heraufgesetzt, um der Kostenentwicklung, soweit sie nicht auf Rohkaffeepreisschwankungen beruht, Rechnung zu tragen.

Wie sich diese Änderungen auf die Präferenzposition der Kaffeeröster ausgewirkt hat, zeigt die folgende Modellrechnung (ohne Übergangsregelung). Der Präferenzsatz nach § 1 BerlinFG ist von 4,5 auf 3,0 vH gefallen (Tabelle C.1). Gleichzeitig ist der Plafond, also der Höchstbetrag des geminderten Entgelts, von DM 6,80 auf DM 7,20 je kg Röstkaffee angehoben worden. Vorausgesetzt, der Berliner Hersteller hätte jeweils den Plafond erreicht, also vor der Novellierung einen Abgabepreis von DM 17,00 und nach der Novellierung einen Abgabepreis von DM 18,00 erzielt, dann wäre per Saldo die Präferenz von DM 0,31 auf DM 0,22 gefallen. Bezieht man nun diese Präferenz auf den tatsächlichen Abgabepreis je kg Röstkaffee, so wird deutlich, daß der Präferenzsatz von 1,8 vH in den Jahren vor der Novellierung auf 1,2 vH ab 1985 gefallen ist. Für den Berliner Hersteller hat die Novellierung also eine Präferenzeinbuße mit sich gebracht.

Tabelle C.1

Modellrechnung zur Veränderung der Präferenzposition des Berliner Herstellers und des westdeutschen Abnehmers von Röstkaffee aufgrund der Novellierung
(ohne Übergangsregelung)

A) Präferenzposition des Berliner Herstellers

	Einheit	alte Fassung (bis 1984)	neue Fassung (ab 1985)	Veränderung
Höchstbetrag des geminderten Entgelts je kg Röstkaffee als Bemessungsgrundlage für Kürzungen nach § 1 BerlinFG (Plafond)	DM	6,80	7,20	+ 0,40
Präferenzsatz nach § 1 BerlinFG, bezogen auf das geminderte Entgelt	vH bzw. vH-Punkte	4,5	3,0	- 1,5
Präferenz nach § 1 BerlinFG je kg Röstkaffee	DM	0,306	0,216	- 0,09
Abgabepreis je kg Röstkaffee, welcher dem geminderten Entgelt zugrundeliegt	DM	17,00	18,00	+ 1,00
Präferenz nach § 1 BerlinFG, bezogen auf den Abgabepreis	vH bzw. vH-Punkte	1,8	1,2	- 0,6

B) Präferenzposition des westdeutschen Abnehmers

	Einheit	alte Fassung (bis 1984)	neue Fassung (ab 1985)	Veränderung
Höchstbetrag des geminderten Entgelts je kg Röstkaffee als Bemessungsgrundlage für Kürzungen nach § 2 BerlinFG (Plafond)	DM	5,20	7,20	+ 2,00
Präferenzsatz nach § 2 BerlinFG, bezogen auf das geminderte Entgelt	vH bzw. vH-Punkte	4,2	4,2	-
Präferenz nach § 2 BerlinFG je kg Röstkaffee	DM	0,218	0,302	+ 0,08
Abgabepreis je kg Röstkaffee, welcher dem geminderten Entgelt zugrundeliegt	DM	17,00	18,00	+ 1,00
Präferenz nach § 1 BerlinFG, bezogen auf den Abgabepreis	vH bzw. vH-Punkte	1,3	1,7	+ 0,4

Gleichzeitig ist allerdings die Höchstgrenze der Bemessungsgrundlage für die Präferenz nach § 2 BerlinFG angehoben worden, und zwar von DM 5,20 auf ebenfalls DM 7,20. Der damit verbundene Präferenzgewinn von DM 0,08 je kg Röstkaffee hat - wie die Modellrechnung zeigt - die Verluste bei der Herstellerpräferenz weitgehend kompensiert.

Die Einbeziehung der Änderungen bei der Präferenz nach § 2 BerlinFG in die Betrachtung erscheint insofern gerechtfertigt, als die Mehrzahl der Berliner Kaffeeröster zwar an die westdeutschen Mutterunternehmen liefern, mit jenen aber keine umsatzsteuerliche Organschaft bilden. Hersteller- und Abnehmerpräferenz werden von derselben Unternehmensgruppe in Anspruch genommen.

Insgesamt wird die Produktion von Röstkaffee - wie schon vor der Novellierung - mit etwa DM 0,52 je kg gefördert; bezogen auf den Abgabepreis sind dies etwa 3,0 vH.

Diese Präferenz ist allerdings nur dann erreichbar, wenn der Höchstbetrag des geminderten Entgelts je kg Röstkaffee, der im Rahmen der Novellierung drastisch angehoben wurde, auch tatsächlich erreicht wird. Da die Höhe des geminderten Entgelts durch den einheitlichen Minderungssatz (60 vH des Abgabepreises) fest mit dem Abgabepreis verbunden ist, kommt der Preisgestaltung zwischen Hersteller und Abnehmer entscheidende Bedeutung für die Höhe der Präferenz zu.

Erreicht der Abgabepreis den Betrag von DM 18,00 (nach neuer Regelung), so entspricht das sich ergebende - geminderte - Entgelt von DM 7,20 genau dem höchstzulässigen Betrag, auf den Präferenzen gewährt werden. Die Möglichkeiten der Förderung sind also voll ausgeschöpft. Liegt der Abgabepreis darunter, so verringert sich automatisch das geminderte Entgelt und damit auch die darauf gewährten Präferenzen. Hersteller und Abnehmer werden also bestrebt sein, einen Abgabepreis auszuhandeln, der dem Betrag von DM 18,00 möglichst nahe kommt, und zwar unabhängig davon, wie sich die Preise für den Endverbraucher verändern sollten.

Um zu überprüfen, wie sich die Präferenzposition der Kaffeeröster tatsächlich verändert hat, sind ausgewählte Berliner Hersteller im Rahmen einer Sondererhebung um Informationen über Umsätze (einschl. Verbrauchsteuer), Höhe der Bemessungsgrundlage für die Inanspruchnahme der Präferenz und Produktionsmenge in den Jahren 1983 bis 1986 gebeten worden. Die beteiligten Unternehmen haben 1986 insgesamt einen Umsatz von etwa 2,6 Mrd. DM (einschl. Verbrauchsteuer) erwirtschaftet.

Wie Tabelle C.2 zeigt, haben die Berliner Hersteller im Durchschnitt der Jahre 1985 und 1986 einen Präferenzverlust gegenüber dem Durchschnitt der Jahre 1983 und 1984 von DM 0,08 je kg Röstkaffee hinnehmen müssen, etwas weniger als in der Modellrechnung ausgewiesen. Der Präferenzsatz betrug nach der Novellierung 1,18 vH des gesamten Umsatzes (einschl. Verbrauchsteuer) und ist damit um 0,6 vH-Punkte gefallen.

Die westdeutschen Abnehmer haben demgegenüber einen Präferenzzuwachs von DM 0,06 je kg verbuchen können. Bezogen auf das gesamte Bezugsvolumen (einschl. Verbrauchsteuer) ist der Präferenzsatz von 1,4 vH auf 1,6 vH gestiegen.

Durch beide Präferenzen zusammen wurde die Lieferung von Röstkaffee in das übrige Bundesgebiet vor der Novellierung mit etwa DM 0,50 je kg, nachher mit DM 0,48 gefördert. Die beiden Kürzungssätze sind - zusammen genommen - von 3,1 vH auf 2,8 vH gefallen. Per Saldo hat also die Novellierung die Präferenzposition der Kaffeeröster nur unwesentlich - um etwa 0,3 vH-Punkte - verschlechtert. Es fand lediglich eine Verlagerung der Präferenz von der Hersteller- zur Abnehmerseite statt.

Tabelle C.2

**Tatsächliche Veränderung der Präferenzposition des Berliner Herstellers
und des westdeutschen Abnehmers von Röstkaffee aufgrund der Novellierung**
(ohne Übergangsregelung)

A) Präferenzposition des Berliner Herstellers

	Einheit	alte Fassung		neue Fassung		durch-schnittliche Veränderung
		(1983)	(1984)	(1985)	(1986)	
Gemindertes Entgelt je kg Röst-kaffee als Bemessungsgrundlage für Kürzungen nach § 1 BerlinFG	DM	6,33	6,09	6,62	6,68	+ 0,44
Präferenzsatz nach § 1 BerlinFG, bezogen auf das geminderte Ent-gelt	vH	4,5	4,5	3,0	3,0	- 1,5
Präferenz nach § 1 BerlinFG je kg Röstkaffee	DM	0,285	0,274	0,198	0,200	- 0,08
Abgabepreis je kg Röstkaffee, welcher dem geminderten Ent-gelt zugrundeliegt	DM	15,26	15,63	16,92	17,05	+ 1,54
Präferenz nach § 1 BerlinFG, bezogen auf den Abgabepreis	vH	1,87	1,75	1,17	1,18	- 0,63

B) Präferenzposition des westdeutschen Abnehmers

	Einheit	alte Fassung		neue Fassung		durch-schnittliche Veränderung
		(1983)	(1984)	(1985)	(1986)	
Gemindertes Entgelt je kg Röst-kaffee als Bemessungsgrundlage für Kürzungen nach § 2 BerlinFG	DM	5,20	5,20	6,62	6,68	+ 1,45
Präferenzsatz nach § 2 BerlinFG, bezogen auf das geminderte Ent-gelt	vH	4,2	4,2	4,2	4,2	+ 0,0
Präferenz nach § 2 BerlinFG je kg Röstkaffee	DM	0,218	0,218	0,278	0,281	+ 0,06
Abgabepreis je kg Röstkaffee, welcher dem geminderten Ent-gelt zugrundeliegt	DM	15,26	15,63	16,92	17,05	+ 1,54
Präferenz nach § 2 BerlinFG, bezogen auf den Abgabepreis	vH	1,43	1,40	1,64	1,65	+ 0,23

Quelle: Erhebung des DIW.

Anhang D   Aussagen der Unternehmen zur betriebsstättenbezogenen Aufteilung von Gewinn und Zinsen

Für Unternehmen, die in Berlin und in anderen Orten Betriebstätten unterhalten sowie für Berliner und westdeutsche Unternehmen, die sich in einem organschaftlichen Verhältnis befinden, sieht § 6b BerlinFG eine Sonderregelung für die in der Wertschöpfung anrechenbaren Gewinne und Zinsen vor: Berücksichtigt wird derjenige Teil des Gesamtgewinns des Unternehmens bzw. des Unternehmensverbundes, der sich nach Maßgabe des Anteils der in Berlin gezahlten Arbeitslöhne an allen Arbeitslöhnen ergibt.

Diese Regelung wurde eingeführt in der Annahme, daß eine eindeutige Ermittlung der auf den Berliner Unternehmensteil entfallenden Gewinne und Zinsen nicht möglich ist. Im Rahmen der persönlichen Gespräche wurde auch die Frage erörtert, ob die Formel des § 6b BerlinFG die in Berlin tatsächlich anfallenden Gewinne und Zinsen wie beabsichtigt wiedergibt.

1985 hat etwa ein Drittel der beteiligten Unternehmen Gewinne und Zinsen nach den Vorschriften des § 6b BerlinFG ermittelt. Diese Unternehmen vereinigten etwa 80 vH des Umsatzes im verarbeitenden Gewerbe auf sich. Etwa ein Viertel der Gesprächspartner gab an, daß die in Berlin erwirtschafteten Gewinne höher sind als nach diesem Aufteilungsmodus. Dabei handelt es sich meist um solche Unternehmen, die ihren Sitz mit allen für die Unternehmensführung notwendigen Dienstleistungstätigkeiten in Berlin haben. Als Gründe für die Unterschätzung des Berliner Gewinnes gaben die Unternehmen an, daß entweder bestimmte lohnintensive Tätigkeiten nicht in Berlin angesiedelt sein können (kundennaher Vertrieb über eigene Handelsvertreter, Montagearbeiten) und/oder in Berlin Produkte gefertigt werden, die einen höheren Deckungsbeitrag aufweisen als die in westdeutschen Betrieben gefertigten Erzeugnisse.

Für ein weiteres Viertel der Unternehmen würde sich die Anrechnung des tatsächlichen Berliner Gewinns wertschöpfungsmindernd auswirken. Dies sind überwiegend Unternehmen, die in Berlin lediglich Fertigungsstätten unterhalten.

Die Hälfte der angesprochenen Unternehmen sah sich nicht in der Lage, Aussagen zur "Treffsicherheit" der § 6b-Formel zu machen, da die notwendigen Berechnungen überhaupt nicht oder aber nur mit erheblichem Aufwand möglich sind. Viele konzernabhängige Unternehmen und Unternehmensteile erstellen zwar Werksbilanzen, um die Leistungsfähigkeit der einzelnen Betriebe vergleichen zu können. Einhellig wurde aber die Meinung vertreten, daß diese Bilanzen nicht verwendet werden können, da sie regelmäßig nach handelsrechtlichen Grundsätzen erstellt werden und zudem Gemeinkosten nicht enthalten. Die Umlage dieser Gemeinkosten auf einzelne Unternehmensteile ist nach Meinung der Unternehmen mit vielen Unwägbarkeiten behaftet, so daß die Aussagekraft der Angaben stark eingeschränkt ist.

Die Hälfte der Gesprächspartner in den Unternehmen, die ihren Zinsaufwand nach dem Anteil der Berliner Lohnsumme an allen Löhnen ermitteln, gaben an, die tatsächlichen Berliner Zinsen wären höher als die in der Wertschöpfungsberechnung ausgewiesenen. Demzufolge würden Anstrengungen solcher Unternehmen, die ihr Berlin-Engagement über fremdfinanzierte Kredite verstärken wollen, in der Wertschöpfungsberechnung nicht angemessen berücksichtigt.

Während die Ermittlung des tatsächlichen Gewinns meist mit großen Schwierigkeiten verbunden ist, kann nach Aussagen der Gesprächspartner der in den Berliner Unternehmensteilen anfallende Zinsaufwand auch bei verbundenen Unternehmen relativ einfach ermittelt werden. Dies betrifft allerdings nur den Zinsaufwand für Kredite, die direkt der Berliner Betriebsstätte zugeordnet werden können, also für Kredite, die bei Investitionen in Sachanlagen (Maschinen, Anlagen, Bauten etc.) anfallen. Der entsprechende Nachweis kann problemlos über die Kreditzusagen der Banken geführt werden.